DIOS NO ESTÁ MUERTO

RICE BROOCKS

CASA CREACIÓN

La mayoría de los productos de Casa Creación están disponibles a un precio con descuento en cantidades de mayoreo para promociones de ventas, ofertas especiales, levantar fondos y atender necesidades educativas. Para más información, escriba a Casa Creación, 600 Rinehart Road, Lake Mary, Florida, 32746; o llame al teléfono (407) 333-7117 en Estados Unidos.

Dios no está muerto por Rice Broocks
Publicado por Casa Creación
Una compañía de Charisma Media
600 Rinehart Road
Lake Mary, Florida 32746
www.casacreacion.com

A menos que se indique lo contrario, el texto bíblico ha sido tomado de la versión Reina-Valera © 1960 Sociedades Bíblicas en América Latina; © renovado 1988 Sociedades Bíblicas Unidas. Utilizado con permiso.

Las citas de la Escritura marcadas (NVI) corresponden a la Santa Biblia, Nueva Versión Internacional® NVI® copyright © 1999 por Bíblica, Inc.® Usada con permiso. Todos los derechos reservados mundialmente.

Traducido por: pica6.com (con la colaboración de Danaé G. Sánchez Rivera y Salvador Eguiarte D.G.)
Diseño de la portada: Justin Evans
Imagen para la portada cortesía de Pure Flix Entertainment, LLC
Director de diseño: Bill Johnson

Originally published in English under the title:
God's Not Dead
Copyright © 2013 by Rice Broocks
Published by arrangement with Thomas Nelson, a division of
HarperCollins Christian Publishing, Inc.

Copyright © 2014 por Casa Creación
Todos los derechos reservados

Library of Congress Control Number: 2014935858
ISBN: 978-1-62136-935-6
E-book ISBN: 978-1-62136-936-3

Impreso en los Estados Unidos de América
14 15 16 17 18 * 9 8 7 6 5 4

A los hijos de mis hijos

Para que los conocieran las generaciones venideras
y los hijos que habrían de nacer,
que a su vez los enseñarían a sus hijos.

—Salmos 78:6, nvi

CONTENIDO

INTRODUCCIÓN

LA ZONA CERO DE LA FE

[…] El cristianismo ha sido atacado y marginado
exitosamente […] porque los creyentes profesantes
no fueron capaces de defender su fe de esos
ataques, aunque los argumentos de quienes
los atacaban eran profundamente errados.

—WILLIAM WILBERFORCE, *CRISTIANISMO REAL*[1]

"DIOS, SIMPLEMENTE YA NO PUEDO CREER EN TI". ESTA
fue la frustrada conclusión de mi amigo Dean mientras
conducía por la carretera, pensando en una conversación
que tuvo con un ateo—una conversación que sacudió su
mundo—. Él había sido profundamente desafiado por las
preguntas y las objeciones de esta persona sobre la existencia de Dios. Lo que más le molestó a Dean fue no tener
respuestas. Frustrado y avergonzado por su propia incapa-
cidad de responder a este bombardeo escéptico, finalmente
le dijo a Dios que pretendía dejar de creer.

Lo que sucedió después fue lo último que esperaba.
Luego de declarar que ya no creería, escuchó una voz: *¿A
quién crees que le estás hablando?*

Dean inmediatamente detuvo su coche a un lado de la
carretera para "enderezar su corazón" con Dios. Y lo hizo.
Luego tuvo que "enderezar su mente". En lugar de enterrar
su dudas, las sacó a la luz y comenzó a lidiar con ellas al

estudiar la evidencia que afirma la fe verdadera. Dice que ahora puede responder a los desafíos de los escépticos, así como ayudar al escéptico a encontrar la fe.

Historias como la de Dean me llevaron a escribir este libro. Espero que cada creyente logre comprender las razones para creer en Dios, y pueda comunicárselas al mundo que le rodea. Este es el desafío que recibimos por parte de uno de los ejemplos más grandiosos de la historia de alguien que se recuperó de la oscura noche de la incredulidad: el apóstol Pedro: "Estén siempre preparados para responder a todo el que les pida razón de la esperanza que hay en ustedes" (1 Pedro 3:15, NVI). Existen respuestas directas a las preguntas de los escépticos, pero la mayoría de los creyentes no están suficientemente familiarizados con ellas para poder explicarles las razones a los demás. Espero que este libro cambie eso para quienes lo lean.

La jactancia de quienes están en las filas de los no creyentes se resume en las palabras del músico y zoólogo Greg Graffin del grupo Bad Religion [Religión mala], quien asegura que aquellos que sugieren que la vida fue diseñada de forma inteligente "no han producido ni una pizca de información" para avalar sus afirmaciones.[2] Graffin tiene razón en parte. No hay ni una pizca de información. Hay evidencia de un Creador inteligente a donde miremos. Decir que no hay evidencia de este Creador es como decir que las miles de pinturas de un museo de arte no pudieron haber sido pintadas, porque no hay ningún artista visible en la galería. La evidencia de una mente inteligente detrás del universo es tan sobrecogedora que ha "triturado" la noción de que todo fue producido solo por la naturaleza. La evidencia de Dios no se encuentra solamente en algún oscuro fósil o en la inestable hipótesis de un físico teórico; está completamente claro dondequiera que se mire.

INTRODUCCIÓN

Yo pretendo darle un resumen de esa evidencia. La fe en Dios está incrementando; no obstante, también el escepticismo. En nombre de la ciencia y la razón, la fe está siendo catalogada como irracional e ilógica. La metanarrativa de la evolución darwiniana ha torcido muchos corazones y mentes al enseñar que la vida surgió espontáneamente de la nada, sin razón alguna y sin propósito alguno, dirigida por el "relojero ciego" de la selección natural.[3] La creencia de que todo lo que vemos a nuestro alrededor surgió de causas naturales se llama *naturalismo*. Como concluyó Stephen Hawking: "¿Qué lugar queda entonces para un creador?".[4]

Intento mostrarle la necesidad de un Creador para explicar el mundo que nos rodea, así como el mundo interno, es decir, el alma humana. Para hacerlo, me refiero a miles de obras de eruditos escritas acerca de la evidencia de la existencia de Dios. Durante siglos, grandes mentes han luchado con la idea de una creación inspirada y han respondido brillantemente las dudas, los dilemas y las acusaciones. Y ahora necesitamos la sabiduría de los gigantes históricos de la filosofía, la teología y la ciencia. Referiré sus argumentos junto con mis propios comentarios, a medida que usted vaya absorbiendo la sabiduría de aquellos que ya han peleado y ganado grandes batallas intelectuales por la fe. Mis propias ideas y observaciones han surgido de años de estudio y discusiones acerca de estos temas con escépticos, así como con personas en búsqueda. La realidad es que la gente llega a un lugar de fe no contra la razón, sino a través de ella. Es por eso que el primer paso de la fe, o *la Zona Cero*, es creer que Dios existe.

No se equivoque, los ateos presentan su argumento con un gran fervor. Ellos aseguran que no hay ninguna prueba racional de la existencia de Dios, que la Biblia es un cuento de hadas y de contradicciones, y que la religión en general es algo malo. Además acusan de que quien razona y no se engaña a sí mismo llegará a las mismas conclusiones. Ellos se deleitan con la gente religiosa que no está preparada y que se aferra sin inteligencia a creencias que son meramente heredadas, porque tienen una fe de segunda mano. Pero estos escépticos rara vez dan un segundo vistazo para ver cuan insostenibles son sus propias perspectivas. En cambio, ellos creen que solo es cuestión de tiempo hasta que todos vean las cosas a su modo. Su estrategia es simple:

1. Utilizan la mofa y el escarnio para catalogar a la gente de fe como antiintelectual o irracional.
2. Establecen una dicotomía falsa entre la ciencia y la fe, diciéndole a la gente que elija una o la otra.
3. Mantienen un debate unilateral al no permitir una opinión discordante en la arena pública, asegurándose de que los únicos lugares donde se permitan las expresiones de fe sea estrictamente en ambientes religiosos.

La triste realidad es que la estrategia está funcionando. De acuerdo con el Pew Research Center, en 2007, 83% de la Generación Y dice que nunca dudó de la existencia de Dios. En 2012, el número descendió a 68%. Esa es una caída de quince puntos en cinco años.[5] Otros estudios han demostrado que más de la mitad de jóvenes de los Estados Unidos que asistieron a la iglesia, se alejarán luego de salir de la preparatoria para comenzar la universidad.[6] Aunque exista una variedad de razones, una de ellas es que estos estudiantes nunca han sido preparados para tratar con las objeciones que los escépticos levantan. Los jóvenes deben tener más que una experiencia con Jesús para soportar los violentos ataques intelectuales que les esperan en la universidad.

Como ministro cristiano, mi pasión es no solamente
enseñarles a los creyentes las verdades que necesitan para
defenderse del robo de su fe, sino también para ponerse a la
ofensiva ante el mundo no creyente que les rodea, demostrando que Dios existe. Una vez que se comprenda firmemente la verdad, buscar la naturaleza y el carácter de este
Creador se torna una necesidad. Este Dios se ha revelado a
sí mismo a la humanidad a través de Cristo Jesús.

Una de mis más grandes alegrías ha sido ver a las personas encontrar una fe en Dios que es tanto intelectualmente satisfactoria como espiritualmente gratificante. La
buena noticia es que existen señales alentadoras de un despertar espiritual que está sucediendo entre la gente. Aunque
no sea tan drástico como el crecimiento de la fe cristiana en
África, en Asia y en Sudamérica, miles de personas en América del Norte han llegado a la fe en Dios por primera vez o
han regresado a la fe que una vez tuvieron; pero la batalla
está lejos de su fin. La nueva generación de escépticos está
comprometida con su propio plan de incredulidad. Su misión es ver la eliminación de la fe religiosa o, como dijo el
ateo Sam Harris: "El fin de la fe".[7]

La gente de fe no puede darse el lujo de ser pasiva ni des-
preocupada. *Posiblemente si somos suficientemente lindos,
ellos sabrán que somos verdaderos creyentes y que Dios
es real.* Después de todo, ¿que no la Biblia dice que "pre-
diquemos el evangelio y si es necesario utilicemos palabras"? Bien, no es así. Esa frase generalmente se le atribuye
a San Francisco de Asís, pero se duda que él lo haya dicho.
Aunque ciertamente debemos tratar con dignidad a quienes
expresan hostilidad hacia Dios, también debemos estar preparados para expresar la verdad con audacia. Nadie dijo que
sería fácil. Incluso el gran evangelista y apóstol de la iglesia
primitiva, Saulo de Tarso, le pedía a la gente que orara por

él para que pudiera hablar "con denuedo [...] como debo hablar" (Efesios 6:20). La evidencia del Nuevo Testamento es que los apóstoles y los primeros cristianos poseían esta audacia para proclamar el evangelio a riesgo de su propia vida. Nosotros debemos, por lo menos, ser tan audaces en nuestro testimonio de Cristo como los escépticos lo son en sus ataques contra la fe.

Aquellos primeros creyentes comprendieron algo que nosotros debemos comprender. Cada perspectiva es en esencia una historia, una metanarrativa que intenta responder las verdaderas preguntas de nuestra existencia. Como lo ha dicho con frecuencia una amplia gama de autores, quien cuente la historia más creíble gana la época. Los primeros cristianos contaron su historia y la confirmaron con evidencia: Jesús resucitó para cumplir las palabras de los antiguos profetas. En nuestro mundo posmoderno, la gente desea creer que toda historia es igualmente válida, pero no todas las historias son iguales. Una vez estando en un avión, me senté junto a una mujer extraña que me dijo que ella creía ser Dios. Luego de escucharla sonreí y le dije: "Si usted es Dios, le tengo muchas preguntas". La razón nos ayuda a descartar muchas afirmaciones absurdas como esta.

De manera similar, los escépticos hacen afirmaciones débiles y también fácilmente refutables. Otros argumentos requieren de mucha más responsabilidad de análisis, tales como la declaración de que su religión depende de su lugar de nacimiento. Si usted nació en Estados Unidos debe ser cristiano. Si nació en la India, usted sería hinduista. Hay cierta verdad en ello, pero esa no es toda la historia. Solo porque alguien nació en una cierta religión no significa que permanecerá en esa fe una vez que tenga la edad suficiente para pensar por sí mismo y considerar otras perspectivas del mundo. De hecho, la vida de muchos escépticos

lo ha comprobado. Muchos nacieron en fa[
cristianas, pero se alejaron una vez qu[
mismo sucede a menudo con personas de c[
Cuando más adelante en la vida son expu[
gama de ideas existente, ellos cambian. Se mudan. Eligen
otras opciones.

Es por ello que he pasado los últimos treinta años enfocándome en los campus universitarios alrededor del mundo. La universidad es un lugar emocionante, una intersección donde la crianza cultural de una persona se encuentra con las ideas del mundo. También puede ser el lugar donde la verdad de Jesucristo brille en todo su esplendor. El evangelio de Jesucristo no prevalece solamente cuando no hay competidores; brilla más fuertemente cuando se enfrenta a otros credos. Las religiones seculares, tal como el naturalismo darwiniano, no pueden presumir de lo mismo. A estas no les va bien cuando se enfrentan a la competencia. Intentan eliminar a los rivales. De ahí que se gaste tanta energía en mantener cualquier referencia a la existencia del diseño o de la creación inteligente fuera del salón de clases. La verdadera fe—particularmente la fe verdadera en Jesucristo—acepta cualquier desafío.

Recuerde que el cristianismo surgió originalmente en la cultura hostil del Imperio Romano, donde creer en Jesucristo le costaría su propia vida. Miles de los primeros creyentes fueron arrojados a los leones, quemados en la hoguera o incluso crucificados, como Cristo, por su fe. La experiencia de los primeros cristianos no fue un resultado de la cultura en la que nacieron o en la manera en que sus padres los criaron. A diferencia de las múltiples religiones agresivas que obligan a la gente a creer a punta de espada, el cristianismo antiguo se extendió por una fuerza que apenas era conocida por los hombres de ese tiempo: la fuerza del

INTRODUCCIÓN

...or divino. Esto es lo que hizo que aquellos que habían
crecido en la cultura de violencia, subyugación y temor del
Imperio Romano, se tornaran hacia el cristianismo. Cristo
les ordenó a sus seguidores que hicieran avanzar su mensaje por medio de la fuerza irresistible del amor y el poder
de la verdad.

La verdadera fe en Dios no es coacción. El mensaje de
Cristo transformó al Imperio Romano porque ese mensaje
estaba basado en el amor y en la verdad, y debido a que no
obligaba a la obediencia como otras religiones. Es por ello
que los escépticos, los idólatras y los ateos se tornaron hacia
el mensaje de Jesús en los primeros años del cristianismo,
sin importar su lugar de origen. En lugares tales como Estados Unidos, donde la fe cristiana se ha practicado durante
generaciones, aquellos que nacieron en la fe tienen una ventaja que no debe ser ignorada ni descartada como trivial.

LA PERDURABLE HISTORIA DEL EVANGELIO

El evangelio es la buena nueva de que Dios se hizo hombre
en Jesucristo. Él llevó una vida que nosotros debimos haber
vivido (guardando perfectamente la ley moral); luego sufrió la muerte que nosotros debimos haber padecido (por
haber quebrantado la ley). Tres días después se levantó de la
muerte comprobando que Él es el Hijo de Dios y ofreciendo
el regalo de la salvación a todo aquel que se arrepienta y
crea en el evangelio.

- *Dios se hizo hombre en Jesucristo.*
  Bajó al mundo tomando forma humana. Las religiones del mundo llaman al hombre a ascender y

obrar su camino hacia Dios. El cristianismo explica que Dios bajó hacia nosotros.

- *Tuvo la vida que nosotros debimos haber vivido.*

Dios espera que sigamos la ley moral. Cristo llevó una vida perfecta. Su vida ejemplificó una vida completamente entregada a Dios. Esta fue la vida que Dios deseó que vivieran todos los hombres y mujeres.

- *Sufrió la muerte que nosotros debimos haber padecido.*

Esta es una verdad difícil de comprender para los escépticos, que el mal debe ser castigado. Si no hubiera consecuencia por quebrantar la ley, entonces la ley deja de ser ley. Cristo llevó nuestro castigo al tomar nuestro lugar a través de su muerte en una cruz romana.

- *Se levantó de la muerte.*

La resurrección de Cristo confirmó su identidad y comprobó que su autoridad era real. Además nos proporciona esperanza de que hay vida después de la muerte.

- *Le ofrece salvación a todo aquel que se arrepienta y crea.*

En el regalo de Dios de salvación no solamente recibimos perdón de los pecados, sino también somos liberados del poder del mal y de sus consecuencias—tanto en esta vida como en la siguiente—. Arrepentirse significa alejarse del mal y de frustrarnos en nuestros propios esfuerzos para ganarnos nuestra propia salvación. Al alejarnos del pecado nos acercamos a Cristo y creemos. La promesa es directa:

Porque de tal manera amó Dios al mundo, que ha dado a su Hijo unigénito, para que todo aquel que en él cree, no se pierda, mas tenga vida eterna (Juan 3:16).

MI HISTORIA

A pesar de haber nacido en los Estados Unidos y ser criado en una familia que asistía a la iglesia, yo vivía como si Dios no existiera. Mientras no quebrantara leyes importantes estaba bien. La noción de ser religioso me era repulsiva. La iglesia solo era un lugar para asistir a bodas y funerales.

En el tercer año de la universidad, mis problemas personales se hicieron demasiado grandes para ignorarlos. Aunque intentara huir de ellos o ahogarlos con drogas y alcohol, estos solamente incrementaban. El punto de inflexión llegó cuando comencé a dudar de mis dudas acerca de Dios y me humillé, admitiendo tener profundas necesidades. Ese paso de humildad me colocó en una posición en la que pude escuchar cuando alguien comenzó a hablarme acerca de la realidad de Dios y de su encarnación como Jesucristo. Estoy agradecido por las personas que se tomaron el tiempo de hablarme, responder a mis preguntas y finalmente probármelo desafiando mi incredulidad.

Por primera vez comprendí algo que era una buena noticia de verdad. ¿Qué fue ese algo? Que Dios había previsto mi necesidad y enviado ayuda mucho antes de que yo supiera que la necesitaba. ¿Cuánto tiempo antes? Algo así como dos mil años antes. En el tiempo correcto de la historia, Dios se hizo hombre en Jesús.

Yo decidí creer la historia de Dios y aceptar que es verdadera—no solamente verdadera para mí, sino en realidad verdadera para toda la humanidad—. Esa trascendental decisión cambió el curso de mi vida. De hecho, seguir a Cristo ha sido un viaje en que constantemente he encontrado respuestas a las preguntas y dilemas de nuestra existencia. Sin embargo, una y otra vez han llegado las respuestas. Dios no tiene miedo de nuestras preguntas, pero nosotros no debemos hacerlas con hostilidad hacia Él, sino con confianza en que Él "es galardonador de los que le buscan" (Hebreos 11:6). Debido a que Dios es real, la búsqueda de la humanidad por Él no será en vano. Con esta esperanza en mente, escribo este libro para tres clases de personas:

El buscador que está intentado creer, pero que enfrenta dudas acerca de si Dios es real. En estas páginas le ofrezco la evidencia, esperando que esa persona logre darse cuenta de que creer en Dios es verdaderamente creíble así como satisfactorio. Incluso antes de comprender el cristianismo o la Biblia, existe una amplia evidencia de que el mundo que nos rodea no es casualidad.

El creyente que sabe que Dios es real subjetivamente, pero que no puede articular fácilmente su fe ante los no creyentes. Espero que estos capítulos aclaren la evidencia acerca de Dios de tal manera que pueda ser fácilmente comprendida y luego presentada a los demás.

El escéptico que puede estar leyendo este libro desde un punto de vista crítico y una mentalidad predeterminada de que Dios no existe. Mi esperanza es que a pesar de cuan apegado se encuentre este lector al escepticismo, la siguiente evidencia permitirá irónicamente que se plante una semilla de duda, ayudando a que la persona se libere de la base de una perspectiva sin Dios y acepte la verdadera historia que mejor corresponde a la evidencia, aquella que declara: **"Dios no está muerto"**.

1

DIOS NO ESTÁ MUERTO

Lo que nos divide no es la ciencia, ambos
estamos comprometidos con la ciencia, sino
nuestros puntos de vista. Nadie desea basar
su vida en un engaño, ¿pero cuál es un
engaño? ¿El cristianismo o el ateísmo?

—JOHN LENNOX[1]

Cuando un hombre deja de creer en Dios, entonces
no es que no crea en nada, cree en todo.

—ATRIBUIDO A G. K. CHESTERTON[2]

YO ESTABA EN EL TERCER AÑO DE UNIVERSIDAD
cuando mi hermano mayor ateo, Ben, decidió intentar ale-
jarme de la fe cristiana. Probablemente parecía un blanco
fácil. No había sido cristiano durante mucho tiempo, y
Ben estaba en el tercer año de la facultad de derecho de la
Southern Methodist University de Dallas. Él era el mejor
de su clase, ya tenía una maestría en abogacía y ya tenía
tiempo moldeando su desdén por el cristianismo.

Acordamos encontrarnos un fin de semana en la casa de
mis padres en Dallas. Ben se preparó como si fuera a tratar
un caso jurídico, al estudiar la Biblia para obtener la arti-
llería que necesitaba para apagar mi nueva fe. Le contó a

uno de sus compañeros de clase: "Iré a casa a sacar a mi hermanito de esta cosa del nuevo nacimiento". Apareció con sus preguntas preparadas y sus desafíos finamente calibrados, anticipando cualquier cosa que yo pudiera decir. Estaba confiado en que podría hacerme abandonar toda noción de la fe en Dios y creencia en Jesucristo.

Me gustaría decirle que tuve brillantes respuestas aprendidas para todo lo que dijo sobre el tema. Pero nunca tuve la oportunidad de responder. Mientras yo simplemente escuchaba y abordaba las dudas de Ben, la verdad de la Palabra de Dios comenzó a suavizar su corazón. Yo podía ver que él estaba dudando de sus dudas. Finalmente llegó un momento en que le dije: "Ben, no es lo que no sabes de Dios lo que está evitando que creas; es lo que sí sabes. Tú sabes que Él es real y que Él es santo [es decir, puro]". El apóstol Pablo escribió que las personas "detienen con injusticia la verdad" (Romanos 1:18). ¿La razón? No les gustan las reglas de Dios. El problema con esto es que es como intentar sostener una pelota de playa debajo del agua: entre más sumergimos la verdad, esta resurge con más fuerza. Esto es definitivamente lo que mi hermano estaba haciendo. Estaba intentando escapar de las punzadas de la consciencia que lo estaban redarguyendo de su comportamiento.

Al final del día—el día en que él intentó disuadirme de mi fe—, bauticé a Ben en una alberca. Al poco tiempo de salir del agua, me dijo: "No creo que hayas respondido todas mis preguntas, pero creo que yo estaba haciendo las preguntas equivocadas". Ahora Ben es un exitoso abogado en Austin, Texas, y un formidable testimonio para Cristo.

Ese fin de semana hace treinta años fue el punto de inflexión para Ben y para mí. Él se convirtió en un creyente en Jesucristo mientras estaba tratando de disuadirme de "esa cosa del nuevo nacimiento". Y a partir de ese día, yo he dedicado mi vida a disuadir a la gente de "esa cosa del ateísmo". Trabajo principalmente entre alumnos universitarios alrededor del mundo, y se me han unido miles más que han encontrado que esa fe en Dios es tanto espiritualmente revitalizadora como intelectualmente satisfactoria. Además hemos visto lo contrario: que el ateísmo no satisface ni el corazón ni la mente del hombre.

¿EL FINAL DE LA FE?

Hace más de cuarenta años, la portada de la revista *Time* preguntó: "¿Dios está muerto?".[3] Los escritores estaban reflexionando acerca de la famosa afirmación que planteó el filósofo alemán del siglo diecinueve, Friedrich Nietzsche, de que Dios está muerto. Otras voces de ese siglo plantearon el mismo asunto en palabras diferentes. Los seguidores de Charles Darwin habían sugerido que esa creencia en Dios pronto desaparecería de una sociedad progresivamente científica. Karl Marx había dicho que la religión es una droga: "el opio de los pueblos".[4] En 1999, la revista *The Economist* publicó un obituario para Dios.[5]

Pero algo curioso sucedió de camino al funeral. En 2009, el editor principal de *The Economist* escribió en coautoría el libro *God Is Back* [Dios está de vuelta],[6] el cual sirvió como retracción del artículo de 1999. El cristianismo está experimentando un asombroso crecimiento en África, en Asia y en América Latina. En Europa, donde han habido generaciones de decremento religioso, hay señales alentadoras de crecimiento espiritual, particularmente en lugares como Londres, Berlín y Dublín, lo cuales tienen una profunda historia de fe en Dios. Esto se debe a un renacimiento intelectual, así como a uno espiritual. La gente está despertando del sueño dogmático del secularismo y el naturalismo. Y en Estados Unidos una sobrecogedora mayoría continúa aceptando la existencia de Dios, y la nación está comenzando a atestiguar un despertar espiritual entre los jóvenes. A pesar del hecho de que Dios ha sido virtualmente proscrito de las aulas de clase, los estudiantes de preparatoria y universidad están cuestionando lo que les han enseñado—el dogma naturalista de que el universo y la vida son meramente producto de fuerzas ciegas y aleatorias—y están aceptando que hay bases racionales para creer en un Creador. La densa niebla de incredulidad que se ha movido sobre la academia está comenzando a desvanecerse a medida que surge más y más evidencia de un Creador inteligente.

Junto con este aumento de la fe en todo el mundo ha venido una respuesta correspondiente. Durante la última década el campo secular se propuso detener la ola de la fe renovada. El término *nuevos ateos* se le ha dado a un grupo de escépticos que han buscado hacer sobrevivir los argumentos contra Dios y reinventarlos para una nueva generación. De manera irónica, hay muy pocas cosas *nuevas* acerca de los argumentos ateos. De hecho, el éxito de sus afirmaciones se debe mayormente al hecho de que las respuestas teístas a sus afirmaciones—las cuales son la verdad acerca de Dios—no han circulado ampliamente.

Hace una generación, C. S. Lewis compuso una serie de lecciones que se transmitieron en la BBC y fueron transcritas y publicadas como *Mero cristianismo*. Lewis se dio cuenta de que cuando era ateo tenía que ignorar demasiada evidencia para mantener su incredulidad:

> Un ateo sí tiene que creer que el punto central de todas las religiones del mundo es simplemente un gran error. Si se es cristiano, se es libre de pensar que todas las

religiones, incluso las más extrañas, contienen al menos un indicio de verdad. Cuando yo era ateo, tenía que persuadirme de que la mayoría de la raza humana siempre ha estado equivocada en aquello que le importa más.[7]

Los argumentos que los ateos utilizan contra Dios desaparecen rápidamente como un espejismo cuando son respondidos por creyentes instruidos como Lewis. Los ateos declaran que el universo no es lo que se espera si existiera un Dios sobrenatural. Toda esta muerte y sufrimiento, dicen, son una clara evidencia de que un Dios amoroso e inteligente no podría estar detrás de todo ello. La verdad es que Dios ha creado un mundo en el que las elecciones son reales y la humanidad es afectada por las decisiones que toman otros seres humanos. Los conductores ebrios matan a personas inocentes. Algunos asesinan y le roban a su prójimo. Aunque Dios le dio a la humanidad mandamientos claros, en nuestra mayoría hemos ignorado estas directrices. El desastre que resulta no es culpa de Dios. Es nuestra.

Somos llamados a seguir a Dios y amarlo con todo nuestro corazón y nuestra mente. Esto significa que tenemos que pensar e investigar. La Verdad es otra palabra para realidad. Cuando algo es verdad, lo es en todos lados. Las tablas de multiplicar son tan verdad en China como lo son en Estados Unidos. La gravedad funciona en África de la manera que lo hace en Asia. El hecho de que haya principios morales que son verdaderos en todos lados apunta a una moralidad trascendente que nosotros no inventamos y de la cual no podemos escapar.[8]

Como Creador, Dios ha colocado no solamente leyes naturales en la Tierra, sino también leyes espirituales. Por ejemplo, mentir está mal en todos lados. De igual manera robar. La crueldad hacia los niños está mal sin importar la cultura o el país de proveniencia. Cuando estas leyes se quebrantan, la gente se quebranta. Violar estas leyes espirituales no solamente nos separa de Dios, sino provoca dolor en nuestra vida y en la vida de quienes nos rodean. La gran pregunta se torna: ¿Qué puede hacerse acerca de nuestra condición? Cuando hablamos de estas leyes espirituales, ¿a quién podemos acudir por ayuda? ¿Cómo podemos reconciliarnos con Dios así como liberarnos de este ciclo de dolor y disfunción?

¿EL ATEÍSMO ES UNA RELIGIÓN?

Dentro de cada ser humano hay un deseo por Dios. Algunas veces intentamos satisfacer esta hambre practicando una religión, teniendo fe en algo. El ateísmo, entre todas sus quejas contra Dios, también tiene creencias, dogmas, principios intrínsecos que supuestamente no pueden ser desafiados. Es un sistema de creencias en sí mismo, con todas las trazas de una religión. En un artículo titulado "Forget the Church. Follow Jesus" [Olvide la religión. Siga a Jesús], la revista *Newsweek* concordó, llamando al ateísmo una "creencia".[9] El ateísmo como religión (un conjunto de creencias) es tan intolerante y cerrado como las afirmaciones que se hacen contra el sistema de creencias al que ataca.

Con el fervor de los fundamentalistas religiosos, estos nuevos ateos rechazan cualquier idea que compita no solamente religiosa, sino también filosóficamente. Stephen Hawking, en su libro *El gran diseño,* declaró que "la filosofía está muerta".[10] Sin embargo, Daniel Dennett, uno de los llamados cuatro jinetes del ateísmo, ha admitido: "No hay nada como una ciencia no filosófica; solo existe una ciencia cuyo bagaje filosófico se trae a bordo sin examinarlo".[11] Por lo tanto, en su mente, la ciencia se convierte en la única fuente de la verdad; tal como un dictador despiadado de un país tercermundista, los ateos deben eliminar toda la competencia. Ninguna desviación del dogma ateo darwiniano es tolerada. ¿Desea perder credibilidad en estas fortalezas seculares? Apenas sugiera que podría haber algo más allá de la naturaleza responsable de nuestra existencia. Esta exagerada reacción escéptica es simplemente...irrazonable.

EL ESPEJISMO DE LA INCREDULIDAD

En su libro *El espejismo de Dios*, Richard Dawkins asegura que Dios debe ser un espejismo, ya que Dios no podría existir. Dawkins, quien posiblemente sea el ateo más famoso del mundo, afirma que aunque el universo parezca estar diseñado, eso no pudo haber sucedido porque continuamos con la pregunta: "¿Quién diseñó al diseñador?". Este es en sí un ejemplo de la posición irracional e inflexible de la mente atea. La verdad es que no se tiene que tener una explicación para cada explicación. Tal demanda se establece en la regresión infinita donde nada podría ser conocido, y la ciencia y la razón se quebrarían (cierto, ese es el peor de los casos).

Si estuviéramos caminando por el bosque y encontráramos una tortuga en la punta de un poste, racionalmente concluiríamos que no llegó ahí sola. Alguien la colocó ahí. Aunque no tuviéramos una explicación de quién lo hizo, sería razonable asumir que el tiempo y la casualidad no habrían finalmente colocado a la tortuga en un poste.

Sigmund Freud habló de la creencia religiosa como el *cumplimiento de un deseo*, el deseo de tener a "una figura paterna en el cielo" que pueda enderezar las cosas por nosotros y hablarnos cuando estemos solos. David Aikman, un excorresponsal principal de *Time* y autor de *The Delusion of Disbelief* [El espejismo de la incredulidad], colocó el ateísmo en la misma categoría que la religión, diciendo: "El ateísmo mismo es un espejismo", el supremo cumplimiento de un deseo.[12] Existen razones reales por las que los no creyentes no desean que Dios exista, o al menos buscan reducirlo a una fuerza ciega impersonal. Sin Dios, no hay responsabilidad. Sin Dios, no hay una verdadera moralidad. "Si Dios está muerto—dijo Malcolm Muggeridge—alguien tendría que tomar su lugar",[13] y ese alguien generalmente es el hombre mismo.

Piénselo: más de 90% del planeta cree que Dios existe. Sostener que quienes creen en Dios están engañados significa que los ateos (o los escépticos radicales, como yo los llamo) creen que la mayoría del mundo está bajo un tipo de engaño en masa. Para sostener esta posición desde una postura intelectual objetiva, ellos tendrían que haber ignorado toda la evidencia de Dios y luego explicar cómo es que todo lo que vemos surgió por sí solo, por casualidad.

La mofa del escéptico es que quienes tenemos fe no tenemos una prueba real de esa fe. Los escépticos dicen que todo se basa en sentimientos o espejismos, o se debe a nuestra crianza religiosa. Una de las líneas base de los ateos suena así: "Cuando me piden que pruebe que Dios no existe, les pregunto a los creyentes que prueben que no hay dragones sacafuego viviendo en el centro de la Tierra". Algunas de las otras analogías que se utilizan comúnmente son el hada madrina, y el favorito de Richard Dawkins, el "monstruo volador de espagueti".[14] Se sientan como si solo eso justificara su incredulidad, pero se equivocan. No hay buenas razones para creer en un monstruo volador de espagueti, el hada madrina ni los dragones sacafuego en el centro de la Tierra. Hay buenas razones para creer en Dios.

La verdadera pregunta es: ¿cuántas pruebas son suficientes para convencerlo de que Dios es real? La mayor parte del tiempo, los ateos no han pensado acerca de lo que en realidad se necesitaría para que crean. Cuando le preguntaron a Dawkins durante un debate público, él dijo: "Es una pregunta muy difícil e interesante, porque, digo, yo solía pensar que si tal vez, ya sabe, el gran gigante de dos metros setenta de altura, Jesús, de pronto rugiera con la voz de Paul Robeson y me dijera: 'Existo. Heme aquí', pero aun así, a veces me pregunto si eso lo lograría...".[15] Dawkins no parece haber pensado lo suficiente esta pregunta trivial. De hecho, si alguien más afirmara ver a un Jesús de dos metros setenta de altura, esta persona sería ridiculizada. La verdad es que, si su mente está decidida acerca de lo que no cree, entonces no hay evidencia que lo convenza. Ignorará incluso el más devastador testimonio contra su posición.

En repetidas ocasiones me han desafiado en las universidades: "Usted tendrá que comprobarme que Dios existe y que el cristianismo es verdad". ¿Mi respuesta? "Si lo compruebo, ¿creerá en Él y seguirá a Cristo?". Cuando dicen no, yo respondo: "Su problema no es una falta de información. Si todas sus preguntas están respondidas y continúa sin creer, entonces su verdadero problema es espiritual, no intelectual".

La guerra de los puntos de vista

Nadie acude a estas discusiones con una perspectiva completamente neutral y objetiva. En otras palabras, la razón no siempre es razonable. Nuestra razón puede estar perjudicada por nuestros propios motivos egoístas. La gente que actúa corrupta o destructivamente puede pensar que tiene razones para justificar sus acciones. Además de eso tienen una manera de ver el mundo. Su *perspectiva del mundo* consiste en un conjunto de presuposiciones que dirigen la razón.

La perspectiva atea se centra en Dios. *Theos* es la palabra griega que significa "dios", por lo tanto, un teísta cree en Dios y ve a Dios como el creador y sustentador de la vida y del mundo que nos rodea. Las leyes físicas, las constantes de la naturaleza y la complejidad de la vida apuntan a una inteligencia racional. Los teístas empujan esa lógica al creer que esta inteligencia no es meramente una fuerza impersonal, sino es consciente y relacional tal como los humanos son seres conscientes y relacionales. Así como nosotros deseamos intimidad, confianza y amor de las relaciones que valoramos, nuestro Creador lo desea también.

La perspectiva ateísta del mundo, también descrita como naturalista, se centra en la naturaleza. *A-* es el prefijo griego que significa "ausencia", por lo tanto un ateo cree en la ausencia de Dios. Como afirmó el vocalista de Bad Religion en su libro *Anarchy Evolution* [La evolución de la anarquía]:

> Si la gente me pregunta acerca de mi perspectiva, yo digo que soy naturalista. Cuando la mayoría de la gente escucha esa palabra, piensan en alguien que pasa mucho tiempo en el exterior mirando pájaros y admirando paisajes—y supongo que esa descripción me concierne—. Pero yo pienso en el naturalismo como una filosofía en lugar de un estilo de vida. Desde una perspectiva filosófica, los naturalistas creen que el universo físico *es* el universo. En otras palabras, no existen entidades o fuerzas *sobre*naturales que actúen en la naturaleza, debido a que

no hay ninguna evidencia empírica para nada más allá o fuera de la naturaleza.[16]

Esta perspectiva elimina la posibilidad de Dios desde el comienzo; por lo tanto, ninguna evidencia de un Creador inteligente será convincente. La pretensión de muchos ateos es que de alguna manera en realidad no poseen ninguna de estas presuposiciones. Ellos protegen este aire de objetividad discutiendo con Sócrates: "Los científicos siguen la evidencia a donde los lleve".[17] A menos que, desde luego, lleve a Dios. Decir que nada existe fuera del mundo físico es una afirmación de fe. No hay manera de que alguien pueda probar que es verdad. El ateísmo y otras perspectivas son solo ideas— grandes ideas—y, como lo ha comprobado la historia, las ideas tienen consecuencias. Por ejemplo, la perspectiva naturalista que proviene de la evolución darwiniana ha tenido repercusiones desastrosas cuando se aplica filosófica y éticamente: millones murieron en manos de comunistas ateos y nazis durante el siglo XX.

"IMAGINE QUE NO HAY CIELO"

Si hay un himno a la incredulidad, sin duda es la canción "Imagine" [Imagina], escrita por el difunto John Lennon: "Imagina que no hay cielo…".[18] ¿Qué si la canción de Lennon fuera verdad? ¿Qué si el mundo fuera un mejor lugar si no existiera Dios? Imaginémoslo.

Si no hay cielo, entonces no hay Dios. Y si no hay Dios ni cielo, entonces esta vida es todo o que hay: cuando morimos estamos muertos. Lo que John Lennon imaginó, Vladimir Lenin ya lo había construido en el estado comunista de Rusia. El mundo irreligioso de *ese* Lenin fue una pesadilla viviente de tortura, genocidio y oscuridad. El siglo XX fue el siglo más sangriento de la historia, gracias a los regímenes ateos de Hitler, Stalin, Pol Pot y Mao Tse-Tung.

Si Dios está muerto, entonces el hombre también está muerto. Los sueños utópicos del paraíso humanista parecen ideales hasta que se recuerda un hecho fatal: el hombre es la verdadera causa del mal. Sin la restricción de Dios y de su ley, la humanidad es libre de actuar por cualquier impulso, deseo o pasión. Nada estaría finalmente bien ni mal. Imagine que se da un anuncio en una ciudad importante del mundo acerca de que la policía tomará una semana de descanso. No se procesaría ningún delito, no se ejecutaría ninguna ley. ¿Cuál se imagina que sería el resultado? ¿Paz y tranquilidad, o anarquía y caos?

Si no hay cielo, entonces no hay ninguna recompensa de ningún bien hecho. ¿Por qué sacrificar su vida por su país o por otra causa? Si no hay infierno, entonces no hay castigo final por ningún delito. En otras palabras, los terroristas que cometen atrocidades contra su prójimo finalmente se saldrán con la suya.

El experimento de construir una sociedad sin Dios ha sido probado. Ha fracasado. Al mismo tiempo, la *religión* sin Dios es igualmente desastrosa. Los profetas de la antigüedad advirtieron que la gente podía adorar con sus labios mientras que su corazón estaba lejos de Dios. La advertencia se repite en los escritos del Nuevo Testamento diciendo que algunas personas serán vistas con "apariencia de piedad, pero negarán la eficacia de ella" (2 Timoteo 3:5). Mirando en retrospectiva la historia, no toma mucho tiempo darse cuenta de que algunos cristianos le han dado demasiadas municiones a los críticos de la fe. La mayoría de los fracasos resultaron por desobedecer los mandamientos de Cristo acerca de amar, servir y perdonar. Jesús estaba completamente contra la religión sin poder y sin compasión, y la llamó hipocresía; pero no se equivoque: la religión no tiene ningún lugar en el mercado de la hipocresía.

DES-MAHER-IZADA

Durante el siglo pasado, la arrogancia y la ignorancia lastimaron al cristianismo en el discurso público con los escépticos. En este siglo, sin embargo, los papeles han sido cambiados. Una de las tácticas favoritas de los escépticos es utilizar la mofa y el ridículo para intentar desacreditar cualquier cosa de naturaleza religiosa, particularmente el cristianismo. Se le da credibilidad a cualquier afirmación sin bases, si sirve para socavar la fe en Dios. Si los creyentes no están preparados, pueden ser erróneamente influidos para pensar que su fe está perdida.

Un alumno me dijo una vez que había escuchado esta pregunta en su clase de filosofía: Si Dios es todopoderoso, ¿podría hacer una piedra tan grande que no pudiera mover? Él me dijo que al no poder pensar en una respuesta, finalmente se retrajo. Yo pensé: *Si un acertijo sacudió tu fe, entonces no estás lejos de resbalar.* No debemos abandonar la verdad cuando estos *evangelistas de la incredulidad* nos gritan sus seguras mentiras. La pregunta en realidad viola la lógica de la "ley de la no contradicción". Y la respuesta al acertijo del filósofo es simple: debido a que Dios es todopoderoso no podría haber creado nada que no pueda manejar.

Otros desafíos son mucho más absurdos. El comediante de medianoche y ateo profesional, Bill Maher (que se pronuncia *mar*), regularmente usa el ridículo para denunciar la religión. La mayoría de sus argumentos son lo que la filosofía llama *la falacia del hombre de paja:* imágenes falsas de algo creadas con el solo propósito de que puedan ser fácilmente derribadas. Maher a menudo toma las peores partes de cualquier cosa asociada con la religión (bomberos suicidas, sacerdotes que abusan de los niños, y especialmente cualquiera que se niegue a aceptar como hecho la evolución) y los pinta bajo la peor luz posible. Entonces anuncia: "La religión debe morir".[19]

Aunque muchas cosas malas se han llevado a cabo en el nombre de la religión, e incluso en el nombre de Jesucristo, una investigación sincera puede rápidamente separar la verdad del error, el hecho de la ficción. Las falsas declaraciones deben desafiarse y ser vistas como lo que son: vanas imaginaciones. El fanatismo es un problema humano, no un problema de religión. ¿No lo cree? Solo mire un evento deportivo, un concierto de rock o un mitin político. Los fanáticos ateos son tan irracionales como sus homólogos religiosos.

Una vez más, Jesucristo es distinto e independiente de la filosofía y la religión hechas por el hombre. Él fue el crítico original de las prácticas religiosas vacías y de las vidas superficiales. Con un pequeño esfuerzo, usted puede tener una fe "des-Maher-izada", una fe libre de defectos y manchas. Este tipo de fe comienza con un conocimiento firme de que Dios es real. Las falsas nociones de la época deben ser examinadas al igual que una cajera examina un billete de cien dólares como una falsificación potencial. No debemos ser confundidos con argumentos falsos y vidas falsas. Recuerde que no es suficiente con solo creer que Dios es real. Incluso los demonios creen en Dios y tiemblan. Nosotros debemos poder demostrar y articular la verdad de Dios en una manera que quienes nos rodean puedan comprender claramente.

LO QUE NOS ENSEÑARON LOS ATAQUES
DEL 11 DE SEPTIEMBRE

Unos días después de los ataques conduje con algunos amigos hacia Nueva York para ver en qué manera podíamos servir a esa gran ciudad en su tiempo de crisis sin precedentes. No pasó mucho tiempo para que me diera cuanta de que necesitábamos plantar una iglesia en el corazón de la ciudad de Nueva York para ministrar constantemente a las necesidades espirituales de tantos como fuera posible. En cuestión de un mes estábamos volando cada domingo de Nashville a Nueva York, y llevando a cabo servicios dominicales nocturnos. Hoy, esa iglesia, la Morning Star New York, consta de tres congregaciones.

Luego de haber estado volando durante algunas semanas para las reuniones dominicales nocturnas, la dueña de uno de mis restaurantes favoritos nos estaba agradeciendo por nuestro compromiso para ayudar a esta ciudad. Yo le conté acerca de un incidente que ocurrió en su restaurante en mi libro *Finding Faith at Ground Zero* [Encontraron la fe en la Zona Cero]. Sandy, el dueño de Carnegie Deli, me llamó a que me acercara a una mesa donde se encontraban los ejecutivos de una televisora para que me presentara. Él me dijo: "Reverendo [¡en realidad no me gusta que la gente me llame así!], estos hombres están teniendo que quemar sus muebles por causa de las cartas contaminadas con ántrax que han estado recibiendo. Ellos necesitan respuestas acerca de lo que está sucediendo".

Yo me senté en la mesa con estos importantísimos líderes de los medios e hice una pausa para considerar lo que podía decir para hacer un impacto para Cristo en una manera sabia y creíble. Dije: "Bien, si hay algo que nos enseñaron los ataques del 11 de septiembre es que todas las religiones no son lo mismo. El dios que les dijo a esos hombres que tomaran aviones y vinieran a esta ciudad a lastimar a la gente no es el mismo Dios que nos inspiró a nosotros a tomar aviones cada semana para venir aquí y ayudar a la gente".[20]

No hay manera de agrupar a todos los credos religiosos y prácticas en un solo grupo, y luego denunciar engreídamente a la religión como un conjunto. Los credos no son iguales. Algunos son verdaderos y otros son falsos. La historia ha comprobado que las ideas—religiosas, filosóficas o científicas—tienen consecuencias.

NOTICIAS DE ÚLTIMA HORA

La mayor idea de la historia, aquella que ha producido el más significativo y duradero beneficio para la humanidad, es Jesucristo. La idea de Dios de venir a la Tierra como humano que demuestra innegablemente el poder de la verdad, nos ha dado el supremo mensaje de esperanza llamado el *evangelio* o *las buenas nuevas*. La buena noticia de Dios es tan actual como las noticias de última hora que usted verá o escuchará hoy en cualquier canal de noticias.

Es tan alentador que lo mencionaré tan frecuentemente como sea posible, de manera que su mensaje no se pierda ni se malentienda. Las buenas nuevas anuncian que Dios se hizo hombre en Jesucristo, Él llevó la vida que debimos haber vivido y sufrió en nuestro lugar la muerte que nosotros debimos haber padecido. Tres días después, resucitó para comprobar su identidad como el Hijo de Dios, y ahora le ofrece completo perdón a todo aquel que crea y se aleje de las tinieblas del pecado y de la futilidad de intentar salvarse a sí mismo. Aquellos que se conviertan y coloquen su fe en Él nunca serán avergonzados.

Este mensaje de esperanza, estas buenas nuevas, son verdad sin importar el país o la cultura de donde provenga usted. Cristo vino a lidiar de una vez por todas con las consecuencias legales de la humanidad por haber quebrantado la ley de Dios. Lejos de desear que seamos religiosos, Él nos llama a simplemente amarlo a Él y a los demás. El evangelio nos cambia de adentro hacia fuera. Es por ello que muchos dicen rápidamente que Cristo no nos llamó a la religión sino a una relación, una relación con Él y con los demás.

Por qué importa la existencia de Dios

Una vez en Argentina, en la Universidad de Buenos Aires, pasé un tiempo hablando con cinco alumnos que se identificaron como ateos. Pasé mucho tiempo haciéndoles preguntas acerca de las razones para su ateísmo. Gracias a un buen intérprete, Phillip Steele, logré comprender los detalles de su incredulidad. Mientras escuchaba con atención, un joven que cargaba una guitarra me preguntó:—¿Por qué debemos estar preocupados con la pregunta: '¿Dios existe?'. ¿De verdad importa?

Yo le pregunté:—¿Alguna vez has escrito una canción?

Su expresión facial cambió instantáneamente ya que parecía que yo estaba cambiando el tema de Dios hacia algo de lo que él realmente deseaba hablar. Me dijo que sí, y luego yo le pregunté:—¿Por qué deseaste escribir una canción?

Él levantó la mano para enfatizar su pasión:—Deseaba compartir mis sentimientos con los demás, crear algo que ellos pudieran disfrutar, así como compartir mi corazón y mis pensamientos.

—¿Qué harías si escribieras una canción por todas esas nobles razones y alguien negara que tú escribiste esa canción o le diera por error a alguien más el crédito de haberla escrito en lugar de a ti?

Mirándome como si supiera que yo fuera a dar una conclusión mayor, concordó:—Sí, me molestaría si no me reconocieran como el autor de la canción que escribí.

Hice una pausa durante un momento.—¿Qué si hubieras creado el planeta?

Se podía ver en su rostro la conexión entre ambas ideas.

Dios merece el reconocimiento de todo lo que Él ha creado. Saber que existe un Creador cambia toda nuestra opinión y nuestra perspectiva. Debe inspirarnos a honrarle más de lo que podemos honrar a una mujer o a un hombre por cualquier logro humano. Además debe provocarnos a buscarle, a desear sinceramente una relación con Él.

La realidad de Dios como Creador nos lleva a investigar el mundo que Él creó con mayor confianza, y a comprender su naturaleza y su carácter. Toda la belleza, la grandeza y la provisión del planeta deben provocar una gratitud que nos abrume. Este es el espíritu de evangelismo que nos envía con el mensaje de amor, esperanza y reconciliación, no de odio y división. Cuando escuchamos "Dios está de vuelta", eso obviamente no significa que en realidad se hubiera ido a algún lugar. La fe en Dios ha vuelto. No una fe ciega e irracional, sino una fe que está bien afirmada en la evidencia. La evidencia firme es la base para comunicar esa fe en una manera directa y clara. Si no es que otra cosa, los escritos de los nuevos ateos han logrado despertar a millones de cristianos de su sueño dogmático.

Este libro es una de las muchas obras que han sido inspiradas por la audacia y la arrogancia de algunos de estos escritores escépticos que han decidido llevar su batalla personal y su odio de la religión al público. Cuando estaba llevando a cabo mi trabajo doctoral en el Fuller Theological Seminary, mi mentor, Dan Shaw, constantemente me aconsejaba que evitara que mi escritura sonara a "sermón". El objetivo era producir una tesis doctoral basada en datos empíricos e investigación con opiniones personales y un mínimo de sermones. Aunque continúo buscando presentar argumentos sensatos y racionales para la existencia de Dios, basados en la mejor explicación de la evidencia, también deseo ofrecer el aliento y la esperanza que produce la fe en Dios. Ahora vayamos a las razones para creer en la existencia de Dios, comenzando con la *razón* misma.

2

LA FE VERDADERA
NO ES CIEGA

La fe no es un salto en la oscuridad; es exactamente
lo contrario. Es un compromiso basado en la
evidencia [...] Resulta irracional reducir toda la
fe a una fe ciega, y luego sujetarla al ridículo.

—JOHN LENNOX[1]

La razón es una herramienta que nos ayuda a
comprender mejor nuestra fe y a defenderla;
como lo explicó San Anselmo, la nuestra
es una fe que busca entendimiento.

—WILLIAM LANE CRAIG,
REASONABLE FAITH [FE RAZONABLE][2]

ES SEGURO DECIR QUE EL CONGRESO MÁS INUSUAL
al que he asistido fue la Convención Atea Mundial de 2012,
en Melbourne, Australia, promovida como "una celebración de la razón". Asistieron más de 3 500 delegados a escuchar a conferencistas tales como el biólogo evolucionista,
Richard Dawkins, a Daniel Dennett y a Sam Harris. Se esperaba que acudieran muy pocos cristianos, si es que asis-
tiría alguno.

Mi objetivo al asistir era simplemente escuchar. Pensé

que si los ateos de todo el mundo se estaban reuniendo, entonces se diría algo trascendental, y yo desearía escucharlo de primera mano—posiblemente un nuevo descubrimiento científico que demostraba (en su mente) que Dios no existe—. En lugar del violento ataque intelectual para el que yo estaba preparado, en la noche de estreno, los conferencistas fueron cuatro comediantes profesionales. Sus diatribas plagadas de blasfemias posiblemente fueron un intento de demostrar su desprecio por cualquier traza de moralidad que pudiera permanecer de su evidente crianza religiosa.

Al día siguiente, en lugar de ofrecer razones científicas o filosóficas para la inexistencia de Dios, un conferencista tras otro atacó la religión y continuaron con el tono que los comediantes establecieron en la noche de estreno. De manera irónica, hubo muy poca "razón" en su celebración de la razón. La emotividad en la que ellos afirman que se apoya la religión permeó cada presentación.

Me marché del congreso convencido de que la estrategia principal de estos nuevos ateos es reclamar la palabra *razón*, tal como el propietario de un negocio podría intentar asegurar un nombre de dominio antes de que la competencia se lo lleve. Al hacerlo, ellos pueden etiquetar a cualquiera que se les oponga como "antirracional" o irracional. Con el celo de un partido político, ellos esperan que la ciencia elimine cualquier fe o religión, así como filosofía. Esto lo afirmó claramente Dawkins en una discusión con John Lennox en la Universidad de Oxford, patrocinada por la Fixed Point Foundation:

> Lo que me preocupa es que si no posees, si no permites, una base racional para lo que crees, entonces es posible que la gente diga: "Lo siento, simplemente creo que Alá

me dijo que asesinara a todas esas personas". Y no es bueno discutir conmigo, porque no se trata de discutir. Se trata de la fe, y ese es el peligro.[3]

John Lennox, un matemático de Oxford que ha debatido con Dawkins en diferentes ocasiones, respondió a este comentario en uno de sus encuentros:

Comprendo desde mi propia percepción del Nuevo Testamento que eso no es la fe cristiana, esa fe ciega es peligrosa. Pero no toda la fe es una fe ciega, y tal como usted afirma tener fe en el método científico así como yo, yo tengo fe en Dios y creo que eso está basado en la evidencia.[4]

Una preocupación legítima es cuando la gente cree sin tener una base racional. Esto les permite llevar a cabo actos horribles e irracionales, tales como los actos terroristas del once de septiembre, en nombre de su fe. Aquel que dijo: "Amen a sus enemigos" es el extremo opuesto de alguien que les ordena a sus seguidores que "asesinen a los no creyentes".

La razón sirve como una forma de sistema inmunológico que nos ayuda a discernir las creencias útiles de las nocivas. Cuando los humanos observamos cualquier serie de eventos, nosotros usamos la razón para extraer conclusiones acerca de lo que ha sucedido. Ya sea un incidente que sucedió ante nuestros ojos o uno que sucedió hace miles de años, la razón procesa los eventos y decide si la explicación ofrecida es plausible. La irracionalidad no es cosa religiosa; es una cuestión humana. ¿Alguna vez ha escuchado a un *científico loco*? Al decir que la fe real no es ciega cabe mencionar que no creemos ciegamente en todo lo que se dice en nombre de la "ciencia". La evidencia de que Dios existe está a nuestro alrededor y dentro de nosotros. Usted ha recibido la capacidad de observar los fenómenos que suceden a su alrededor y razonar si son producto de fuerzas ciegas o de un Creador inteligente.

El siglo XXI es el tiempo más asombroso de la historia en el cual estar vivo; todos los días aprendemos más acerca del universo estelar y de las partículas subatómicas. Considere el descubrimiento del bosón de Higgs en el gran colisionador de hadrones de Ginebra, Suiza, en julio de 2012. Esta partícula, a la cual los profanos llaman la "partícula de Dios", está liberando el entendimiento que los científicos tienen del misterioso mundo subatómico, y produciendo la creencia de que la humanidad puede pronto comprender el más pequeño detalle de cómo funciona el universo. Sin embargo, el solo hecho de que sepamos cómo funciona un mecanismo no elimina la existencia del arquitecto y constructor del mecanismo. La manera en que se interpretan estos datos se reduce a las creencias que poseemos o a la lente a través de la cual los observamos.

Los ateos creen una historia fantástica de que el universo sucedió así, por azar, y que todo en esta vida y complejidad surgieron de la nada. Pero, ¿es cierto? ¿Es esa la única opción que una persona racional tiene para considerar? El fallecido Christopher Hitchens, uno de los ateos más francos de esta generación y considerado como la voz más elocuente, pareció bastante sorprendido cuando en sus debates encontró cristianos que de verdad tenían razones para su fe. Él pensó que todo lo que teníamos era nuestro apego a nuestra experiencia subjetiva.

La razón demanda que examinemos las afirmaciones hechas en nombre de la fe o de la ciencia de la misma forma que examinaríamos los ingredientes de una botella de píldoras o de un alimento en la repisa de la tienda. No todas las afirmaciones son iguales. Muchos escépticos aseguran que las únicas pruebas confiables de la verdad residen en el terreno de la ciencia. Como se mostrará, la ciencia apunta a Dios. Existen métodos inductivos para comprobar lo razonable y la credibilidad, no solo para la creencia en Dios en general, sino específicamente para el cristianismo.

Espero demostrar que la fe y la razón son compañeros vitales y componentes complementarios para el descubrimiento de la verdad. Tim Keller, un autor de mayor venta, y pastor de la ciudad de Nueva York, les lanzó este desafío a los escépticos: "Insto a los escépticos a que trabajen con la 'fe ciega', sin examinar, sobre la cual se basa su escepticismo, y vean cuán difícil les es justificar esas creencias a quienes no las comparten. Además insto a los creyentes a trabajar con sus objeciones personales y culturales a la fe".[5]

¿DIOS O CIENCIA?

La portada de la revista *Time* del 13 de noviembre de 2006 fue titulada "God vs. Science" [Dios contra la ciencia]. Tan solo el título sugería que uno debe elegir entre los dos. El eslogan de la edición en línea del artículo afirmaba: "Nosotros reverenciamos la fe y el progreso científico, el hambre de los milagros y de las resonancias magnéticas. Pero, ¿estas perspectivas son compatibles? *Time* convoca a un debate".[6] El debate fue entre Francis Collins, un genetista cristiano que escribió acerca de la fantástica evidencia de inteligencia que se encontró en el ADN, plasmada en el libro, *El lenguaje de Dios: un científico presenta la evidencia para creer*; y Richard Dawkins, un biólogo ateo. Collins rompe el estereotipo de la persona religiosa de mente cerrada que

Dawkins caracteriza como personas de fe. De hecho, antes de presentar el debate entre los dos hombres, *Time* observó que una creciente cantidad de científicos estaban expresando cada vez más su apoyo a una alternativa a las duras líneas de batalla que Dawkins y sus cohortes estaban esbozando: "Y para equilibrar a los formidables mensajeros comunes [del ateísmo] como lo es Dawkins, buscamos a quienes posean una convicción religiosa, y además logros científicos, para discutir creíblemente la esperanza extendida de que la ciencia y Dios están en armonía—que en realidad, la ciencia es de Dios—".[7]

El artículo continuó mencionando que científicos como Collins, quienes no encuentran conflicto entre ciencia y fe, están señalando los intereses comunes que permiten un diálogo constructivo. De manera similar, el físico y sacerdote anglicano, John Polkinghorne, se ha referido a la conexión vital entre fe y ciencia como una "visión binocular". Él explicó: "Ver el mundo con dos ojos—tener una visión binocular—nos permite comprender más de lo que cualquier ojo vería por sí solo".[8] Recuerde que la noción que se le está vendiendo al público es que la ciencia lidia con los hechos y la religión con la fe. No obstante, la ciencia tiene sus propias doctrinas de fe, y la fe verdadera se basa en hechos.

LA CIENCIA Y LA FE

La ciencia es en realidad "de Dios", como *Time* lo afirmó. Debido a que la perspectiva cristiana señalaba al hecho de que el universo fue diseñado, este podría comprenderse racionalmente. Como lo explicó C. S. Lewis: "Los hombres se volvieron científicos porque esperaban ley en la naturaleza, y esperaban ley en la naturaleza porque creían en un legislador".[9] Albert Einstein estaría de acuerdo: "Lo más incomprensible acerca del universo es que es comprensible".[10] Ellos creían que el universo fue realizado por un Dios de propósitos que creó la humanidad a su imagen, criaturas que (para tomar prestada la famosa frase de Johannes Kepler) "piensan los pensamientos de Dios después de Él". Para Kepler, "el principal objetivo de todas las investigaciones del mundo externo deberían descubrir el orden racional que ha sido impuesto por Dios, y que Él nos reveló en el idioma de las matemáticas".[11]

Cuando los ateos se refieren al trato brutal de la Iglesia hacia Galileo, como resultado de sus descubrimientos científicos, ellos pasaron por alto la historia real. No es típico de la fe oponerse a la ciencia de esa manera. En primer lugar, Galileo, así como la mayoría de científicos de ese tiempo, eran personas de fe. En segundo lugar, él desafió no solamente las perspectivas religiosas de su día, sino también aquellas científicas y religiosas. Al final, la observación de Galileo de que la Tierra en realidad giraba alrededor del Sol, no tuvo relevancia en ninguna doctrina de fe, sino meramente en una interpretación de la Escritura que finalmente cambiaría. Tal pareció que algunas interpretaciones de datos científicos contradecían la Escritura a primera vista, pero luego tuvieron que ser ajustadas y terminaron confirmando la Escritura (tal como que el universo tuvo un comienzo), de manera que la puerta se abre hacia ambos lados.

LOS INSULTOS NO SON ARGUMENTOS

La táctica de insultar a la oposición nunca ha funcionado en este debate. El ridículo y el escarnio son, de hecho, evidencia de que existe una renuencia a involucrarse en el teísmo con bases racionales y teológicas. Meses antes de la Convención Atea Mundial de Melbourne, hubo una reunión en Washington, D.C., Estados Unidos. El primer orador, Richard Dawkins, apeló a este tono y táctica amargos de parte de los asistentes. "Búrlense de ellos, ridiculícenlos en público, no caigan en la convención de que somos demasiado amables para hablar de religión. La religión ya dejó de considerarse. La religión está vedada".[12]

Él no está solo en la tribuna emocional. Legiones de no creyentes han aprendido a gritar la "razón", mientras constantemente dan un golpe bajo con un reclamo emocional tras otro. Cualquier error que alguien cometa con la fe religiosa se reúne y se colecciona como evidencia de que, debido a los errores de quienes son creyentes, Dios no es verdad. Es un tanto como decir que debido a que mis hijos cometen errores, yo no existo.

Peter Hitchens, el hermano de Christopher Hitchens, uno de los ateos más francos de nuestros tiempos, lo vio de primera mano y escribió acerca de esta tendencia en su libro, *The Rage Against God* [Rabia contra Dios]:

Las dificultades de los antiteístas comienzan cuando estos intentan involucrarse con alguien que no está de acuerdo con ellos, cuando su reacción es a menudo una rabia frustrada de que el resto de nosotros sea tan tonto. Pero, ¿qué si ese no es el problema? Su negativa a aceptar que otros pueden ser tan inteligentes como ellos, y sin embargo, no estar de acuerdo, los lleva a muchos engaños.

Yo tiendo a simpatizar con ellos. También me he enfadado con oponentes que me requirieron examinar de nuevo las opiniones que yo había acogido más por pasión que por la razón.[13]

En una revisión que el *New York Times* realizó del libro de Lawrence Krauss, *Un universo de la nada*, David Albert identificó la irrazonable rabia que se muestra contra la religión.

> ...Parece como una lástima, y más que una lástima, y peor que una lástima, con todo eso que hay detrás de la cabeza de una persona, pensar que todo lo que se nos ofrece ahora, por tipos como [Krauss], en libros como este, es la pálida, pequeña, tonta y ñoña acusación de que la religión es, yo qué sé: *estúpida*.[14]

LA FE Y LA RAZÓN NO SON ENEMIGOS

De alguna manera, la percepción es que los creyentes temen lidiar con las preguntas difíciles que la fe puede hacer resurgir. La imagen que se esboza es que los creyentes deben estar alejados de cualquier perspectiva contraria y solo "dejar de hacer preguntas".

Joe Marlin, doctor en medicina y alumno de doctorado de filosofía de la NYU, así como ateo, había leído *El espejismo de Dios*, de Dawkins, y muchas otras obras que intentaban desvanecer la fe en Dios. Me dijo en una entrevista que a veces era "militante" de su ateísmo. "Especialmente cuando alguien le 'agradecía a Dios' por algo. Me sentía como si estuvieran dándole a Dios el crédito de algo que en realidad la persona había hecho". Describió el proceso de comenzar a dudar de sus dudas acerca de su ateísmo, de encontrarse con una persona de fe y lidiar abierta y objetivamente con esas preguntas. Me dijo: "De hecho, la razón me llevó a Dios, no me alejó de Él". [15]

Cuando sucede algo que no comprendemos, sugerir que

lo que ocurrió simplemente son "los misteriosos caminos de Dios", no es abandonar la razón ni aceptarlo todo ciegamente en nombre de la fe. Si un conductor ebrio mata a una familia inocente, nosotros nos preguntamos por qué sucedió. La respuesta razonable es que sucedió porque alguien se descuidó y condujo ilegalmente un coche mientras estaba incapacitado, y el resultado fue la muerte de una familia inocente. Pero la verdadera pregunta es: ¿Por qué Dios dejó que sucediera? ¿No podía haberlo evitado? Escuchamos historias de la intervención de Dios, de manera que, ¿por qué sucedió en este caso? Cuando apelamos al misterio, simplemente estamos reconociendo que hay muchas cosas que no sabemos. Eso definitivamente no significa que vivamos con una resignación fatalista. Debemos continuar buscando respuestas a estas grandes preguntas. Muchas veces el verdadero misterio yace en comprender las motivaciones de personas que hacen lo que hacen.

En el siguiente capítulo hablaremos más a detalle acerca del mal y el sufrimiento, e intentaremos abordar la desconcertante pregunta de por qué suceden cosas malas en nuestro mundo.

LA FE ES EL PRODUCTO DE LA RAZÓN

La fe involucra razonar, recordar e investigar o estudiar. La fe es un trabajo arduo. Nosotros debemos hacer nuestra parte de comprender lo que Dios está prometiendo, asir las condiciones de esas promesas, revisar la evidencia de su fidelidad en el pasado y sujetarnos de nuestras convicciones al respecto, a pesar de nuestros sentimientos volubles, como C. S. Lewis sugirió:

Cuando era ateo tenía estados de ánimo en los que el cristianismo parecía terriblemente probable. Esta rebelión de nuestros estados de ánimo contra nuestro auténtico yo, ocurrirá de todas maneras. Precisamente por eso la fe es una virtud tan necesaria: a menos que les enseñen a sus estados de ánimo "a ponerse en su lugar", nunca podrán ser cristianos cabales, o ni siquiera ateos cabales, sino criaturas que oscilan de un lado a otro, y cuyas creencias realmente dependen del tiempo o del estado de su digestión.[16]

Lewis estaba diciendo que la fe, en realidad es asirse de lo que nuestra razón nos ha llevado a concluir, a pesar de nuestros sentimientos cambiantes. Esto es casi completamente contrario a como lo presentan los escépticos. Nosotros somos llamados a amar a Dios con todo nuestro corazón y nuestra mente. Cuando nos aplicamos a comprender, buscar sabiduría, examinarlo todo y asirnos firmemente de lo que es verdad, discernimos la senda correcta y tomamos decisiones sabias acerca de nuestra vida y nuestro mundo.

La fe involucra tres ingredientes clave

La fe es la base de todas nuestras relaciones con los demás y con Dios. En un matrimonio, le juramos fidelidad—nuestra fidelidad—a una persona. Por lo tanto, cometer adulterio se llama *infidelidad.* Los negocios se basan en la confianza. Dos partes hacen un acuerdo y cada uno promete, a través de un contrato, satisfacer diversas obligaciones. En ambos casos, el matrimonio y los negocios, existen tres ingredientes claves de fe:

1. *Conocimiento*: los detalles específicos del acuerdo. Dios eligió comunicarse con nosotros a través de palabras. "En el principio era el Verbo", comienza el Evangelio de Juan. El conocimiento del Señor es la información que Él permitió que viniera a la Tierra. Ese conocimiento es el fundamento de nuestra fe. Cuando mi padre me dijo que me había comprado un coche luego de graduarme de la universidad, yo le creí sin ver el coche. La base de mi fe fue su promesa. Este conocimiento se encuentra no solamente en las Escrituras (ver el capítulo 8), sino a través de la naturaleza:

Los cielos cuentan la gloria de Dios,
   el firmamento proclama la obra de sus manos.
Un día comparte al otro la noticia,
   una noche a la otra se lo hace saber.
Sin palabras, sin lenguaje,
   sin una voz perceptible,
por toda la tierra resuena su eco,
   ¡sus palabras llegan hasta los confines del mundo!
      (Salmos 19:1-4, NVI).

Dios desea que tengamos conocimiento de Él. Este conocimiento viene no solamente a través de la Escritura, sino también a través de la evidencia que se exhibe en el mundo que Él creó. Lo que es conocido acerca de Dios es evidente a través de lo que ha sido hecho (Romanos 1:20).

2. *Consentimiento*: la voluntad de entrar en un contrato. Este consentimiento es el producto de la razón. Habiendo considerado las promesas y sopesado la realidad de la evidencia para corroborar la afirmación específica, entonces debemos estar de acuerdo

como resultado de haber pensado y considerado un asunto. El aspecto del consentimiento es crítico, debido a que Dios le ha dado al hombre el derecho de elegir libremente, por lo tanto, esta elección debe ser sincera y no forzada. Dios no desea que usted haga algo contra su voluntad. Usted, por lo tanto, debe desear conocerle y tener una relación con Él. "Hoy pongo al cielo y a la tierra por testigos contra ti, de que te he dado a elegir entre la vida y la muerte, entre la bendición y la maldición. Elige, pues, la vida, para que vivan tú y tus descendientes" (Deuteronomio 30:19, NVI).

3. *Confianza*: la creencia de que ambas partes harán lo que dicen que harán.

Esta confianza no es ciega. Se basa en el conocimiento y la evidencia que demuestra que la persona que hace la promesa es digna de confianza.

¿Cuán importante es esto para Dios? Es la señal suprema de la verdadera fe en Él. Jesús dijo: "No se angustien. Confíen en Dios, y confíen también en mí" (Juan 14:1, NVI). La Escritura está llena de alabanzas a Dios por su fidelidad y su confiabilidad. "En ti confiarán los que conocen tu nombre, por cuanto tú, oh Jehová, no desamparaste a los que te buscaron" (Salmos 9:10). La confianza es posiblemente el ingrediente más importante para construir una relación. Esto sucede no solo entre la gente, sino también en una relación con Dios.

LA INCREDULIDAD ES PRODUCTO DE NO PENSAR

La Escritura explica la tendencia del corazón humano a ser atraído hacia la incredulidad al suprimir la evidencia de Dios. Tal como un abogado que no desea que ninguna evidencia que pueda desacreditar a su cliente salga a la luz en un juicio, el escéptico es amenazado por el creyente que argumenta a favor de Dios, basado en la razón. Pablo escribió: "Porque la ira de Dios se revela desde el cielo contra toda impiedad e injusticia de los hombres que detienen con injusticia la verdad; porque lo que de Dios se conoce les es manifiesto, pues Dios se lo manifestó" (Romanos 1:18-19).

De ahí que haya tal frustración e ira por parte de los ateos cuando se menciona a Dios. Su arduo trabajo para suprimir la verdad es saboteado. La tendencia de la mente humana es eliminar o ignorar intencionalmente algo que no desea escuchar. El temor opera de manera similar. Cuando dejamos de pensar y razonar profundamente es cuando el temor viene con fuerza a nuestra vida. Por ejemplo, yo sé que volar en un avión es mucho más seguro que conducir, y he volado varios millones de millas en mis viajes durante los últimos treinta años de ministerio. Aunque sepa que volar es seguro, hay veces en que la turbulencia puede causar que me preocupe de que nos estrellemos, sin necesidad. Al usar la razón, yo puedo tranquilizar mis temores y restaurar mi confianza de que la turbulencia no causará que el avión se estrelle, más que una carretera llena de baches provocará que mi coche choque. El razonamiento serio puede restaurar mi fe en volar.

La incredulidad puede resultar de no lograr recordar. Jesús llevó a cabo muchos milagros, tales como alimentar a miles de personas con unos cuantos peses y panes. Una y otra vez, aunque sus discípulos habían experimentado milagro tras milagro, ellos olvidaban el poder de Jesús tan pronto como enfrentaban otro desafío. La incredulidad de los discípulos era resultado de no pensar claramente y de no recordar. El razonamiento serio puede restaurar su fe en Dios.

¿LA CIENCIA ES LA RESPUESTA PARA TODO?

Mientras que la razón es obviamente vital para nuestra existencia, no debe ser aplicada de manera irrazonable. Esta tendencia se ve cuando la razón se utiliza de manera reduccionista e intenta limitar la verdad solo a lo que se puede verificar científica y empíricamente, eliminando incluso los medios lógicos y filosóficos para obtener conocimiento. Los ateos tienden a hacerlo cuando muestran a la ciencia como el salvador de la humanidad. Esta filosofía se llama *cientificismo,* y es la creencia de que la ciencia es la única fuente de conocimiento; ni siquiera la filosofía ni la teología pueden intervenir en las preguntas máximas que enfrenta nuestro mundo. "De hecho, esta es la ideología de gran parte del mundo científico. Sus partidarios ven la ciencia como tener una misión que va más allá de la mera investigación de la naturaleza o el descubrimiento de las leyes físicas. Esa misión es liberar a la humanidad de la superstición en todas sus formas, y especialmente en la forma de la creencia religiosa".[17]

El cientificismo es una posición filosófica de que todos los desafíos y acertijos de la vida pueden ser manejados científicamente, y que así debe ser. La ciencia definitivamente es importante, pero no puede responder las preguntas supremas. En una revisión en el *New York Times* del libro, *Romper el hechizo,* de Daniel Dennet, el crítico literario,

León Wieseltier, escribió: "El cientificismo, la perspectiva de que la ciencia puede explicar todas las condiciones y expresiones humanas y mentales, así como las físicas, es una superposición, una de las superposiciones dominantes de nuestros días; y no es un insulto que la ciencia lo diga".[18] El lingüista Noam Chomsky, de ninguna forma defensor de la religión, señaló, no obstante, los límites de la ciencia:

> La ciencia habla acerca de cosas muy simples y hace preguntas muy duras al respecto. Tan pronto como las cosas se vuelven demasiado complejas, la ciencia no puede lidiar con ellas [...] Pero es un asunto complicado: la ciencia estudia lo que está a las orillas del entendimiento, y lo que está a las orillas del entendimiento generalmente es bastante simple. Y rara vez alcanza asuntos humanos. Los asuntos humanos son mucho muy complicados.[19]

Por lo tanto debemos buscar algo más allá de la ciencia que nos guíe a través de esta complejidad con justicia, imparcialidad y misericordia. Sin embargo, encontrar una fuente de ética tal que se origine en la humanidad, no es fácil.

Los límites de la ciencia

La ciencia definitivamente es importante. Esta explica cómo funciona el mundo físico. Es el proceso que se utiliza para investigar cómo sembrar cultivos, curar enfermedades y desarrollar inventos que hagan que nuestro mundo sea más seguro y esté más interconectado a través de la tecnología. Pero la ciencia no puede explicar algunos de los elementos más importantes de la existencia humana. El filósofo cristiano, William Lane Craig, en un debate con el ateo Peter

Atkins, señaló que estas cosas demuestran los límites de la ciencia. En un intercambio más bien cómico, Atkins afirmó escandalosamente que la "ciencia es omnipotente",[20] ante lo cual Craig respondió rápidamente que había varias cosas que no eran probables por el método científico. Entre ellas se encontraba lo siguiente.

LA ÉTICA Y LA MORAL

La ciencia no puede decirnos cómo debemos vivir—lo que está bien y lo que está mal, el bien y el mal—. Los científicos definitivamente pueden ser personas éticas y morales, pero no derivaron ese carácter de la experimentación científica. En otras palabras, un científico no llevó a cabo un experimento y concluyó científicamente que el asesinato estaba mal. La ciencia no puede responder los asuntos éticos más profundos de nuestro día. La ciencia no determina la ética; la ética debe ser una guía para la ciencia.

Esta puede explicar lo que sucede, pero nunca determinar cómo debemos vivir. Por ejemplo, los científicos pueden estudiar las consecuencias de ciertas acciones, tales como la caridad o el abuso. Sin embargo, nunca pueden justificar por qué una acción es moralmente superior a otra.

LAS MATEMÁTICAS

El orden matemático en el universo fue descubierto, no inventado. Incluso más básicos que el orden son los números mismos, estos deben ser aceptados simplemente como verdaderos. Se debe a este orden matemático que podemos explorar con tal confianza el mundo que nos rodea. Las matemáticas nos permiten enviar sondas al espacio exterior, así como a nuestro propio cuerpo. "El milagro de la propiedad del lenguaje de las matemáticas para la formulación de las leyes de la física es un grandioso regalo que ni

LA FE VERDADERA NO ES CIEGA

comprendemos, ni merecemos. Debemos estar agradecidos por él y esperar que permanezca válido en las investigaciones futuras".[21]

Las matemáticas son una creación abstracta de reglas y relaciones de la mente humana. ¿Por qué debían de explicar tan elegantemente la mecánica de nuestro universo con unas cuantas ecuaciones? Más importante aún, las matemáticas son el idioma y el fundamento de la ciencia, de manera que la ciencia nunca puede justificar su existencia. En otras palabras, si las matemáticas son la base de la ciencia, entonces la ciencia no puede ser la fuente de verificación de las matemáticas. Sería como una casa que sostiene sus cimientos, en lugar de que los cimientos sostengan la casa. Este es un vistazo de cuán difícil es que la ciencia sea el juez supremo de la existencia de Dios, ya que Dios es el Creador y fundamento de todo ser.

LA RAZÓN

La razón es como la unidad central de procesamiento del disco duro de una computadora. Cuando compramos una computadora como en la que estoy trabajando, el creador de la computadora ha colocado dentro de ella un procesador que es capaz de correr los programas y el sistema que están cargados en el disco duro. De manera similar, Dios nos ha creado como criaturas racionales. Podemos pensar abstractamente, aprender idiomas a una velocidad asombrosa y conocer la diferencia entre lo bueno y lo malo. Por el contrario, la selección natural solamente habría desarrollado en nosotros la habilidad básica de sobrevivir: adquirir comida, evitar el peligro y encontrar una pareja. La naturaleza no habría generado la capacidad para un mayor razonamiento. "La noción de que las únicas creencias racionales son las que pueden confirmarse con observación científica, experimentos y mediciones es otra proposición que se autorrefuta, ya que es una afirmación que no puede ser confirmada en sí por la observación científica, experimentos ni mediciones".[22]

Dios necesariamente debe existir para que los ateos no crean en Él. No hay otra explicación para la capacidad de razonar (aunque sea un poco). El ateísmo y el naturalismo no pueden explicar la razón. Decir que la razón surgió sin razón es irrazonable. Los procesos lógicos de la razón y la deducción en el método científico deben asumirse para que la búsqueda científica tenga lugar; por lo tanto, la ciencia no puede validarse a sí misma en el sentido estricto.

¿Por qué?

La limitación más grande de la ciencia es que no puede decirnos por qué estamos aquí. ¿Por qué se hizo el universo? ¿Por qué estamos aquí? ¿Por qué hay algo en lugar de nada? Dawkins ahora se enfurece con la pregunta *por qué* y la llama tonta, posiblemente porque sabe que nunca la responderemos de verdad. "'¿Por qué?' es una tonta...'¿Por qué?' es una tonta pregunta. '¿Por qué?' es una tonta pregunta. Usted puede preguntar: '¿Cuáles son los factores que llevaron a que algo surgiera a existencia?'. Esa es una pregunta sensata. Pero: '¿Cuál es el propósito del universo?' es una pregunta tonta. No tiene sentido".[23]

De manera curiosa, justo dos años antes, en un debate con John Lennox en Birmingham, Alabama, la primera afirmación de Dawkins decía que su motivación para interesarse en la ciencia fue la pregunta por qué. "Mi interés en la biología comenzó con las preguntas fundamentales de nuestra existencia. Por qué estamos todos aquí".[24] La pregunta de por qué estamos aquí está lejos de ser tonta; es fundamental para nuestra existencia, es la zona cero para nuestra identidad como humanos y parte de nuestro futuro.

LA RELIGIÓN Y LA CIENCIA ESTÁN RESPONDIENDO PREGUNTAS DISTINTAS

El difunto Stephen Jay Gould, de Harvard, habló acerca de que la fe y la ciencia son "magisterios no interferentes".[25] Esto significa que son dos distintas e igualmente válidas esferas de la existencia. Aunque su obra y sus contribuciones sean celebradas por la mayoría de escépticos, muchos de ellos critican a Gould por no descartar la religión y la fe como delusivas, y por admitir las contribuciones que han hecho las personas de fe al mundo. "La ciencia y la religión no son mutuamente excluyentes, argumenta [John] Polkinghorne. De hecho, ambas son necesarias para nuestra comprensión del mundo. 'La ciencia pregunta cómo suceden las cosas. Pero hay preguntas de significado, valor y propósito, las cuales la ciencia no aborda. La religión pregunta por qué. Y mi creencia es que nosotros podemos y debemos hacer ambas preguntas acerca del mismo evento'".[26]

La ciencia básicamente nos dice cómo funcionan las cosas. La religión y la fe nos dicen por qué están aquí las cosas y cómo debemos vivir ética y moralmente. Ninguna de estas preguntas puede ser respondida por la ciencia.

"La ciencia nos dice que el gas ardiente calienta el agua y hace que el hervidor bulla, dice [Polkinghorne]. Pero la ciencia no explica la pregunta 'por qué'. El hervidor está bullendo porque yo deseo hacer una taza de té, ¿desea un poco? Yo no tengo que elegir entre las respuestas a esas preguntas—declara Polkinghorne—. De hecho, para comprender el evento misterioso del hervidor bullente necesito que ambas respuestas me digan lo que está sucediendo. De manera que necesito la declaración de la ciencia y la declaración de la religión, si deseo comprender el rico e intricado mundo en que vivimos".[27]

No existe un conflicto real entre la ciencia y Dios, pero hay un conflicto entre el naturalismo y la fe. El naturalismo es la creencia de que todo lo que existe es naturaleza. Esto excluye por definición lo que sea sobrenatural y esté más allá de la naturaleza. En una conferencia de 1941, llamada: "Ciencia, filosofía y religión: un simposio", preparada para un congreso en el Jewish Theological Institute de Nueva York, Albert Einstein dio una revelación de su perspectiva de que ambos terrenos, la religión y la ciencia, son válidos:

La ciencia solamente puede ser creada por quienes están profundamente imbuidos con la aspiración hacia la verdad y el entendimiento. Esta fuente de pensamiento, sin embargo, surge de la esfera de la religión. A esto también corresponde la fe en la posibilidad de que las regulaciones válidas para el mundo de la existencia son racionales, es decir, comprensibles para la razón. No puedo concebir a un científico genuino sin una profunda fe. La situación puede expresarse mediante una imagen: la ciencia sin religión es débil, la religión sin ciencia es ciega.[28]

Aunque Einstein no creía en un entendimiento tradicional de Dios, expresó la comprensión que muchos científicos de entonces y en la actualidad tienen de que la ciencia depende tanto de la fe como cualquier religión importante.

Resumen

La fe verdadera no es ciega. Se basa en la evidencia y requiere de todos nuestros esfuerzos por la búsqueda de la verdad. Dios requiere que no enterremos la cabeza en la arena, sino que abramos los ojos para observar la evidencia de Él a nuestro alrededor. Él nos llama a utilizar la razón y el intelecto (Isaías 1:18; Mateo 22:37), a medida que desarrollamos una fe creíble. El desafío para los escépticos es seguir la evidencia a donde esta lleve, a pesar de las ideas preconcebidas, sin cerrar los ojos a lo evidente cuando contradiga su perspectiva del mundo. De manera irónica, la naturaleza de los escépticos es estar inconscientes de que están ciegos a las verdades que dan testimonio de un Creador sobrenatural. En este caso, su razonamiento puede oscurecerse y ser poco fiable (Romanos 1:21).

Toda la fe debe contener razón, tal como la razón misma contiene fe. He escuchado decir que nadie tiene una certeza absoluta excepto Dios y los dementes. Trágicamente, cuando los escépticos intentan aseverar la inexistencia de Dios, ellos pierden el contacto con la realidad y el razonamiento firme, e inconscientemente se van por el largo y oscuro camino hacia la insensatez.

3

EL BIEN Y EL MAL NO SON ESPEJISMOS

Es decir, de alguna manera siento que una
de las razones para aprender acerca de la
evolución darwiniana es una suerte una
lección básica acerca de cómo no establecer
nuestros valores y nuestra vida social.

—RICHARD DAWKINS[1]

Para que haya *moral* debe haber un absoluto, y
si hay un absoluto debe haber *valores* reales. Si
no hay absoluto más allá de las ideas del hombre,
entonces no hay ninguna necesidad de juzgar entre
individuos y grupos cuyos juicios morales difieren.

—FRANCIS A. SCHAEFFER,
HOW SHOULD WE THEN LIVE?
[¿CÓMO DEBEMOS VIVIR ENTONCES?][2]

ERA UNO DE LOS ESTRENOS DE CINE MÁS ESPERADOS
de la historia: *Batman: El caballero de la noche asciende.*
Literalmente millones de personas en todo el mundo contaron los días hasta el estreno de la última película de
Christopher Nolan, en su trilogía de Batman. En Colorado
estaba ascendiendo un verdadero caballero de la noche. Un

hombre de veinticuatro años vestido del Guasón, el villano principal de la segunda película de Nolan, irrumpió en la sala 9. Con una máscara de gas y un chaleco antibalas, comenzó a disparar al azar hacia la asustada multitud, asesinando a doce e hiriendo a cincuenta y ocho. Los niños aterrados y sus padres, se apiñaron con horror y oraron que fueran salvados del ataque de este demente. Recuerdo que un sobreviviente dijo en un reporte de televisión: "Nunca veré mi vida de la misma forma".

Una vez que el mal ha tocado nuestra vida, jamás veremos la vida igual. Estas tragedias son como nalgadas de recién nacido que parecen estar viniendo con cada vez más frecuencia. El clamor del efecto de la tragedia se hizo escuchar con preguntas como: "¿Cómo pudo pasar algo así?", y: "¿Qué pasa con el mundo?".

Existen respuestas reales a estas preguntas. ¿La respuesta corta? El mal existe. Demasiados utilizaron el adjetivo *surrealista* para describir el tiroteo de Colorado. ¿Por qué describirlo de este modo? Posiblemente sea un intento de decir que esto sucede en las películas todo el tiempo, pero no se supone que salte de la escena hacia el mundo real. Tristemente, este tipo de actos se están volviendo cada vez más comunes, debido al decremento de la presencia del conocimiento de Dios en la sociedad. Este conocimiento es un sistema inmunológico para nuestra alma. Entre menos de este conocimiento haya en la mente de la gente, más se levanta el mal en cualquier cultura. El apóstol Pablo lo sabía: "Además, como estimaron que no valía la pena tomar en cuenta el conocimiento de Dios, él a su vez los entregó a la depravación mental, para que hicieran lo que no debían hacer. Se han llenado de toda clase de maldad, perversidad, avaricia y depravación. Están repletos de envidia, homicidios, disensiones, engaño y malicia" (Romanos 1:28-29,

NVI). Esta es una descripción adecuada de los encabezados diarios de depravación, odio y crueldad que llevan a cabo aquellos que han aprendido a cerrar su consciencia.

Cuando la gente descarta el conocimiento de Dios como ilusorio, tienden a ver los conceptos del bien y del mal como igualmente ilusorios. Larry Taunton, un autor y polemista cristiano, relató una conversación con Richard Dawkins en su casa de Oxford, Inglaterra, y le preguntó si los humanos eran intrínsecamente buenos o malos. Taunton narró su respuesta: "De manera predecible, Dawkins consideraba las nociones del bien y del mal como construcciones humanas meramente artificiales, optando en cambio por hablar de 'disposiciones genéticas'".[3]

La mayoría del mundo no es tan ingenuo. Sin más, el registro de la historia humana da testimonio de la proclividad del hombre hacia el mal. El verdadero misterio yace en comprender lo que es bueno. Taunton resumió: "Dios también bendice a la humanidad al refrenar nuestra naturaleza maligna".[4] Aunque exista el mal, también hay una fuerza de bien que mantiene el mal a raya. Como lo explicó el astrónomo Hugh Ross: "Evidentemente, Dios diseñó las leyes de la física para que entre más depravada se vuelva la gente, peores consecuencias sufran".[5] En el caso del tiroteo, la policía llegó y evitó que la persona trastornada destruyera a todos los presentes. En realidad, la existencia del bien es una pregunta más grande por responder que el problema del mal.

No hay Dios: No hay mal

Una vez me senté junto a un caballero distinguido en un vuelo, y nos involucramos en una agradable conversación.

Él enseñaba filosofía en una universidad importante de Inglaterra, de manera que yo tenía muchas preguntas acerca de sus escritores favoritos, aunque estaba un poco nervioso de no confundir a los filósofos con sus filosofías. Finalmente, le pregunté si tenía alguna fe religiosa, a lo cual respondió con una sonrisa: "Soy un ateo militante". Yo también sonreí y estreché su mano, agradeciéndole por ser tan directo al respecto.

Mi siguiente pregunta fue fácil: "¿Y por qué es ateo militante?".

Él respondió: "Por dos razones. En primer lugar, creo en la evolución". Hablamos acerca de los fósiles, la genética y Darwin durante varios minutos, e incluso saqué la bolsa para el mareo y dibujé imágenes para ilustrar las capas geológicas de la Tierra. No pasó mucho tiempo hasta que me di cuenta de que él no estaba muy cómodo en realidad con los detalles de la evolución. Solo porque alguien tenga un doctorado, no significa que sea un experto en cada área de la vida; posiblemente él sea un especialista mínimo en uno o dos temas. La realidad era que este profesor de filosofía no había hecho su tarea acerca de aquello en lo que estaba basando toda su perspectiva y su sistema de creencias. El profesor cambió su curso, anunciando que la evolución no era su razón principal para rechazar a Dios.

Hice una pausa durante un momento, esperando saber cuál podría ser su razón verdadera para rechazar a Dios. En realidad me preparé para algún desafío filosófico increíble que nunca antes habría tenido, como si estuviera a punto de recibir un golpe de Mike Tyson mismo. Cuando finalmente me dio su razón final para no creer, quedé completamente sorprendido.

"Si hay un Dios—dijo él—, ¿por qué hay tanta maldad en el mundo?".

No lo dije, pero seguramente pensé en voz alta en mi mente: *¿Eso es todo? ¿Esa es la verdadera razón por la que eres un ateo militante?* Yo estaba listo para esta pregunta. Volteé la bolsa para el mareo y escribí las palabras "No hay Dios—No hay maldad". Tomando prestada la lógica del teólogo Cornelius van Til, le expliqué: "Si no hay Dios, entonces no hay tal cosa como la maldad".[6] Mire, sin Dios, la maldad no existe en realidad. El no creyente no puede describir el mundo en que vivimos sin tomar prestados los conceptos bíblicos del bien y del mal.

Al final, este meditabundo ateo me dijo que le di una excelente explicación, una concesión que sucede rara vez en los rangos de los ateos militantes.

LOS VALORES MORALES NO SON CREADOS IGUALES

La Declaración de Independencia de Estados Unidos declara que es "evidente que todos los hombres son creados iguales"; no obstante, también es evidente que los valores morales de acuerdo con los que viven no son iguales. Decir que las creencias de todos son igualmente válidas es autorrefutable. No todos pueden estar bien. Pero sin Dios, la absurda noción de que los valores morales de todos son verdad, se convierte en una pesadilla viviente. Alguien que diga que es permisible lastimar a los niños o descuidar a los inválidos y a los débiles, no tiene el mismo estatus moral que alguien que protege a los niños o a los discapacitados, a los ancianos y a los débiles.

Pero si no hay Dios, no podría existir una moral trascendental que todos debieran obedecer. *El bien y el mal serían simplemente espejismos* hechos por el hombre y serían arbitrarios. Definitivamente, sin un Dios trascendental o una fuente de autoridad moral, eso se reduce a las opiniones de la mayoría. Entonces, ¿de dónde surge este sentido universal del bien y del mal?

C. S. Lewis dijo: "Mi argumento contra Dios era que el universo parecía tan injusto y cruel. ¿Pero cómo había yo adquirido esta idea de lo que era justo y lo que era injusto? Un hombre no dice que una línea está torcida a menos que tenga una idea de lo que es una línea recta. ¿Con qué estaba yo comparando este universo cuando lo llamaba injusto?".[7] Debido a que hay cosas malas, sin importar el país o el contexto, existe una ley moral real que nosotros no inventamos, y de la cual no podemos escapar. Nosotros no inventamos la moralidad tanto como no inventamos los números ni la razón misma. El Creador escribió estas cosas en nuestro corazón.

El problema del mal ha plagado la mente de los hombres y las mujeres desde el comienzo de los tiempos. No obstante, Dios desea que comprendamos su fuente, no que solamente estemos conscientes de su existencia. El verdadero desafío es este: sea usted creyente o no creyente, ateo o teísta, el mal no está solamente a nuestro alrededor, está dentro de nosotros. De ahí que sea seguro decir que la existencia del mal no es la evidencia de la ausencia de Dios en el universo, sino la evidencia de su ausencia en nuestra vida. Rechazar a Dios no necesariamente le hará un terrible criminal, tal como decir que creer en Dios no le hará automáticamente santo. La Biblia dice: "Tú crees que Dios es uno; bien haces. También los demonios creen, y tiemblan" (Santiago 2:19). Solo porque crea que existe la patrulla de caminos, no significa necesariamente que obedezca el límite establecido de velocidad. La gente que meramente cree que Dios existe y no sigue sus mandamientos recibe la más alta condenación de Jesús mismo. "¿Por qué me llamáis, Señor, Señor, y no hacéis lo que yo digo?" (Lucas 6:46).

11 DE SEPTIEMBRE DE 2001

Si el mal tuviera un aniversario, esta sería la fecha. Fue ese día que nuestro mundo cambió para siempre. Se perdieron vidas por causa de actos de terror; nuestra vulnerabilidad fue expuesta. Todos los vivientes conocen esas imágenes de los aviones que chocaron contra el World Trade Center, la gente que escapaba de terror, y al Departamento de Policía de Nueva York que buscaba sobrevivientes. Las escenas de cientos de personas que sostenían carteles de sus seres amados y amigos perdidos continúan grabadas en mi mente. Una y otra vez nos preguntamos: *¿Cómo pudo haber sucedido algo así?*

Ese momento encendió una nueva misión en mi corazón, la misión de ayudar a la gente de Nueva York en la mejor manera que sabía hacerlo: abriendo una iglesia en Manhattan que ministrara a la ciudad diariamente. Semana tras semana miramos a la gente fortalecerse en su fe en Dios y en sus batallas sobre el temor. Ese era un problema muy grande: el temor. Después de todo, la meta de los terroristas es infligir un terror que perdure más allá de sus actos de violencia.

Para el escritor ateo, Sam Harris, el 11 de septiembre fue el momento que lo convenció de lanzar su propio ataque...contra la religión. En su libro, *El fin de la fe*, él llama a reconocer la maldad de la religión y la realidad de que la fe es algo malo, recogiendo el tema "Imagine" de Lennon. Harris escribió: "Los hombres que cometieron las atrocidades de septiembre, definitivamente no eran 'cobardes', como lo describieron repetidamente los medios occidentales, tampoco eran lunáticos en ningún sentido ordinario. Eran hombres de fe—de fe *perfecta*, como resulta ser—, y esto, debe reconocerse, es algo terrible que ser".[8]

Harris lleva al lector a través de un discurso acerca de la diferencia entre el pensamiento racional y lo que el llama la "fe ciega" (como lo discutimos en el capítulo 2), uniendo los peores aspectos de ambas expresiones de fe en una gran panorama de lo que él llama "religión". En verdad, muchos reclamos contra el extremismo religioso se dieron luego de los ataques del 11 de septiembre de Nueva York, y con justa razón. Sin embargo, personas como Harris y Maher utilizaron los acontecimientos de ese trágico día para llamar al fin de toda la religión, demostrando su propia forma de irracionalidad y extremismo. De alguna manera, estas personas no pueden identificar la diferencia entre un terrorista suicida y un maestro de escuela dominical.

EN BÚSQUEDA DE UN FUNDAMENTO MORAL

Al saber que la moralidad debe estar basada en alguna autoridad, la lucha desesperada de los escépticos es por encontrar cualquier alternativa que no sea Dios. El verdadero problema se vuelve identificar la base de la moralidad.

> De manera que si Dios no existe, ¿por qué pensar que tenemos obligaciones morales para hacer algo? ¿Quién o qué nos impone estas obligaciones? ¿De dónde surgieron? Es muy difícil ver por qué serían más que una impresión subjetiva engranada en nosotros por el condicionamiento social y parental.[9]

Aunque el movimiento de la Nueva Era, caracterizado por la creencia en el mundo espiritual donde todas las creencias son iguales, ofrezca un *Dios sin valores morales*, los nuevos ateos intentan ofrecer un mundo sin dimensión espiritual y darnos *valores morales sin Dios*. Esto crea un dilema extremo. Si usted intenta construir un mundo sin Dios, algo más tomará su lugar.

Cuando los seres humanos juegan a ser Dios, normalmente actúan de acuerdo a sus propios intereses, no a los intereses de los demás. Harris propone que la ciencia sea la fuente y la órbita de la ética. Otros miembros del campo ateo piensan que la ciencia puede decirnos lo que está bien y lo que está mal. La mayoría de académicos admitiría que la ética se encuentra en el terreno de la filosofía, no de la ciencia. Sin embargo, cuando poseemos una perspectiva de que solamente la ciencia puede darnos la verdad, somos forzados a acudir a ella para todas nuestras respuestas. Esto, otra vez, es la filosofía del cientificismo. Como dijo Melanie Phillips: "Tome por ejemplo a aquellos científicos que promueven no la ciencia sino el cientificismo—la creencia de que la ciencia puede lidiar con todos los aspectos de la existencia—. El desdén y la vituperación que amontonan sobre los creyentes religiosos es insondable. Y no obstante, su materialismo les lleva a decir cosas que son simplemente...bueno, desquiciadas".[10]

¿LA HUMANIDAD PUEDE SER BUENA SIN DIOS?

La respuesta corta a esta pregunta es sí, pero no porque la humanidad no necesite a Dios para ser buena. Dios nos hizo y colocó en nosotros la ley moral. El que esta ley moral apunte a la existencia de Dios fue un objetivo central de los escritos de C. S. Lewis. Sin embargo, también existe la realidad de que aunque la gente conozca lo correcto y lo incorrecto, muchas veces no hacen lo que deberían hacer. Esto sucede afirmen ser religiosos o no. Lewis aclaró esto en su obra clásica *Mero cristianismo*.

> Estos, pues, son los dos puntos que quería tratar. Primero, que los seres humanos del mundo entero tienen esta curiosa idea de que deberían comportarse de una cierta manera, y no pueden librarse de ella. Segundo, que de hecho no se comportan de esa manera. Conocen la ley de la naturaleza, y la infringen. Estos dos hechos son el fundamento de todas las ideas claras acerca de nosotros mismos y del universo en que vivimos.[11]

La ley moral está escrita en el corazón de cada persona. Si hay cosas que están mal, sin importar el país, la cultura o el contexto en el que estén involucrados, entonces hay una ley suprema, y por lo tanto, un legislador. Lewis habló acerca de la existencia de una ley moral trascendental que está impresa en el corazón de cada persona.

Harris, por otro lado, intenta establecer un "panorama moral" sin Dios: "La ciencia puede, en principio, ayudarnos a comprender qué *debemos* hacer y qué *debemos* desear [...] para vivir lo mejor posible".[12] Pero la ciencia tiene sus límites. Incluso el agnóstico británico, David Hume, famoso por sus escritos contra la creencia en los milagros, discutió que ninguna descripción de cómo es el mundo científicamente puede decirnos cómo debemos vivir moralmente.[13] Pero Harris intenta lo imposible para tratar de hacer justo eso. Él declara su propia versión de verdad moral universal muy concisamente: "Estoy discutiendo que, en la esfera moral, es seguro comenzar con la premisa de que es bueno evitar comportarnos de manera que le produzcamos la peor miseria posible a los demás".[14]

Por lo tanto, de acuerdo con Harris, la moralidad se reduce a esto: juzgue sus acciones en cuanto a si hieren a los demás. ¿Esto significa que si mis acciones hieren a unos cuantos estoy bien? Es como alguien que cometió asesinato que está ante un juez, diciendo: "Yo sé que maté a ese hombre, pero piense en todas las personas de este pueblo que no maté".

El imperativo categórico

En un contraste directo con Harris está Emanuel Kant, un filósofo del siglo XVIII que dijo que la evidencia de Dios viene del "cielo estrellado sobre mí y de la ley moral que está en mi interior".[15] En otras palabras, el orden natural del cosmos habló de la existencia de Dios, y el orden moral dentro de nosotros también lo hace. Kant explicó la moralidad en términos de este axioma, posiblemente dando una pista del tipo de lenguaje que Harris desea emplear: "Obra solo de forma que puedas desear que la máxima de tu acción se convierta en una ley universal".[16] A esto Kant le llamó el *imperativo categórico*.[17] En otras palabras, juzga la rectitud de tus acciones, haciendo esta pregunta: "¿Qué si todos actuaran de esta manera? La verdad es sinónimo de lo que Jesús enseñó en la regla de oro: "Traten a los demás tal y como quieren que ellos los traten a ustedes" (Lucas 6:31, NVI).

Es casi risible cómo lo ateos afirman esta ley moral que enseñó Jesús y simultáneamente minimizan su importancia, refiriéndose a ella como sentido común. Es por ello que están proyectando el telón cultural del siglo XXI hacia las generaciones previas. Históricamente, la regla de oro es un retorno completo a la mentalidad de la supervivencia del más apto del pasado. ¿Puede imaginarse que Alejandro Magno estuviera de acuerdo en vivir bajo esa regla?

Friedrich Nietzsche, quien pregonó la frase: "Dios está muerto", también afirmó que junto con la muerte de Dios venía la muerte de la moralidad. Al decir que Dios está muerto, él no quiso decir que creía en un Dios que existió y luego literalmente murió. Él lo vio como la muerte de la idea del Dios cristiano. Él comprendió las implicaciones de eliminar este ideal en términos de su impacto en la moralidad. "Cuando uno deja la fe cristiana, saca el derecho a la moral cristiana de debajo de sus pies. Esta moralidad no es de ninguna manera evidente [...] Al quebrantar un concepto principal [del cristianismo], la fe en Dios, uno rompe el todo: nada necesariamente permanece en sus manos".[18]

Cuando la fuerza dominante de Dios y de su conocimiento es removida, el mal es libre para expresarse completamente.

¿LA ÉTICA DE DARWIN?

Miremos durante un momento la historia científica principal de nuestra existencia y la primordial alternativa a creer en un Creador divino: la evolución darwiniana. Esta afirma que todas las especies que existen en la actualidad han surgido a través de un proceso de selección natural, o como lo llama Herbert Spencer: "la supervivencia del más apto".[19] Los organismos más débiles son eliminados mientras la selección natural elije los genes más fuertes para que pasen a la siguiente generación. Los elementos de esta teoría se cuestionan y se verifican desde un punto de vista científico, no obstante permanece la pregunta verdadera: ¿Esa es toda la historia? ¿No hay otra ley o influencia que opere en medio de nosotros?

Vayamos a la pregunta de por qué los humanos poseen el sentido del bien y del mal. El bien y el mal existen, y lo sabemos. ¿Cómo es que un proceso ciego tal como la selección natural, el cual surgió a existencia por azar, produce este sentido universal del bien y del mal? Si la vida surgió espontáneamente a partir de procesos químicos aleatorios, no tendríamos más obligación moral que un plato de sopa.

De manera asombrosa, los evolucionistas tienden a distanciarse de las implicaciones éticas y filosóficas de la evolución darwiniana. Thomas Huxley, conocido como el "bulldog de Darwin", intentó decir que este instinto de supervivencia del más apto debía ser resistido. "El proceso ético de la sociedad depende no de imitar el proceso cósmico, mucho menos de huir de él, sino de combatirlo".[20] ¿Combatirlo? Eso significaría negar nuestros instintos evolutivos programados en nuestro ADN. Como insistió Richard Dawkins: "El ADN no sabe ni le importa. El ADN es solo eso. Y nosotros bailamos a su ritmo".[21] Si el ADN no sabe ni le importa, ¿entonces cómo explica el hecho de que nosotros sí sepamos y sí nos importe? ¿Por qué nos importaría si nuestra construcción genética fuera justo lo contrario?

¿Por qué sabemos que debemos combatir estos instintos? En un debate con el arzobispo de Sídney, Dawkins afirmó rotundamente que vivir de acuerdo con la ética darwiniana no sería agradable, demostrando la inconsistencia y la naturaleza contradictoria de quienes afirman que no hay Dios y que somos producto de fuerzas ciegas:

Yo espero de verdad que no regresemos a la idea de la supervivencia del más apto al planear nuestra política, nuestros valores y nuestra forma de vida. He dicho a menudo que soy un darwiniano apasionado cuando se refiere a explicar por qué existimos. Esa es sin duda la razón por la que estamos aquí y por qué son las cosas. Pero vivir en una manera darwiniana, hacer nuestra sociedad una sociedad darwiniana, sería un tipo desagradable de sociedad en la cual vivir.[22]

Esta actitud parece estar en contraste directo con las enfáticas afirmaciones de que nuestro propósito es simplemente propagar nuestro ADN, y que a nuestro ADN no le importa, y que al universo no le importa.

¿Por qué nos sigue importando? Aldous Huxley, el nieto de Thomas, veía la perspectiva evolutiva como la liberación de esa batalla. Lejos de una lección práctica sobre cómo no vivir, la evolución darwiniana era la libertad de vivir como a uno le placiera. Él dijo: "Para mí, sin duda, así como para muchos de mis contemporáneos, la filosofía de la falta de significado fue esencialmente la liberación de un cierto sistema político y económico, y la liberación de cierto sistema de moralidad. Objetamos a la moralidad, porque esta interviene con nuestra libertad sexual".[23]

Sin Dios, todas las cosas son permisibles

Durante el siglo XIX, Rusia estaba experimentando las contracciones de su agitación futura. De cara a una ola creciente de ateísmo y nihilismo, los libros de Fiódor Dostoievsky, tales como *Crimen y castigo* y *Los hermanos Karamazov*, se dirigieron a la indolente consciencia de la nación. La advertencia sonó a través de sus escritos: "Sin Dios, todas las cosas son permisibles". Jean-Paul Sartre, un ateo, conectó la ausencia de Dios con la ausencia de fundamentos morales.

Los existencialistas [...] encuentran extremadamente inquietante que Dios ya no exista, porque junto con su desaparición va la posibilidad de encontrar valores en un cielo inteligible [...] En ningún lugar está escrito que exista el bien, que debamos ser honestos y que no debamos mentir, ya que estamos en un avión que compartimos solo con hombres. Dostoievsky una vez escribió: "Si Dios no existe, todo es permisible".[24]

El propio sufrimiento de Dostoievsky lo llevó a un despertar religioso que le dio aliento para la descontrolada desesperación de la vejez. Mientras estaba en prisión, leyó el Nuevo Testamento y descubrió la diferencia entre una religión muerta y una relación con Cristo. "Es la creencia de que no hay nadie más fino, más profundo, más atractivo, más razonable, más valiente y más perfecto que Cristo, y no solamente no lo hay, sino me digo a mí mismo con amor celoso que no puede haberlo".[25] El razonamiento de que si eliminamos a Dios hemos quitado el fundamento de la moralidad debe ser abordado todavía. En un casi ciego salto de fe, al negar a Dios, los ateos aseguran que son morales y que tienen una base para la moralidad sin Dios. El problema es que nunca la identifican. Simplemente se afirma y se asume. Dawkins hizo esta declaración en un debate público contra John Lennox en Birmingham: "No puedo concebir un camino lógico que diga que debido a que soy ateo me resulte racional matar, asesinar o ser cruel".[26] Fue precisamente esta realidad, el movimiento lógico del ateísmo hacia la violencia y la crueldad que hizo del siglo XX el más sangriento de la historia. Los regímenes ateos de Stalin, Hitler, Mao Tse-Tung y Pol Pot eclipsaron los horrores de los siglos anteriores, primordialmente porque la restricción moral se eliminó cuando Dios fue eliminado de su pensamiento.

Sin Dios, los mandamientos morales se encuentran con el clamor escolar de: "¿Y quién lo dice?". ¿Por qué debemos obedecer los mandamientos morales si son simplemente la opinión de un grupo?

La ley moral existe para protegernos

Los escépticos afirman que si Dios es un Padre amoroso, entonces Él debía ser hecho responsable de no hacer algo acerca del mal y el sufrimiento. Permítame ofrecerle una analogía de mi propia vida. Como padre de cinco hijos, yo preparo a mis hijos para que enfrenten los desafíos del mal en el mundo. La lección más importante que intento enseñarles es primero mantener su corazón sumiso. Ellos son enseñados a hablar sabiamente en su relación con los demás. También les enseño a cuidar su salud física y a protegerse de ser expuestos a influencias dañinas. Hago todo para prepararlos para enfrentar a la gente que los heriría intencionalmente o las circunstancias que podrían ser peligrosas. Al utilizar la sabiduría y el sentido común, ellos pueden evitar una gran cantidad de dolor, al menos la parte autoinfligida. El otro dolor que viene de las malas acciones de los demás puede evitarse o ser comprendido en una manera clara.

De la misma manera, Dios nos da instrucciones acerca de cómo vivir para evitar la mayor cantidad de dolor. Sus mandamientos son como señales en la carretera que nos advierten de un peligro latente. Si les prestamos atención a estas señales, tenemos una mayor probabilidad de experimentar más gozo y paz a largo plazo. Dios no es un Padre injusto. Él es el Creador que diseñó un planeta con una multitud de partes, sistemas y procesos interconectados.

Imagínese entrar en una compleja fábrica donde la actividad es necesaria para la operación exitosa de los sistemas, pero peligrosa para los humanos, si entran en contacto con ella sin tomar las precauciones necesarias. Comprender su ambiente sería crucial para su supervivencia. Dios creó un mundo donde los humanos están expuestos a factores que son necesarios para su ecosistema y el correcto funcionamiento del planeta a gran escala, pero también son peligrosos para la gente si entra en contracto con estos elementos de la manera equivocada. La ciencia, la medicina y la razón nos ayudan a hacernos conscientes de las maneras de evitar estas cosas y encontrar curas cuando somos afligidos por ellas. La tecnología que puede ayudar a la humanidad, también puede ser dañina si se abusa de ella. Dios nos da sabiduría para mejorar nuestra vida y deshacernos de nuestro mundo de enfermedad, pobreza y abuso. Estar enfadado con Dios por permitir el mal es estar enfadado con Él por permitirnos nacer y estar vivos.

Él nos da no solo el entendimiento para manejar el mundo físico a nuestro alrededor y los peligros presentes, sino también revelación del mundo espiritual invisible. No solamente hay seres humanos malos, sino también espíritus malignos. Lejos de la perspectiva premoderna de que toda la enfermedad y los percances se deben a espíritus que deben ser agradados y tranquilizados, existen entidades malignas de las que debemos estar conscientes. Jesús lidió primero con estas entidades al principio de su ministerio terrenal (Marcos 1:21-27). Más tarde, Pedro les dijo a los gentiles: "Dios ungió con el Espíritu Santo y con poder a Jesús de Nazaret, y cómo éste anduvo haciendo bienes y sanando a todos los oprimidos por el diablo" (Hechos 10:38). La misericordia de Dios se muestra con el hecho de que se hizo hombre en Jesucristo y lidió con nuestro enemigo supremo que vive en el mundo invisible.

La mente escéptica se burla en voz alta de esto, pero hay evidencia de esta entidad maligna que inspira y energiza a los seres humanos malignos. Este mal puede ser ignorado por la cultura occidental y su perspectiva naturalista, pero el mal se comprende muy bien en el mundo subdesarrollado no occidental, el cual constituye dos tercios del planeta.

LOS ORÍGENES DEL MAL

¿Entonces de dónde se originó el mal? ¿Dios lo creó? ¿Cómo es que un Dios amoroso y todopoderoso nos sujete a un mundo de este tipo? La respuesta es directa: Dios creó seres que tenían la capacidad de fracasar. Fracasar significa tomar la decisión de *no* hacer el bien. De los seres que llamamos *ángeles* a los humanos hechos a su imagen, las creaciones de Dios tienen el verdadero poder de tomar decisiones reales. Si Dios nos hubiera creado sin ese derecho y capacidad, no estaríamos teniendo esta discusión.

En países donde gobiernan dictadores, las libertades fundamentales tales como la libertad de expresión no existen. Vivimos en un mundo en el que Dios le permite al ateo, al escéptico y al creyente expresarse. Christopher Hitchens solía decir que se negaba a creer en Dios como un Supremo gobernante, porque el mundo gobernado por Dios que él se imaginaba era una "Norcorea celestial".[27] La ironía es que el mundo en que él vivió fue hecho por Dios y era lo más lejano a la dictadura cruel a la que él la comparaba. En Corea del Norte, Hitchens nunca habría podido expresar tal perspectiva opuesta del líder. Él nunca habría sido escuchado. En el mundo de Dios, Hitchens habría tenido una voz real.

Dios nos dio el derecho de elegir, sabiendo que tomaríamos la decisión incorrecta. Esto comenzó con los ángeles y se extendió a los hombres. El hecho de que Dios no creara una especie de robot que tuviera que obedecerle ciegamente enfatiza el asombroso privilegio y la responsabilidad que tenemos de tomar decisiones.

Dios creó un mundo que funciona por leyes, y Él permite que los hombres y los ángeles tomen decisiones verdaderas. La capacidad de tomar buenas decisiones para llevar a cabo actos heroicos también nos da la oportunidad de llevar a cabo lo contrario, lo cual es el mal. Dios nos dio sus leyes morales para revelar su carácter y su naturaleza, las cuales son puras y sin mancha. "Dios es luz, y no hay ningunas tinieblas en él" (1 Juan 1:5). Él también nos dio leyes para que funcionáramos apropiadamente como personas y pudiéramos minimizar el daño a nuestra vida, consecuencia de quebrantar dichas leyes. "En realidad, las leyes morales son directrices para operar la máquina humana. Cada regla moral está ahí para evitar una descompostura, una tensión o una fricción en el funcionamiento de esa máquina. Es por ello que estas reglas al principio parecen constantemente interferir con nuestras inclinaciones naturales".[28]

¿El mejor mundo posible?

Cuando vemos el mal y el sufrimiento del mundo, somos atraídos a preguntar, junto con el matemático y filósofo Gottfried Leibniz: "¿Este es el mejor mundo posible?". Él creía que a la luz de los factores contingentes, este era el mejor mundo posible.[29] Esto no quiere decir de ninguna manera que sea un mundo perfecto.

Christopher Hitchens estaría completamente en

desacuerdo, haciendo mención de un mundo con enfermedad y estrellas que colapsan, como evidencia de la mala ingeniería.[30] Él y otros sienten que las imperfecciones del universo señalan la ausencia de un Diseñador inteligente. Sin embargo, cualquier cosa finita creada está sujeta a la muerte y al deterioro. Dios nos creó como humanos con una dimensión espiritual eterna. En lo profundo, nosotros somos seres espirituales que viven en un cuerpo físico. Aunque el cuerpo se deteriore, las partes espirituales viven para siempre.

Como dijo el apóstol Pablo en el primer siglo: "Antes aunque este nuestro hombre exterior se va desgastando, el interior no obstante se renueva de día en día" (2 Corintios 4:16). La corta vida que vivimos en este planeta ni siquiera alcanza importancia si esta vida es todo lo que hay. A la luz de los vastos eones de tiempo y del ominoso fondo de la eternidad, nosotros somos menos que una gota en un balde. Esta crisis existencial ha enganchado a la gente durante siglos. Existen principalmente tres mundos que Dios pudo haber creado:

1. El control.
   Dios pudo habernos creado sin la capacidad o la opción de hacer mal. Sin elecciones, solo bondad programada. Como acabo de mencionar, si este fuera el caso, no estaríamos discutiendo esto. Nosotros como humanos no seríamos nada más que personajes de animación de algún centro de diversión. Tendemos a demandar nuestra libertad y luego maldecir el hecho de tener tal cosa. Aunque Dios tenga el control de la historia, Él nos ha permitido decisiones verdaderas que tienen consecuencias reales.

2. El caos.

Dios habría creado un mundo sin intervención absoluta de su parte. Él crea todo y permite que tome su curso. Una persona puede hacer lo que desee sin consecuencia. Sin ninguna intervención en ningún momento, en realidad resulta la supervivencia del más apto. No creo que nadie de verdad desee vivir en un mundo donde no haya esperanza de ayuda más allá del esfuerzo humano.

3. La cooperación.

Dios habría creado un mundo en el que nos da verdaderas decisiones que tomar. Él obra entre nosotros y actúa conforme a sus propósitos y promesas. Al hacer un pacto con la humanidad, Él entra en nuestra vida cuando le invitamos a entrar. Esa es la razón por la que oramos y le pedimos ayuda, así como elegimos seguir sus mandamientos.

La tercera opción parece ser el mundo que Dios creó. Existen decisiones reales con consecuencias reales de nuestras acciones. A la vez, Dios puede interactuar con su creación. Él no solo es el autor que se sienta a mirar, sino es un actor en su propia historia. Como señaló el escritor C. S. Lewis:

Dios creó cosas que tenían libre albedrío. Eso significa criaturas que pueden actuar bien o mal. Algunos piensan que pueden imaginar una criatura libre, pero sin posibilidad de actuar mal; yo no puedo. Si algo tiene libertad para ser bueno, también tiene que poder ser malo. Y el libre albedrío es lo que ha hecho posible el mal. ¿Por qué, entonces, les dio libre albedrío? Porque el libre albedrío, aunque hace posible el mal, es también lo único que hace posible cualquier amor o bondad o alegría dignos de tenerse. Un mundo de autómatas—o de criaturas que trabajan como máquinas—difícilmente sería digno de crearse.[31]

¿Por qué Dios no elimina el mal del mundo?

No habría conocimiento de lo que es el bien sin el contraste del mal. ¿Cómo sabría qué es la luz sin la existencia de la oscuridad? ¿El calor sin la existencia del frío? Dios nos permite comprender la realidad a través de su uso de contrastes.

Al crear seres espirituales y no físicos, y darles el derecho de elegir también, Dios brindó la posibilidad de que los seres invisibles malignos existieran. De alguna manera, estos seres tienen la capacidad de infligir daño, así como de inyectar enfermedad en la condición humana. Al permitir el libre albedrío en el universo, Dios sabía que les daría a estas criaturas la opción de cometer el mal, pero Él nos preparó con armas espirituales, revelación y oración para combatir el mal.

Dios *define* la maldad. Él nos dice qué es. Sus mandamientos no son pesados, sino están ahí para protegernos. Así como los signos de advertencia de la carretera o las etiquetas de advertencia de los químicos, las leyes de Dios son actos de bondad, no de ira.

Dios *denuncia* la maldad. Él nos ordena evitar el mal y abstenernos de él. Nadie está contra el mal más que Dios. Su misma naturaleza es lo contrario a la maldad. Él nos llama a alejarnos de la maldad; no obstante, nos permite la decisión y la oportunidad de desobedecerle.

Dios *vence* la maldad. Con su vida y su muerte en la cruz, Cristo vino a quebrantar el poder del mal sobre la humanidad. En su crucifixión, Él absorbió el castigo de nuestra maldad y nos proporcionó perdón y libertad.

Dios *destruye* la maldad. Tal como la maldad tuvo un comienzo, esta tendrá un final. Hugh Ross explicó que Dios permitió la posibilidad de la maldad en el espacio y el tiempo, para que pudiera eliminarla para toda la eternidad en una nueva creación que reemplazará el universo:

> Como una expresión de amor por la humanidad, Dios creó el universo como lo hizo, para protegernos de un futuro tocado por la maldad. Él hizo este cosmos para que sirviera como un terreno en el cual la maldad y el sufrimiento fueran erradicados, final y eternamente, mientras mantenía simultáneamente la capacidad de ejercitar el libre albedrío, y de ahí, experimentar y expresar amor.[32]

Al permitirle a la maldad una participación momentánea en la existencia humana, Él no solamente la venció en la cruz, sino también la eliminó para siempre.[33] Debido a ello, en la eternidad podremos existir con un libre albedrío intacto sin la presencia de la maldad.

UNA VERDADERA IMAGEN DE NOSOTROS MISMOS

Las personas que se engañan a sí mismas piensan ser algo que no son. La pregunta es: ¿quién decide qué es la realidad? Cuando se mira al espejo, usted ve una imagen que corresponde con lo que usted sabe que es verdad. Verse a sí mismo como es en realidad es el comienzo para mejorar su vida. Por otro lado, ignorar la realidad lleva a la futilidad. Como observó el filósofo cristiano Ravi Zacharias: "Es por ello que el ateísmo está tan en bancarrota como una perspectiva de la vida, ya que se queda miserablemente corto al lidiar con la condición humana como es en realidad".[34]

Estar sentado en un avión a treinta y cinco mil pies (10 668 m) es uno de los mejores lugares para tener una discusión acerca de Dios y las cosas espirituales. Posiblemente sea la turbulencia o solo el estar más cerca del cielo. En cualquier caso, cuando se está sentado algunas horas junto a un extraño en un avión, se puede hablar más sinceramente que en otro lugar de la Tierra. Yo he tenido algunos momentos excepcionales e inolvidables en aviones, en lo que concierne a compartir el evangelio. Estos encuentros han ido de lo ridículo a lo sublime.

Uno de ellos sucedió cuando yo estaba sentado junto a un hombre en el asiento 14D. Tan pronto como comenzamos a hablar, se dio cuenta de que soy ministro, y afirmó en voz alta que no hay manera de que Dios pueda existir por causa de "toda la maldad que hay en el mundo". Cuando surge a colación este tema, yo cuido de no trivializar la maldad y el sufrimiento, porque cosas malas pueden haberle sucedido a las personas con las que estoy hablando o a sus seres queridos. Es importante preguntar discretamente acerca del origen del dolor de los demás.

En este caso sentí que la excusa del mal era más como una cortina de humo. Le dije al hombre del 14D: "Dios podría deshacerse de toda la maldad del mundo en un momento. Y lo que tendría que hacer sería matarnos a todos". Piénselo. Eso es exactamente lo que sucedió en el relato bíblico de Noé y el diluvio. Dios "vio [...] que la maldad de los hombres era mucha en la tierra, y que todo designio de los pensamientos del corazón de ellos era de continuo solamente el mal. Y se arrepintió Jehová de haber hecho hombre en la tierra, y le dolió en su corazón" (Génesis 6:5-6). Finalmente destruyó a la mayoría de los seres vivos y salvó a una familia de ocho. El virus del mal estaba en ellos también, aunque no manifestado completamente, y ha crecido en el mundo que tenemos ahora.

Yo continué: "Dios tiene un plan para deshacerse de toda la maldad del mundo sin tener que destruirnos". El hombre ahora estaba de cierta manera asombrado de que su razón para rechazar a Dios estaba siendo criticada. "Él desea eliminar toda la maldad de nuestro corazón sin tener que eliminarnos por cargar el virus. Dios desea eliminar toda la maldad del mundo, comenzando por el asiento 14D". El problema era que el pasajero deseaba deshacerse de la maldad de los demás, pero él no estaba dispuesto a entregar la suya. La verdad es que deseamos que Dios detenga las consecuencias malignas, pero no nuestras propias acciones malignas. Deseamos que el mal deje de sucedernos a nosotros pero no que deje de suceder a través de nosotros.

Mientras estábamos en Nueva Orleans hace algunos años, de camino a llevar a mis hijos a un juego de baloncesto, pasamos por la mesa de un lector de manos que prometía leer "su palma y predecir su futuro". Cuando sentí un tirón del Señor en mi corazón, le pedí a mi amigo, Troy, que me esperara un momento con mis hijos mientras yo hablaba con este lector de manos.

Me presenté, me senté en su mesa, me identifiqué como ministro y le pregunté si podía hacerle algunas preguntas. Mi primera pregunta fue: "¿Por qué se convirtió en lector de cartas?".

Su respuesta me asombró: "Yo era cristiano y pasé mucho tiempo en un evento de avivamiento en Florida, buscando el poder de Dios. Como no pude encontrarlo, comencé a incursionar en el ocultismo e incluso en el vudú. Todo eso me asustó, y decidí estudiar lectura de manos porque me pareció más seguro".

Yo continué haciéndole preguntas y escuchando genuinamente sus respuestas. A propósito, evité desafiarlo demasiado rápido. Luego de quince a veinte minutos, me miró y me dijo: "Ahora usted dígame, ¿por qué hace lo que hace?".

"Yo predico el evangelio por dos razones principales. En primer lugar, el evangelio es lo único en este planeta que le dirá a una persona lo que en realidad le sucede. Hace unos años mi esposa estaba enferma y no podíamos encontrar la fuente de su dolor. Mientras estábamos en Israel, un dulce doctorcito del Hospital Hadassah diagnosticó su condición, y ese conocimiento nos dio una gran esperanza de que ella podría ser tratada apropiadamente. Mire, el evangelio nos dice que la fuente del dolor es la separación de Dios debido al pecado. Ya que hemos quebrantado las leyes morales de Dios, eso ha resultado en que nuestra vida y nuestra alma se quebranten".

John (llamémoslo así) estaba escuchando sinceramente mientras yo explicaba el evangelio. Como un médico que entrega noticias difíciles, yo hice lo mejor que pude para ser amable mientras le decía sinceramente su condición verdadera. No suavicé el mensaje para de alguna manera confusa ser amoroso. Luego concluí: "La segunda razón por la que predico el evangelio es porque es lo único en este planeta que nos puede decir qué hacer para sanar nuestra condición". Luego declaré claramente el evangelio y le ofrecí la respuesta de Dios para su vida.

Él me agradeció y me permitió orar por Él. Luego me dijo: "Mi madre está orando por mí todos los días en Nashville. Apuesto a que usted está sentado aquí por sus oraciones".

Resumen

La ley moral está escrita en cada corazón humano. El bien y el mal son muy reales y solamente se comprenden de verdad a la luz de la existencia de una autoridad trascendental. Esto se debe a que hay principios morales que son universalmente verdaderos sin importar la cultura ni el contexto. La existencia del mal no es la evidencia de la ausencia de Dios en el universo, sino la evidencia de su ausencia en nuestra vida.

Sí, el mundo está lleno de mal y de sufrimiento, pero los humanos somos las únicas criaturas que se dan cuenta, y las únicas criaturas capaces de actuar intrínsecamente bien o mal. El hombre es moral, no obstante, el ateísmo no explica en realidad por qué. El naturalismo no ofrece ayuda para responder la pregunta de por qué existe el mal, fuera de la creencia de que el hombre, a diferencia de otros animales, simplemente tiene una proclividad innata.

Como dijo el Dr. William Lane Craig en su debate con Sam Harris en Notre Dame:

> De ahí, Dr. Harris que la perspectiva naturalista no logre proporcionar un fundamento firme para los valores y las funciones morales objetivas. Por ende, si Dios no existe, nosotros no tenemos un fundamento firme para la moralidad objetiva, la cual es mi segunda disputa. En conclusión entonces, hemos visto que si Dios existe, tenemos un fundamento firme para los valores morales objetivos y las funciones morales objetivas; pero si Dios no existe, entonces no tenemos un fundamento firme para los valores y las funciones morales objetivas. El ateísmo del Dr. Harris, por lo tanto, yace en un punto débil con su teoría ética.

Lo que le estoy ofreciendo esta noche al Dr. Harris, no es un conjunto de valores morales—creo en líneas generales que compartimos la misma ética aplicada—; en cambio, estoy ofreciéndole un fundamento firme para los valores y las funciones morales objetivas que ambos atesoramos.[35]

Esta misma oferta de un fundamento moral y ético sólido está a disposición de todas las personas. Es por ello que creer que Dios existe sea tan vital para *nuestra* existencia. A medida que hemos observado la ley moral interior para ver la evidencia de este Creador, ahora volteemos hacia los cielos estrellados de arriba, como Kant lo sugirió.

4

HUBO UN COMIENZO

Una interpretación con sentido
común de los hechos sugiere que un
superintelecto ha jugado con la física.

—Fred Hoyle,
"The Universe: Past and Present Reflections"
[El universo: reflexiones pasadas y del presente][1]

Los mejores datos que tenemos [con respecto
al Big Bang] son exactamente lo que yo
habría predicho si no tuviera nada para
continuar más que los cinco libros de Moisés,
los Salmos y la Biblia como un todo.

—Arno Penzias, Premio Nobel de física[2]

SUENA COMO UN BUEN CHISTE:
"¿Qué sabía Moisés del universo que Einstein no supo?".
"Que tuvo un inicio".

Pero no es chiste. La primera declaración de la Biblia, registrada hace tres mil quinientos años, hace una afirmación
científicamente exacta de que hubo un comienzo para todo.
Los cosmólogos (físicos que estudian la estructura y los
orígenes del universo) llegaron a estar de acuerdo en que
hubo un momento inicial en que todo, incluso el tiempo y

el espacio, surgieron a existencia. Como comentó el teórico astrofísico, Stephen Hawking: "Ahora casi todos creen que el universo, y el tiempo mismo, tuvieron un comienzo en el Big Bang".[3] El hecho de que ahora se crea que el universo tuvo un comienzo es un desarrollo sorprendente de la cosmología. La perspectiva aceptada de Aristóteles a Einstein era que siempre había existido. "El cosmos es todo lo que es o que fue o que será", es la primera declaración del libro de mayor venta de Carl Sagan, *Cosmos*.[4] Este se convirtió también en una serie de televisión y le dio legitimidad a la noción de que el mundo material es todo lo que ha existido, o como lo discutió el filósofo ateo Bertrand Russell: "El universo solo está ahí, y eso es todo".[5]

Para proporcionar una perspectiva histórica, este panorama fue apoyado en el siglo XIX por la publicación de Charles Darwin, *El origen de las especies*, la cual proponía que toda la vida surgió espontáneamente a través de causas naturales. Esto parecía confirmar la noción de que no había necesidad de ver más allá de la naturaleza misma para obtener la respuesta de cómo comenzó todo.

En el ocaso del siglo XIX hubo avances virtualmente simultáneos en los campos de la física y la astronomía. Einstein le dio al mundo la teoría de la relatividad y comenzó una revolución en la manera que entendemos cómo funciona el mundo. El mundo subatómico fue definido por la mecánica cuántica, la cual nos dio una perspectiva contradictoria de cómo funcionaban en realidad las partículas en el nivel más pequeño. Pero posiblemente el descubrimiento más impactante vino a través de las observaciones del astrónomo Edwin Hubble en 1929. Como Galileo, más de trescientos años antes, miró por su telescopio y observó algo que cambiaría el mundo: vio que la luz, medida desde la distancia de las estrellas, parecía ser más roja a medida que aumentaba la distancia de las estrellas con respecto de la Tierra. La luz parece ser más roja cuando una estrella se está alejando de la Tierra, y más azul cuando se está acercando a la Tierra. A esto se le llama *corrimiento al rojo*, y demostró que todas las galaxias distantes se están alejando de la Tierra a velocidades proporcionales a su distancia de la Tierra. Este descubrimiento llevó a la teoría del Big Bang, la idea de que si ponemos en reversa el universo observado en expansión, todo volvería a su punto de inicio (un volumen infinitesimalmente pequeño).

"Por esta razón, la mayoría de cosmólogos piensan de la singularidad inicial como el comienzo del universo. En esta perspectiva, el Big Bang representa el evento de creación; la creación no solamente de toda la materia y la energía del universo, sino también del espacio de tiempo mismo".[6] Más importante aún, esta evidencia acerca del comienzo del universo muestra que su Creador debió haber existido fuera del tiempo y el espacio, exactamente como se insinúa en Génesis.

LAS IMPLICACIONES DEL BIG BANG

El astrónomo agnóstico y exdirector del Gaddard Institute de la NASA, Robert Jastrow, capturó la tensión de la teoría del Big Bang en su libro *God and the Astronomers* [Dios y los astrónomos].

Cuando un científico escribe acerca de Dios, sus colegas asumen que está con un pie en la tumba, o es un demente. En mi caso, debe comprenderse desde el principio que soy agnóstico en cuestiones religiosas [...] Sin embargo, estoy fascinado con las implicaciones de algunos desarrollos científicos de años recientes. La esencia de estos desarrollos es que, en cierto sentido, el universo tuvo un comienzo—que comenzó en cierto momento en el tiempo—.[7]

Muchos miembros de la comunidad de los escépticos intentarían minimizar la noción de un comienzo evidente, debido a las implicaciones religiosas. Sir Arthur Stanley Eddington haría eco de la misma reticencia: "Filosóficamente hablando, la noción de un comienzo del presente orden de la naturaleza me parece repugnante [...] Debería gustarme encontrar un resquicio genuino".[8] La idea de un comienzo era incómoda para el naturalista que estaba comprometido con una perspectiva que excluía la existencia de un plano sobrenatural. Stephen Hawking observó esta incomodidad en su libro de mayor venta, *Breve historia del tiempo*: "A mucha gente no le gusta la idea de que el tiempo tiene un comienzo, probablemente porque tiene pinta de intervención divina".[9]

El astrónomo Fred Hoyle inventó el término *Big Bang* por el ridículo. El pensamiento de un comienzo para él era equivalente a caer en el concepto de un Creador:

A primera vista, uno podría pensar que la fuerte inclinación anticlerical de la ciencia modera estaría en completo desacuerdo con la religión occidental. Esto está lejos de la realidad, sin embargo. La teoría del Big Bang requiere de un origen reciente del universo que invite abiertamente al concepto de la creación, del cual las presuntas teorías termodinámicas del origen de la vida en la sopa orgánica de la biología son el equivalente contemporáneo de la voz de la zarza ardiente y las tablas de Moisés.[10]

A pesar de las implicaciones, el universo entero, junto con toda la materia, la energía, el espacio y el tiempo tuvieron un comienzo. Intentar concebir lo que pudo haber existido antes del comienzo o lo que pudo haberlo causado resulta alucinante. Sin embargo, la lógica de conectar la evidencia del comienzo del universo con un Creador es demasiado desafiante para ignorarla.

La lógica de la fe

Cuando alguien dice: "Creer en Dios es ilógico", simplemente está lanzándole un insulto a la gente de fe, así como los candidatos de partidos políticos rivales intentan marginar a sus oponentes. Posiblemente una persona no pueda articular su fe de manera lógica, pero eso no significa que la fe en Dios misma sea ilógica o irracional. Esto lo ilustra uno de los más antiguos argumentos de la existencia de Dios, conocido como el *argumento cosmológico*. William Lane Craig es un famoso filósofo y teólogo que se ha convertido en la voz principal del debate de los orígenes. Ha escrito numerosos libros y publicado veintenas de artículos revisados por colegas profesionales acerca de temas relacionados. Él, junto con su coautor, J. P. Moreland, también son expertos en el argumento cosmológico, el concepto de que hubo una "primera causa" o una "causa no causada" del universo.

El argumento cosmológico es una familia de argumentos que buscan demostrar la existencia de una causa suficiente o una primera causa de la existencia del cosmos. El papel de los defensores de este argumento funciona como un *Adivina quién* de la filosofía occidental: Platón, Aristóteles, ibn Sina, al-Ghazali, Maimónides, San

Anselmo, Aquino, Escoto, Descartes, Spinoza, Leibniz y Locke, para nombrar algunos.[11]

Una forma del argumento cosmológico se establece de la siguiente manera:

1. Cualquier cosa que comience a existir tiene una causa.
2. El universo comenzó a existir.
3. Por lo tanto, el universo tiene una causa.[12]

El *primer paso* es indudablemente verdadero. La frase clave es: "comience a existir". Esto evidentemente no incluiría un ser sin comienzo. El *segundo paso* es muy cercano a un hecho físico de que existe:

Porque no solamente toda la materia y la energía, sino también el espacio y el tiempo mismos, surgieron a existencia en la singularidad cosmológica inicial [...] En un modelo tal, el universo origina un ex nihilo, en el sentido de que es falso que algo existiera antes de la singularidad.[13]

El *tercer paso* es una causa que no debió haber sido causada en sí misma. La causa del universo debe existir fuera del espacio y el tiempo, ya que el especio y el tiempo surgieron a existencia en este comienzo. Por lo tanto debe ser eterno, inmaterial y finalmente personal, ya que el universo tiene el propósito de apoyar la vida humana.

La Primera causa no causada debe trascender tanto en el tiempo como en el espacio, y debe ser la causa de su origen. Tal ser debe ser, además, enormemente poderoso, ya que produjo una entidad de realidad física, incluyendo la materia y la energía y el espacio-tiempo mismo, sin ninguna causa material.

Final y más notablemente, tal causa trascendente se considera que es plausiblemente personal.[14]

Algunos están satisfechos con consentir simbólicamente el hecho de que detrás del universo existe una fuerza divina. La sola magnitud de la evidencia de esta supuesta causa no causada requiere de la consideración de la existencia de Dios. Mientras esta entidad permanezca anónima e impersonal, todo está bien. Pero este tipo de Dios solícito y personal, quien responde la oración y juzga el pecado, le es temible a la imaginación. Si el Creador del ojo en realidad ve o si el Hacedor del oído en realidad escucha, entonces nosotros somos responsables de nuestras palabras y de nuestras acciones.

¿POR QUÉ HAY ALGO EN LUGAR DE NADA?

El matemático y filósofo alemán, Gottfried Leibniz, planteó la siguiente pregunta en el siglo XVII: "¿Por qué hay algo en lugar de nada?".[15] Esta pregunta parece capturar la esencia de la disyuntiva en que se encuentra la posición escéptica. ¿Por qué estamos aquí? ¿Por qué hay algo aquí? Las respuestas a estas preguntas han oscilado de lo absurdo a lo sublime.

Una vez en la Universidad de Nueva Orleans, me encontraba conduciendo una reunión para los estudiantes del campus, e hice esta afirmación: "Todo lo que ven a su alrededor comenzó solo o fue comenzado por algo más". Pensé: *Seguramente esta es solamente lógica simple.*

De manera sorprendente, un alumno que se encontraba

en la parte trasera del aula, levantó la mano y dijo: "Bien, hay una tercera opción".

—¿Cuál es?—le pregunté.

Al intentar sonar muy filosófico, dijo: "Posiblemente ni siquiera estemos aquí". Gran parte del diálogo contemporáneo se encuentra atestado de descaradas aseveraciones como esta. La gente dice lo que desea sin importar la evidencia ni la lógica, y esperan que se le dé la misma consideración a tal idea que a las demás voces que son un tanto más razonables.

Mi única respuesta fue: "Si en realidad no estamos aquí, entonces tú no estás aquí, por lo tanto guarda silencio".

Aunque el público se rió, el hecho sigue siendo este: ¡estamos aquí!

Las respuestas escépticas son divergentes y a veces irracionales como la que acabo de describir de aquel salón. Por un lado, Dawkins dice que la pregunta *¿por qué?* es tonta. ¿Tonta? Él intenta esquivar el tema al pretender que no es importante. Esto es lo mejor que puede hacer para darse ánimos. Frecuentemente da giros drásticos como un político inexperimentado que no se ha dado cuenta de que sus comentarios anteriores fueron grabados. De hecho, en un debate con John Lennox, afirmó que la pregunta por qué fue lo que lo atrajo hacia su carrera en la ciencia.[16] No era una pregunta tonta cuando él la hizo.

Lawrence Krauss, un físico del estado de Arizona, intentó responder a la pregunta por qué en su libro *Un universo de la nada*. Como devoto materialista, intentó proporcionarle a esta pregunta una respuesta desde un punto puramente naturalista, o al menos impersonal. Cualquier noción de la imposibilidad de una explicación tal sería desastrosa.

Su primer truco fue definir la palabra *nada*. Nada en realidad no es nada, según la perspectiva de Krauss. "Porque seguramente 'nada' es tan físico como 'algo', especialmente si debe ser definido como la 'ausencia de algo'. Por lo tanto nos conviene comprender precisamente la naturaleza física de ambas cantidades. Y sin la ciencia, cualquier definición es solo palabras".[17]

Mucho ruido y pocas nueces

Este tipo de ciencia le da legitimidad a muchas ideas absurdas como los escépticos afirman que lo hace la religión. Solo piense un momento acerca del tiempo y el esfuerzo que debe dedicarse para definir *nada*. Los ateos cuentan una historia digna de la obra shakesperiana, *Mucho ruido y pocas nueces*. Debo divagar un momento para reconocer cuan obscura y pedante puede sonarles esta discusión a muchos. A pesar de ello debe ser abordada, porque es dentro de esta oscuridad que se asevera la prueba de la *no necesidad* o la *no personalidad* de Dios.

La realidad es que lo que Krauss interpreta como *nada*, en realidad no es nada. A lo largo de *Un universo de la nada*, Krauss desafía continuamente su definición de nada, y sus definiciones casi siempre no son *nada*, sino en realidad *algo*. La mayoría de *nada* no elimina la necesidad de Algo más allá que explique cómo se llena la "carencia". En una revisión detallada del libro de Krauss, Hugh Ross explicó que la nada que Krauss describe puede hacer cosas asombrosas que, no obstante, aún requieren de Dios.[18]

El ateo Victor Stenger escribió: "Algo es más natural que nada",[19] y su colega Michael Shermer afirmó:

En la tradición judeocristiana [...] y en la perspectiva científica, el tiempo comenzó cuando el universo surgió a existencia, ya sea a través de la creación divina o del Big Bang. Dios, por lo tanto, tendría que existir fuera del espacio y el tiempo, lo cual significa que como seres naturales limitados a vivir en un universo finito, no hay manera de conocer nada acerca de una entidad sobrenatural. La respuesta teísta es una hipótesis inestable.[20]

De manera irónica, Shermer continúa explicando las múltiples hipótesis inestables acerca de por qué hay algo en lugar de nada. El error crítico de la lógica de Shermer es que limita cómo podemos saber que algo es verdad a tener que probarlo. No hay manera de que repitamos y probemos experimentalmente tal evento único. Sin embargo, podemos observar el universo, verificar sus propiedades y sus implicaciones teóricas, incluso poner bajo una rigurosa prueba científica la existencia de un Agente causal y personal que está más allá del tiempo y el espacio. Por lo tanto, se cree verdadera la teoría que proporciona la mejor explicación.

Otro error que comete Shermer es asumir que solo porque los humanos estemos limitados a nuestra existencia finita, el Creador esté limitado por el espacio y el tiempo, y no pueda elegir hacerse conocer a su creación. La manera en que el Creador lo hace es el tema de los capítulos siguientes. Allan Sandage, ganador del Premio Crawford de astronomía (el equivalente al Premio Nobel), observó: "Me parece bastante improbable que tal orden saliera del caos. Debe haber algún principio de organización. Dios es un misterio para mí, pero es la explicación para el milagro de la existencia, de por qué hay algo en lugar de nada".[21]

¿El universo pudo surgir de un estallido?

Ahora llegamos a un punto bastante crucial para desmontar el intento escéptico de eliminar la necesidad de Dios. Si todo lo que existe vino de la nada, entonces la primera huella de algo debió haber aparecido de repente. Uno de los científicos más célebres de nuestros días que apoya esto es Stephen Hawking. Hawking ha sido una fuerza innegable en este terreno de la física teórica. Sin embargo, en su último libro, titulado irónicamente *El gran diseño*, Hawking afirmó enfáticamente que el universo pudo literalmente existir por un estallido, sin Dios, como consecuencia de las leyes de la naturaleza. "Debido a que hay una ley como la de la gravedad, el universo puede crearse de la nada y lo hará [...] La creación espontánea es la razón de que haya algo en lugar de nada, de por qué existe el universo, de por qué existimos. No es necesario invocar a Dios para que encienda la mecha y ponga a andar el universo".[22] Esta creencia deriva de la teoría cuántica que describe cómo las partículas (tales como los protones) aparecen y desaparecen sin una causa aparente. Esto contrasta con las leyes de la física de Newton, la cual asevera que los objetos fueron puestos en movimiento debido a que fueron influidos por otros objetos. La afirmación central de algunos físicos es que la teoría cuántica elimina la necesidad de una causa. El primer episodio del programa *Curiosidad* de Discovery Channel fue titulado: "¿Dios creó el universo?". Este ilustraba dramáticamente las aseveraciones de Hawking acerca de la posibilidad de la creación espontánea del universo sin la necesidad de Dios.

¿Qué podría causar la aparición espontánea de un universo? Al principio parece ser un problema desconcertante. Después de todo, en nuestra vida diaria, las cosas no se materializan de la nada. No podemos chasquear los dedos y hacer aparecer una taza de café cuando se nos antoje, ¿o sí? Tenemos que hacerla a partir de otras cosas como granos de café, agua, posiblemente leche y azúcar. Pero al viajar por esta taza de café, a través de las partículas de la leche, al nivel atómico y justo hasta el nivel subatómico, entramos en un mundo donde evocar algo de la nada es posible, al menos durante un breve momento. Eso se debe a que a esta escala, las partículas tales como los protones se comportan de acuerdo con las leyes de la naturaleza que llamamos mecánica cuántica. Y en realidad pueden aparecer aleatoriamente, permanecer durante un rato y luego desaparecer otra vez, para volver a aparecer en otro lugar. Ya que sabemos que el universo mismo alguna vez fue muy pequeño, de hecho más pequeño que un protón, esto representa algo bastante notable. Significa que el universo mismo en toda su alucinante vastedad y complejidad simplemente pudo haber surgido de un estallido, sin violar las leyes conocidas de la naturaleza.[23]

Al observador promedio le parece como si la conversación hubiera llegado a su fin. Si la ciencia muestra que todo simplemente surgió *de un estallido* sin una causa aparente, entonces Dios como la necesaria Causa Primera se vuelve innecesario. Sin embargo, en su apuro por eliminar la necesidad de la causalidad, los científicos ateos no logran mencionar que sin las leyes de la naturaleza, nada hubiera sucedido. Esto me recuerda a la escena del *Mago de Oz* en la que se abre el telón y Dorothy y sus tres amigos miran al Mago mismo. El velo que representaba el misterio se descubre. El mago dice frenéticamente: "No le pongan atención al hombre detrás del cortina".[24] En cierto sentido, el ateo desea que ignoremos estas leyes detrás del universo y simplemente aceptemos que están ahí y dejemos de preguntar de dónde vivieron.

El mundo consiste en cosas, las cuales obedecen a reglas. Si usted continúa preguntando "¿por qué?" acerca de lo que sucede en el universo, finalmente alcanzará la respuesta: "por el estado del universo y las leyes de la naturaleza" [...]

A veces los teólogos evocan el "sostenimiento del mundo" como una función de Dios. Pero nosotros sabemos más: el mundo no necesita que lo sostengan, este simplemente puede ser.[25]

¿Entonces de dónde surgieron las leyes de la física? Debemos asumirlas para que las partículas surjan de un estallido.

En cualquier caso, incluso en un universo sin milagros, cuando nos enfrentamos a un orden subyacente profundamente simple, podemos extraer dos conclusiones diferentes. Una, extraída por Newton mismo, y antes patrocinado por Galileo y una serie de científicos durante los años, era que tal orden fue creado por una inteligencia divina responsable no solamente del universo, sino también de nuestra propia existencia, y de que los seres humanos fueron creados a su imagen (¡y aparentemente otras cosas complejas y hermosas no lo fueron!). La otra conclusión es que las leyes mismas son todo lo que existe. Estas leyes mismas requieren que nuestro universo surja a existencia, se desarrolle y evolucione, y que nosotros seamos un irrevocable derivado de esas leyes. Las leyes pueden ser eternas, o estas pudieron haber surgido a la existencia, de nuevo, a través de un posible proceso puramente físico todavía desconocido.[26]

De manera que, o existe un conjunto de leyes eternas o existe un legislador eterno. Observe que Krauss le es fiel a su dogma naturalista y asevera que las leyes de la física "podrían" ser el resultado de un "proceso puramente físico". Sin embargo, las leyes mismas apuntan hacia una dirección contraria.

El ajuste fino del universo

Una las más asombrosas piezas de la evidencia de la existencia de Dios es el *ajuste fino* del universo. Este se refiere a la increíble calibración de un vasto número de variables que tuvieron que tener valores precisos para dejar margen a un universo donde se dé la vida, tal como el nuestro. Nosotros existiríamos solamente si un Diseñador hubiera creado específicamente nuestro universo con la intención de sostener la vida. Esta evidencia es imperiosa en gran manera para la presencia de un diseñador inteligente que ateos como Dawkins, admiten que es un problema. "El problema de los físicos es el problema de los orígenes definitivos y de las leyes naturales definitivas. El problema del biólogo es el problema de la complejidad".[27]

El equipo básico del universo

Cuando yo era pequeño, los radios y los televisores tenían perillas que ayudaban a ajustar el sonido y la imagen. Podemos imaginar el ajuste de un piano o de otro instrumento como otro ejemplo de la necesidad de calibrar algo en la posición precisa para que funcione correctamente.

Los astrofísicos nos dicen que hubo decenas de constantes físicas (tales como la gravedad) y cantidades (tales como la entropía) que tuvieron que ser cuidadosamente ajustadas (tener un ajuste fino) para que pudiera existir un universo que produjera vida.

Imagínese que tiene un equipo básico del universo, y viene con docenas de perillas que deben ser precisamente ajustadas. Posiblemente luzca como la mezcladora que hay en la parte trasera de un concierto. Los registros de muchas de estas perillas no están entre una y cien, sino entre una y un millón de millones. Cada perilla debe ser colocada de manera precisa, o no tenemos un universo que permita la vida.

> Una reacción ante estas enormes coincidencias aparentes es verlas como que sostienen la afirmación teísta de que el universo ha sido creado por un Dios personal y que ofrecen el material para un argumento teísta apropiadamente contenido—de ahí el argumento del ajuste fino—. Es como si hubiera una gran cantidad de diales que tuvieran que ser ajustados a límites extremadamente pequeños para que la vida sea posible en nuestro universo. Resulta extremadamente imposible que esto suceda al azar, pero mucho más probable que esto suceda si hubiera una persona tal como Dios.[28]

Entre estos valores se encuentran las fortalezas de las fuerzas fundamentales de la gravedad, la fuerza nuclear fuerte (la cual integra el núcleo), la fuerza nuclear débil (la cual gobierna la radiación), y la fuerza electromagnética (la cual gobierna la atracción de las cargas opuestas). Otras cantidades oscilan de la carga de un electrón a la tasa de expansión del universo. Algunos valores deben establecerse dentro de tasas modestamente ajustadas. Por ejemplo, si la masa del neutrón fuera 0.1% más cuantiosa, el universo no tendría los suficientes elementos pesados esenciales para la vida, o incluso si fuera 0.1% menos masiva, todas las estrellas colapsarían en hoyos negros.[29] De igual manera, si una fuerza nuclear fuerte fuera 2% más débil o 0.3% más fuerte, al universo le faltarían las cantidades suficientes de elementos esenciales.[30]

Otros valores están establecidos de forma más precisa. Hugh Ross describió en *El creador y el cosmos* el ejemplo de la proporción entre el número de electrones y el número de protones en el universo: "A menos que el número de electrones sea equivalente al número de protones a una exactitud de una parte en 10^{37} o mejor, las fuerzas electromagnéticas del universo habrían vencido las fuerzas gravitacionales, tanto que las galaxias, las estrellas y los planetas no se habrían formado".[31] En total, el Dr. Ross ha identificado cientos de detalles que requirieron un ajuste fino con relación a las leyes de la física, nuestra galaxia, el sol, la luna y el planeta Tierra.[32] Debe dársele suficiente énfasis al tema: desde el principio, el universo fue construido por un intelecto fantástico que va más allá de la comparación humana. Las grandes mentes como Sir Isaac Newton comprendieron el orden matemático que mostraba el universo. Sin embargo, ninguna mente ha concebido el nivel de precisión que existió desde el comienzo. El matemático de Oxford, John Lennox, diría que estamos utilizando "planos de precisión que van más allá de lo alcanzable por medio de la instrumentación diseñada por los seres humanos".[33] Estos datos a menudo los ignoran fácilmente los naturalistas a favor de la desenfrenada especulación acerca de las teorías no comprobadas, desprovistas de apoyo experimental. Que las personas ignoren tales probabilidades abrumadoras comprueba que ninguna cantidad de evidencia puede cambiar su postura predeterminada de que no hay Dios.

Como un claro ejemplo, Victor Stenger escribió en un artículo enciclopédico acerca del principio antrópico: "En pocas palabras, mucho de lo que llamamos el ajuste fino de los parámetros de la microfísica está a la luz del observador, no siempre de los físicos con bastante experiencia, quienes juegan con los números hasta que parecen apoyar una creencia previa basada en algo más que un análisis científico".[34] A pesar de la evidencia que apunta abrumadoramente hacia una Inteligencia que ajustó finamente la naturaleza, la perspectiva de Stenger le impide ver la evidencia.

EL PRINCIPIO ANTRÓPICO

El nombre *principio antrópico* deriva de la palabra griega para los seres humanos, varón o hembra: *anthropos*. El término fue introducido en el quingentésimo aniversario del descubrimiento de Copérnico acerca de que la Tierra no es el centro del Sistema Solar, sino que orbita alrededor del Sol. El principio en esencia afirma que el universo fue diseñado para que emergiera la vida consciente.

Para comprender mejor las implicaciones del concepto, permítame utilizar una analogía popular. Imagine que llega a un cuarto de hotel y sus cosas favoritas ya están ahí: su ropa, sus alimentos favoritos, las fotografías de su familia. Sería seguro decir que alguien sabía que usted llegaba a esa habitación y lo preparó para usted. Eso es lo que sugiere el principio antrópico. El universo fue hecho con los humanos en mente. "El universo en cierto sentido debió haber sabido que llegábamos".[35] Sir Fred Hoyle observó la asombrosa aparición improbable de la vida en sus elementos más básicos, tales como el carbón.

¿No se diría a sí mismo: "Un intelecto supercalculador debió haber diseñado las propiedades del átomo del carbón, de otra manera, mi oportunidad de encontrar un átomo tal a través de las fuerzas ciegas de la naturaleza sería extremadamente minúscula"? Desde luego que sí [...] Una interpretación de sentido común de los hechos sugiere que un superintelecto ha jugado con la física, así como con la química y la biología, y que no existen fuerzas ciegas de las cuales valga la pena hablar en la naturaleza. Los números que uno calcula de los hechos me parecen tan sobrecogedores como colocar esta conclusión más allá de toda duda.[36]

Paul Davis, físico, además de agnóstico, repitió los sentimientos de Hoyle:

Los científicos están despertando lentamente a una verdad inconveniente: el universo luce sospechosamente como un arreglo. El problema concierne a las propias leyes de la naturaleza. Durante 40 años, los físicos y los cosmólogos han estado coleccionando calladamente ejemplos de todas las "coincidencias" convenientes y de las particularidades de las leyes subyacentes del universo que parecen ser necesarias para el orden de la vida, y de ahí que existieran los seres conscientes. Cambie una de ellas y las consecuencias serían letales. Fred Hoyle, el distinguido cosmólogo, una vez dijo que era como si "un superintelecto hubiera manipulado la física".[37]

Los ateos han reconocido las claras implicaciones de reconocer que el universo tuvo un comienzo y de que fue ajustado finamente para la existencia. Por lo tanto, ellos han intentado racionalizar esta funesta amenaza con su perspectiva, al desarrollar varias teorías, las cuales niegan ambas conclusiones.

Dawkins también desafió la fe del físico anglicano John Barrow. Al igual que varios otros conferencistas, Barrow enfatizó lo extraordinariamente que el universo está "finamente ajustado" para nuestra existencia. ¿Por qué no simplemente aceptar el ajuste fino como un hecho de la naturaleza?, Dawkins preguntó. ¿Por qué quieren explicarlo con Dios? "Por la misma razón que tú no deseas hacerlo", respondió Barrow con sequedad. Todos se rieron excepto Dawkins, quien protestó: "¡Esa no es una respuesta!".[38]

¿LA RESPUESTA DE LOS ATEOS? EL MULTIVERSO

Con el fin de ignorar la evidencia del ajuste fino, un gran número de ateos se apegan al concepto de un multiverso. El multiverso es la hipótesis de que nuestro universo es un número virtualmente infinito de universos. Los ateos argumentan que en tal multiverso es matemáticamente posible, solo por casualidad, que uno de los universos mostrara todas las características perfectamente correctas para la vida, entre ellas los seres humanos. Esta idea muestra cuán desesperados están muchos por acoger cualquier alternativa a las abrumadoras explicaciones del universo finamente ajustado. La teoría del multiverso no es probable ni observable; simplemente debe ser asumida sin evidencia alguna.

Como un ejemplo, Stephen Hawking intenta ignorar el comienzo del universo al apelar a la noción del tiempo imaginario. Luego apela a la teoría de cuerdas, la cual supuestamente permite la posibilidad de un número infinito de universos. De igual manera, Krauss asevera que la inflación cósmica podría generar una progresión infinita de universos con diferentes propiedades físicas. Sin embargo, ninguno de ellas han desarrollado una teoría estable, la cual haga predicciones probables. Como tal, sus afirmaciones residen más en el plano de la ciencia ficción, no de la ciencia. El cosmólogo Edward Harrison ha hecho esta deducción:

> El ajuste fino del universo proporciona, a primera vista, la evidencia de un diseño deísta. Usted elija: la casualidad ciega que requiere de multitudes de universos o el diseño que requiere de solo uno [...]
>
> Muchos científicos, cuando admiten sus perspectivas, se inclinan hacia el argumento teológico o del diseño [...]
>
> Aquí está la prueba cosmológica de la existencia de Dios—el diseño del argumento de Paley—actualizado y mejorado.[39]

Incluso si uno admitiera la fantástica e improbable hipótesis de la existencia de numerosos universos diversos con leyes apenas variables, cualquier mecanismo que pudiera producir la máquina generadora de universos requerida necesitaría ser ajustado finamente y por lo tanto diseñado.[40] Cualquier intento de crear una teoría del universo de la nada, inevitablemente lleva a la realidad de un universo *hecho de lo que no se ve* (Hebreos 11:3).

LA MENTE ANTES DE LA MATERIA

Una manera simple de pensar al respecto fue presentada por el legendario escritor y filósofo, C. S. Lewis. Él decía que el poder supremo detrás del universo tuvo que ser mente y no materia. ¿Cómo es que algo como una roca podría comunicarles a los humanos lo que deben hacer?[41] Lennox le dijo a Dawkins, en la discusión que tuvieron en Oxford, que la esencia primordial del universo es una mente, no una materia. La mente viene primero, luego la materia—la mente no surge de la materia—.

> Entonces el factor del creador, recuerde la afirmación que estoy haciendo, sea posiblemente más grande de lo que usted piensa. Lo que estoy afirmando es que hay dos perspectivas. Está su perspectiva, la cual es, como yo la comprendo, una perspectiva esencialmente materialista o naturalista. El universo se explica por sí mismo en términos de materia y energía y de las leyes de la naturaleza, entre otras cosas. De manera que la materia energía es esencialmente primordial en el universo. Una mente es un desarrollo, un desarrollo luego de un largo proceso en cualquier sitio. Mientras que mi afirmación es exactamente lo contrario. La mente es primordial en el universo. Dios es la realidad suprema.[42]

Como abre el Evangelio de Juan: "En el principio era el verbo". La palabra griega *logos* se traduce aquí como "Verbo", pero *logos* también puede significar "razón" o "lógica". Por lo tanto, antes de la materia hubo razón, lógica e inteligencia. Esto es lo que sugiere la evidencia científica. Robert Jastrow, un exmiembro de la NASA, estuvo dispuesto a seguir la evidencia, incluso si esta dirigía hacia Dios,

> ...y bajo circunstancias que parecen hacerlo imposible— no solamente ahora, sino siempre—, encontrar qué fuerza o fuerzas trajeron a existencia el mundo en ese momento. ¿Fue como la Biblia dice: "Desde el principio

tú fundaste la tierra, y los cielos son obra de tus manos"?
Ningún científico puede responder esa pregunta.[43]

Lennox puso audazmente en discusión con Dawkins esta
verdad en su discusión de Oxford. Luego de explicar las dos
opciones de lo que fue primero: materia o mente, expuso
el lógico caso de que la mente debió haberle precedido a la
materia. Pero no se detuvo ahí, continuó para mostrar que
podemos saber mucho más acerca de esa mente.

> Mientras que mi afirmación es que es exactamente lo
> contrario. Dios es la realidad suprema. Todo lo demás,
> incluso usted y yo somos derivados, por lo que eso signi-
> fica que aquí está la afirmación, permítame establecerla.
> En el comienzo fue el Verbo, la palabra estaba con Dios,
> la palabra era Dios. Todas las cosas fueron hechas por
> Él. De manera que estoy afirmando que cualquier me-
> canismo que fuera usado, nosotros podemos separarlos
> científicamente, y esa es la fascinación de la ciencia.[44]

Al final es la mente de Dios, la Palabra de Dios, la responsable de estos.

Resumen

El hecho de que el universo comenzara es una comprensión
reciente de las disciplinas de la astrofísica y la cosmología.
En un momento, el espacio y el tiempo mismos surgieron a
existencia. Esta noción de un comienzo de todo fue resistida
debido al hecho de que apuntó a la gente hacia un Creador.
Lo que es más, el increíble ajuste fino de las leyes fundamentales de la física es la evidencia, también, del superintelecto
personal responsable de un universo que permite la vida. El

naturalista asevera que el universo surgió a existencia de la nada, por nada, para nada. El teísta cree que el universo provino a partir de nada, por Algo, para algo.

Resulta claro que las teorías naturalistas de un número infinito de universos impersonales y mecánicos o de un conjunto eterno igualmente impersonal y mecánico de leyes físicas, no son tan razonables como un Creador eterno, no creado y personal. Por lo tanto, cuando alguien pregunta por la evidencia de Dios, usted está parado en tierra firme, al hacer referencia al hecho de que el universo mismo demuestra la realidad de nuestro Dios.

5

LA VIDA NO ES UNA CASUALIDAD

Si pudiera demostrarse la existencia de cualquier órgano complejo que no se hubiera formado de numerosas modificaciones sucesivas y mínimas, mi teoría se derrumbaría por completo.

—CHARLES DARWIN, *EL ORIGEN DE LAS ESPECIES*[1]

La ilusión del diseño es tan exitosa que, hasta ahora, la mayoría de los estadounidenses (entre ellos, muchos estadounidenses influyentes y ricos) se niegan testarudamente a creer que *es* una ilusión.

—RICHARD DAWKINS, "THE ILLUSION OF DESIGN" [EL ESPEJISMO DEL DISEÑO][2]

HAY UN DIOS: CÓMO EL ATEO MÁS INFLUYENTE DEL MUNDO cambió de opinión, fue el título de un libro publicado en 2004. El escritor fue Anthony Flew, el ateo más franco de su generación. En la década de 1940, mientras se encontraba en Oxford, le presentó un ensayo acerca del ateísmo al Socratic Club, presidido por C. S. Lewis. Flew fue un escritor prolífico, habiendo publicado más de treinta libros. Su conversión del ateísmo al teísmo a los ochenta años fue fuente de una tremenda controversia. A pesar del debate acerca del alcance de su "conversión" del ateísmo, el hecho es que él sí se convirtió.

En un simposio en Nueva York en mayo de 2004, le preguntaron a Flew si su obra reciente acerca de los orígenes de la vida apuntaba hacia la inteligencia detrás de la creación. Él declaró que sí, y volvió a contar la historia en su libro.

> Sí, ahora creo que sí [...] casi debido a las investigaciones del ADN. Lo que pienso que el material del ADN ha hecho, es que ha mostrado, a través de la casi increíblemente complejidad de arreglos que son necesarios para producir (vida), que se debió necesitar de inteligencia para hacer que estos extraordinariamente diversos elementos funcionaran juntos [...] Todo se trata de una enorme complejidad por la cual se logran los resultados, los cuales me parecen como la obra de la inteligencia.[3]

Flew continúa revelando que su conversión fue el resultado del compromiso que había hecho de seguir la evidencia adonde esta lo llevara. "Esta afirmación representó un cambio importante de camino para mí, sin embargo fue consistente con el principio que he acogido desde el comienzo de mi vida filosófica—seguir el argumento sin importar a dónde lleve—".[4]

Flew no es el único en reconocer la ventana hacia el mundo celular que nos ha dado un vistazo de la fantástica complejidad de la vida. Específicamente, los desarrollos de la bioquímica y la biología durante los últimos cuarenta años, nos han mostrado al micro universo celular y han llevado a la lógica conclusión de que la vida no es una casualidad.

En el capítulo anterior miramos el increíble ajuste fino del universo desde el principio de la creación. La evidencia muestra que el universo fue diseñado con vida en mente. Sin embargo, la verdadera aparición de la vida misma, nos enfoca en una evidencia de ajuste fino igualmente fascinante que señala la realidad de que la vida fue intencionalmente diseñada. Cuando la vida entró en el umbral de la historia, no fue algo intranscendente.

EL ADN: EL LENGUAJE DE LA VIDA

Miremos aquello que cambió a Flew y que le está brindando a la mente objetiva la abrumadora evidencia de Dios: el ADN.

Descubierto en 1953 por James Watson y Francis Crick, el acido desoxirribonucleico (ADN) es un manual de instrucciones para hacer funcionar cualquier organismo vivo. Como dijo Bill Gates: "El ADN humano es como un programa de computadora, pero mucho más avanzado que cualquier programa que se haya creado".[5] Watson y Crick pudieron haber descubierto el libro de la vida (el ADN), pero Francis Collins lo abrió y nos enseñó a leerlo. Collins es un teísta cristiano que descifró el genoma humano. Él ha sido presentado en la revista *Time*,[6] y es una voz vital de la evidencia del magnífico orden y la información que comprende este indispensable componente de la vida.

Las baterías tienen ADN. La levadura tiene ADN. También los puercoespines, los duraznos y la gente. Es el idioma universal de todas las cosas. Nos encontramos en una época verdaderamente histórica en que este idioma de muchas especies diferentes está siendo revelado por primera vez. A todo el ADN de un organismo se le llama su *genoma*, y el tamaño del genoma comúnmente se expresa como el número de *pares bases* que contiene. Piense en la doble hélice del ADN como una escalera. Los peldaños de la escalera consisten de pares de cuatro químicos, llamados bases, abreviados A, C, T, G.[7]

Nuestro genoma se apila en tres mil millones de peldaños en la escalera del ADN. Una vez más, la probabilidad de que hubiera sucedido aleatoriamente es impactante. ¿Alguna vez ha recibido un mensaje enviado desde un celular que se encuentra en la bolsa de alguien? Obtiene unas cuantas letras juntas que no tienen sentido. Eso normalmente sucede cuando la gente toca sin querer el teclado sin darse cuenta de que están presionando las teclas. Si usted recibiera un mensaje de texto que tuviera un mensaje comprensible como: "No le digas a nadie, pero me gané la lotería", las probabilidades de que el escritor asegurara que el texto se escribió al azar serían astronómicamente improbables. Pocos estarían en desacuerdo con la directa conclusión. ¿Qué si fuera un enunciado ordenado de mil millones de palabras? Esa es una comparación conservadora con la información inteligente del genoma humano, nuestro ADN. ¿Hay oportunidad de que hubiera sido escrito desde la bolsa de alguien sin saber? La afirmación más precisa de nosotros como humanos es que somos "una creación admirable" (Salmos 139:14, NVI).

CASUALIDAD O DISEÑO

¿La vida fue diseñada por la inteligencia o surgió espontáneamente de procesos aleatorios? La respuesta a esta pregunta tiene qué ver con el hecho de ser teísta o ateo, si estamos utilizando la lógica para determinar nuestra creencia.

Durante los últimos dos mil años, los científicos y los

filósofos en su mayoría, han estado de acuerdo en que la vida fue diseñada. Cuando Charles Darwin publicó *Sobre el origen de las especies* en 1859, encendió una revolución acerca de cómo vería esto la comunidad científica. "El darwinismo eliminó la idea de Dios como creador de la discusión racional".[8] Dawkins explicó que esta teoría lo llevó a dejar la fe cristiana y acoger el ateísmo: "A los quince años aproximadamente reconocí que no había razón para creer en ningún tipo de Creador sobrenatural. Mi último vestigio de fe religiosa desapareció cuando finalmente comprendí la explicación darwiniana de la vida".[9]

Einstein por otro lado, quien estaba completamente consciente de la teoría de la evolución, dijo que "el sentimiento religioso [del científico] toma la forma de un eufórico asombro de la armonía de la ley natural, la cual revela una inteligencia de una superioridad tal que, comparado con ella, todo el pensamiento sistemático y acción de los seres humanos son un completamente insignificante reflejo".[10] De igual manera, muchos otros científicos de las décadas pasadas están reconociendo a altos grados cómo se revela el diseño en la ciencia.

En los días de Darwin

No resulta difícil intentar regresar al siglo XIX y volver a capturar la mentalidad cultural que existía cuando se publicó la obra de Darwin. Es seguro decir que Darwin arrojó el fósforo proverbial en la pólvora. Sus ideas salieron a escena en una explosión con la fuerza de un terremoto y establecieron la subsiguiente tormenta de fuego, tal como se ven los incendios en la parte occidental de Estados Unidos luego de un largo periodo de sequía.

La explicación de Darwin de que todas las cosas tienen una causa natural causaron que la creencia en una mente superior con creatividad fuera bastante innecesaria. Él creó un mundo secular, más que todos los que le antecedieron. Definitivamente, muchas ideas oscilaban en esa dirección, pero la obra de Darwin fue la llegada violenta de esta idea y, a partir de ese momento, la perspectiva secular del mundo se volvió virtualmente universal.[11]

La comunidad científica estaba buscando una explicación de la vida fuera de Dios. Darwin les dio su sustituto de Dios: *la selección natural.*

La selección natural es el proceso ciego que selecciona lentamente las pequeñas diferencias entre individuos en especies que sobreviven más que las demás. Con el tiempo, se cree que las diferencias beneficiosas, tales como el mayor tamaño, se acumulan y finalmente provocan que las especies se transformen radicalmente. La selección natural combinada con las mutaciones es vista como la explicación de toda la variedad de la vida, así como del surgimiento de todas las especies. Para que esto suceda, la vida debió haber emergido gradualmente durante millones de años. "La vida en la Tierra evolucionó gradualmente, comenzando con una especie primitiva—posiblemente una molécula automultiplicadora—que vivió hace más de tres mil quinientos millones de años; luego se diversificó con el tiempo, arrojando muchas especies diversas; y el mecanismo para casi todo (pero no todo) el cambio evolutivo es la selección natural".[12]

En la obra de Dawkins, llamada *El relojero ciego*, abunda en detalles para elogiar la complejidad de las cosas vivas, solo para aseverar que sus complejidades surgen de la selección natural, en lugar de ser resultado de un Creador inteligente.

La selección natural es el relojero ciego, ciego, porque no ve hacia delante, no planea las consecuencias, no tiene un propósito en perspectiva. No obstante, los resultados vivientes de la selección natural nos impresionan abrumadoramente con la apariencia del diseño como de un relojero maestro, nos impresionan con la ilusión del diseño y la planeación.[13]

La evolución es definitivamente observable dentro de una especie o género. Incluso un solo tipo de ave, como los pinzones que Darwin observó, tienen cantidades masivas de variaciones. Este tipo de evolución se llama *microevolución*. Sin embargo, este proceso solamente puede conducir cambios muy limitados. Como lo explicó Hugh Ross:

Esta microevolución no es linear como Darwin presumía. Se comporta como una curva sinusoide (oscila). Durante los años que Darwin pasó en las islas Galápagos, observó que los picos de algunas especies de pinzones se hacían más anchos y otros se hacían más largos. Sin embargo, ahora que los biólogos han estado observando aquellas especies de pinzones durante más de 150 años, observan que los picos se hacen más anchos y luego angostos y más largos, y después más cortos como respuesta a la diferente comida disponible. Es decir, se identifica que cada característica de los picos varía un poco. En lugar de que la microevolución argumente cambios dramáticos, en cambio parece argumentar la estasis.[14]

La teoría de que este proceso finalmente provocará que las especies evolucionen en una especie significativamente diferente (como que un pez se vuelva anfibio) es *macroevolución.* La primera ha sido observada de cerca; sin embargo la última no tiene apoyo experimental ni de observación.

LA VISIÓN DE DARWIN

Darwin imaginó que toda la historia de la vida se parecía a un árbol gigante. La base del árbol representaba los primeros organismos vivos. Las ramas del árbol representaban el crecimiento y el desarrollo de especies diversas de un tipo a otro. A medida que la vida progresaba, la selección natural hacía que los organismos viables sobrevivieran y finalmente formaran especies completamente nuevas. Por lo tanto, toda la vida estaba interconectada, cada ser viviente era finalmente producto de un origen común.

Las ideas de Darwin acerca de la evolución se solidificaron luego de su viaje de tres años en el *Beagle*, mientras era un naturalista joven en 1834. Finalmente llegó a una cadena de islas en la costa de Sudamérica, llamada las islas Galápagos, donde gran parte de su estudio se enfocó en las especies de pinzones que se encuentran en la cadena de islas. Observó características que causaban que ciertas especies de pinzones prosperaran en ese ambiente. Una vez que regresó a Inglaterra, sería veinticinco años antes de que desarrollara completamente estas observaciones y publicara *Acerca del origen de las especies mediante la selección natural o la preservación de las razas privilegiadas en la lucha por la vida.*

Darwin sabía que su teoría sería controversial. Comprendía por completo la implicación religiosa de que la selección natural eliminaría la necesidad de una dirección divina en la naturaleza. Pero también comprendió que su teoría tenía muchas preguntas sin responder. Finalmente sabía que si la selección natural no podía explicar el surgimiento de toda la vida, esta podría, de hecho, explicar nada más que los cambios triviales de las especies.

En contraste con los principios actuales del dogma evolutivo que permea la ciencia moderna, ninguna evidencia definitiva se ha presentado que afirme que toda la vida surgiera de un ancestro común mediante un proceso natural sin dirección.

Sí, existen conexiones notables entre los humanos y los chimpancés, quienes comparten un porcentaje significativo del mismo ADN. Además, los embriones humanos se parecen mucho a otros tipos de embriones del reino animal. Pero el verdadero problema es cómo se interpretan estas observaciones. Estas similitudes entre las especies podrían fácilmente resultar de un Diseñador común en lugar de un ancestro común.

El origen de la vida

Cuando Darwin escribió *El origen de las especies*, el título insinuó por error que la teoría de la evolución ofrecía la evidencia de cómo surgió la vida a partir de procesos naturales. Nada podría estar más lejos de la verdad. Su teoría fue el origen de las especies, no el origen de la vida. Como Darwin escribió: "La ciencia todavía no arroja luz sobre el problema más grande de la esencia del origen de la vida".[15]

Piénselo. De acuerdo con la teoría de Darwin, cada ser viviente, desde las algas del mar hasta los elefantes del desierto, derivaron de un ancestro unicelular. La selección natural utilizó el rarísimo incidente de mutaciones positivas y acumuló tales variaciones para producir todas las especies de todo lo que está vivo. ¿Pero de dónde surgió la célula original? ¿Cómo pudo haber sucedido algo tan fantástico? La selección natural nos dice solamente lo que sucede luego de obtener la vida. Si no hay vida ni una célula con qué comenzar, entonces no hay nada qué seleccionar. Esto es exactamente lo que el matemático de Oxford, John Lennox, le señaló a Richard Dawkins en el debate de El espejismo de Dios, en Birmingham, Alabama, en 2008: "Richard, la evolución solo nos dice lo que sucede una vez que obtenemos la vida; no puede explicar de dónde surgió el mecanismo de mutación repetida".[16]

Varios cristianos del tiempo de Darwin y de nuestro tiempo sienten que la teoría de la evolución no supone ninguna amenaza a la creencia en la existencia de Dios. Simplemente ven la evolución como la herramienta que Dios utilizó para darle forma a la vida a través de la historia. Aunque esta no es una posición que yo sostengo, puedo respetar su interpretación. Sin embargo, todos los cristianos reflexivos estarían de acuerdo en que un proceso evolutivo *ciego* no podría producir las asombrosas formas de vida que vemos ahora, en particular la humanidad. La idea desafía abundantes descubrimientos científicos así como al sentido común. Aunque el mecanismo responsable de todos los cambios de la vida de una especie a otra fuera la selección natural, se habría necesitado de un Diseñador sobrenatural que hubiera construido un proceso tan asombroso. La evidencia del microscopio apunta claramente a un Creador tal como lo hace la evidencia del telescopio.

CAZADORES DE MITOS

Los escépticos se deleitan en llamar a toda la religión un mito y en comparar la creencia en Dios con la creencia en un hada madrina o en la multitud de deidades ficticias del mundo antiguo. ¿Pero cuál de las creencias es un mito? Uno de los programas favoritos de mi hijo es *Cazadores de mitos.* Cada episodio aborda una leyenda o un mito popular, e intenta validarlo. Cosas como: ¿Es más seguro conducir un auto con bolsa de aire que sin ella? O uno de los temas más controversiales: ¿Los hombres son mejores conductores que las mujeres? Estoy esperando que aborden el mito más importante de todos: ¿La vida pudo haber surgido de lo que no tiene vida o inexistente?

El rumor de que la vida fue creada en una probeta es un mito que se destruyó hace años. En la década de 1950, Stanley Miller y Harold Urey, intentaron reconstruir el *caldo primigenio* que postularon habrían sido las condiciones tempranas de la Tierra en las que la vida pudo haber surgido espontáneamente de lo que no tiene vida o no existía. Aunque no existe evidencia de que estas fueran las condiciones iniciales de la Tierra cuando comenzó la vida, su experimento llamó la atención, porque era solo eso, un experimento. La electricidad fue enviada a través de un mejunje de metano, amoniaco e hidrógeno; y el resultado fueron aminoácidos muy simples. Sin embargo, el Dr. Frankestein estuvo más cerca de crear vida que estos hombres.

La relevancia de este experimento se desacreditó finalmente porque las condiciones experimentales no concordaban con las de la Tierra primitiva. En condiciones más realistas, tales experimentos no producen las cantidades significativas de los bloques de la vida. Como lo explica Hugh Ross:

> La Tierra nunca tuvo un caldo prebiótico ni ningún tipo de sustrato mineral prebiótico. Los físicos ahora saben por qué la Tierra nunca pudo haber poseído prebióticos. Se debe a la paradoja oxígeno-ultravioleta. Si el ambiente de la Tierra en el tiempo del origen de la vida hubiera

contenido algún oxígeno, ese oxígeno hubiera apagado inmediata y catastróficamente la química prebiótica. Por otro lado, si el ambiente de la tierra en el tiempo del origen de la vida no hubiera contenido oxígeno, la radiación ultravioleta del Sol habría permeado el ambiente de la Tierra, a tal grado que hubiera apagado la química prebiótica de manera similar, inmediata y catastrófica. De cualquier manera, la Tierra nunca habría podido poseer naturalmente ningún prebiótico.[17]

LA VIDA: ¿CUÁLES SON LAS PROBABILIDADES?

El argumento del diseño ha sido uno de los grandes bloques del dogma ateo, porque cualquier traza de diseño indica lógicamente que hay una mente inteligente detrás. Este argumento conduce a hombres inteligentes como Darwin a decir cosas absurdas como: "La biología es el estudio de las cosas complicadas que dan la apariencia de estar diseñadas a propósito".[18] La presencia del diseño es tan abrumadora que los biólogos deciden que el diseño que observan en todos lados no es real. El Premio Nobel, Francis Crick, quien inicialmente descubrió el ADN, diría: "Los biólogos deben tener en mente constantemente que lo que ven no fue diseñado sino que evolucionó".[19] Sin embargo, mientras más se aprende acerca de cuán compleja es la vida en realidad, este tipo de declaraciones se están haciendo más difíciles de justificar intelectualmente.

La vida es más que asombrosa. Está más allá de la explicación. A medida que los biólogos comprenden más y más acerca del proceso de la vida, se da un salto intelectual para asumir que sus orígenes se explican fácilmente a través del naturalismo. El asombroso milagro de cómo surgió la vida reproductiva—varón y hembra—es tan imposible de imaginar que suena como un cuento de hadas. ¿Y cómo supo la vida que cada ser vivo necesitaba un código genético o que todas las partes de un ojo tenían que aparecer de una sola vez?

Como lo mencioné, aunque la Tierra estuviera llena de todos los bloques de la vida, aquellas piezas nunca se habrían juntado en una célula. En su libro *La evolución de la vida desde el espacio exterior*, Fred Hoyle y Chandra Wickramasinghe, discuten que la probabilidad de que la vida hubiera surgido en la Tierra por sí sola, se encuentra en el orden de probabilidad de 10^{40000}.[20] (ahora escucho la voz de Jim Carry en *Tonto y más tonto*: "De manera que dices que hay probabilidad"). Ellos dijeron que era la misma probabilidad de que un tornado pudiera soplar en un vertedero y unir un avión Boeing 747 lleno de combustible y listo para volar.[21] (Ellos quisieron decir que ya que la vida no pudo haber surgido por sí sola, debió haber surgido del mundo exterior).[22]

Sus conclusiones señalan el hecho de que los naturalistas están dispuestos a postular cualquier cosa imaginable para justificar la evidencia del diseño de la vida. Ya hemos discutido hasta dónde van los naturalistas para evitar la posibilidad de un Creador inteligente, como a argumentar un universo eterno o un número infinito de universos llamado multiverso. Con el fin de justificar la complejidad de la vida y la imposibilidad de que comenzara por sí sola, una de las explicaciones más inusuales de todas es la conjetura de que la vida en la tierra simplemente fue un experimento alienígena o de que de alguna manera fuimos plantados aquí por extraterrestres. ¿Esto es ciencia o ciencia ficción?

¿Quién diseñó al Diseñador?

La evidencia del diseño es tan abrumadora que escépticos tales como Dawkins deben probar e ignorar o desviar esto, con el fin de evitar las evidentes implicaciones. De hecho, la afirmación central de su libro de mayor venta a escala internacional, *El espejismo de Dios*, es que, aunque el universo "parezca estar diseñado", debemos objetarlo porque no podemos responder a la pregunta "¿Quién inventó al Diseñador?".[23]

El Dr. Daniel Came de Oxford, quien también es ateo, le respondió pronunciadamente a Dawkins acerca de la doctrina central de su libro:

> Dawkins sostiene que no estamos justificados de deducir a un diseñador como la mejor explicación de la aparición del diseño del universo, porque entonces surge un nuevo problema: ¿Quién diseñó al diseñador? Este argumento es tan viejo como los montes y, como cualquier razonablemente competente estudiante de licenciatura podría señalar, es evidentemente inválido. Para que una explicación sea exitosa no necesitamos una explicación de la explicación. Uno también puede decir que la evolución mediante la selección natural no explica nada, porque no hace nada para explicar por qué existen organismos vivos en la Tierra en primer lugar; o que el Big Bang no logra explicar la radiación cósmica de fondo, porque el Big Bang en sí mismo es inexplicable.[24]

Como señaló el Dr. Came, decir que se tiene que tener una explicación de una explicación es una falacia lógica, ya que establece una regresión infinita. Filósofos tales como

Alvin Plantinga han lidiado brillantemente con el absoluto sinsentido de esta afirmación.

Supongamos que aterrizamos en un planeta alienígena que orbita una estrella distante y descubrimos objetos mecánicos que se parecen a un tractor Allis Chalmers de 1941, y funcionan como uno; nuestro líder dice: "Debe haber seres inteligentes en este planeta, miren esos tractores". Un alumno de filosofía de segundo año miembro de la expedición objeta: "Oye, ¡espera un minuto! ¡No has explicado nada en absoluto! ¡Cualquier vida inteligente que diseñó esos tractores debió haber sido al menos tan compleja como ellos!". Sin duda, le diríamos que un poco de aprendizaje es algo peligroso y le aconsejaríamos que abordara el siguiente cohete de vuelta a casa y se inscribiera en uno o dos cursos de filosofía más.[25]

Las refutaciones que se le dan al argumento de la complejidad son casi cómicas por su absurdez. Dawkins pronunció un argumento tal en una charla de TED.com:

El argumento creacionista común es [...] que las criaturas vivas son demasiado complejas para haber surgido por casualidad. Por lo tanto, estas debieron haber tenido un diseñador. Este argumento desde luego cava su propia fosa. Cualquier diseñador capaz de diseñar algo, algo realmente complejo, tiene que ser todavía más complejo. La complejidad es un problema que cualquier teoría de la biología tiene que resolver. Y no podemos resolverlo al postular un agente todavía más complejo; de ese modo, simplemente agravando el problema.[26]

Este es más bien un sorprendente intento de utilizar una estrategia lógica llamada la navaja de Ockham. Este es un principio que se le atribuye al fraile franciscano Guillermo de Ockham, de Inglaterra. "La afirmación más útil del principio para los científicos es, cuando se tienen dos teorías competitivas que hacen exactamente las mismas predicciones, que una es más simple que la otra".[27] De manera que los ateos se aprovechan de este concepto de simplicidad (olvidando que fue propuesto por un teísta) y excluyen a Dios como una posible explicación, porque la idea de Dios sería demasiado compleja como para ser la respuesta a por qué las cosas parecen estar diseñadas. Es como decir que una pintura no podría ser producida por un artista, porque el hecho de que un ser humano inteligente con un cerebro complejo sea el artista sería mucho más complejo que la pintura. Este tipo de argumentos son mucho más como juegos de palabras que sirven como una maniobra de distracción para desviar el diálogo de una verdaderamente simple conclusión: el diseño apunta hacia un diseñador.

¿LA EVOLUCIÓN PUEDE EXPLICARLO TODO?

Como se mencionó, la probabilidad de que una célula, un órgano o cualquiera de los millones de especies complejas que surgieron a la existencia naturalmente es tan fantásticamente pequeña que los biólogos le tienen que dar cualidades divinas a la selección natural. Ellos justifican su afirmación al argumentar que todos los cambios pueden desmenuzarse en pequeños pasos. Eso se debe a que la probabilidad de que la casualidad aleatoria explique el origen de la vida así como el fantástico desarrollo de millones de complejas especies es ridículamente pequeña. Dawkins intentó explicar:

Es tremenda, chirriante y aplastantemente obvio que si el Darwinismo fuera en realidad una teoría de la casualidad, este no podría funcionar. No necesitamos ser matemáticos ni físicos para calcular que a un ojo o a una molécula de hemoglobina les llevaría de aquí a la eternidad unirse a sí mismas por pura suerte desordenada. Lejos de ser una dificultad peculiar del darwinismo, la improbabilidad astronómica de los ojos y las rodillas, las enzimas y las coyunturas y todas las demás maravillas vivientes es precisamente el problema que *cualquier* teoría de la vida debe resolver, y que solo el darwinismo *resuelve*. Lo resuelve al desmenuzar en pequeñas partes manejables la improbabilidad, descartando la suerte necesaria, rodeando el Monte Improbable y subiendo por las moderadas pendientes, una milla cada millón de años. Solo Dios intentaría la loca tarea de saltar el precipicio de una sola vez.[28]

Pero sin inteligencia detrás del universo, ¿la sola casualidad podría encontrar tan fácilmente los caminos paso a paso que Darwin imaginó? Tal afirmación se basa casi exclusivamente en un salto masivo de fe. Más problemática aún, la evidencia de la biología molecular durante los años pasados, ha hecho todo menos refutado en muchos casos la posibilidad de tales casos.

LA COMPLEJIDAD IRREDUCIBLE

Abrí ese capítulo con una cita de Darwin: "¿Existe algún órgano complejo, o lo que es más, algún aspecto de la vida que pudo no haber evolucionado o ser producido por la selección natural?". Aquí tenemos un término que a los naturalistas les encanta odiar: *la complejidad irreducible*. Esta afirma que muchas estructuras de los organismos deben tener numerosas partes a la vez, o no funcionan. Recuerde que si algo debe considerarse como una teoría científica verdadera, esta debe ser refutable. La afirmación de que la selección natural puede explicar cada cosa viviente, no puede ser probada de acuerdo con este principio. Específicamente, el argumento de Dawkins de que la vida escala el monte improbable, se deshace completamente cuando se aplica a otros sistemas vivos. La mayoría de los órganos, de procesos biológicos y de máquinas celulares contienen múltiples piezas que son necesarias simultáneamente para funcionar de manera apropiada. Por lo tanto no pueden desarrollarse a través de un proceso paso a paso de adición o de modificación una pieza a la vez.

El flagelo bacteriano

El ejemplo más común es el flagelo bacteriano, el cual funciona como un motor fueraborda. Incluye docenas de piezas esenciales, tales como el filamento (propulsor), el rodamiento, el árbol motor, el gancho y el motor. Si una de la piezas falta, el flagelo no puede construirse. Solamente un Diseñador inteligente pudo acomodar tantas piezas tan precisamente para el propósito específico de la locomoción.[29]

Como respuesta, los biólogos niegan una vez más lo evidente al apelar a varios escenarios imposibles. Normalmente afirman que máquinas irreduciblemente complejas pudieron haber surgido a través de un proceso llamado cooptación. A saber, piezas similares de otras partes de la célula pudieron haber sido tomadas prestadas y luego unidas para formar una nueva estructura. Por ejemplo, la madera de un tope de puerta, un resorte de un reloj y un alambre para tender la ropa pudieron haber sido prestados para formar una trampa de ratón. Tales afirmaciones son comprensibles para los biólogos que no tienen experiencia en ingeniería. Sin embargo, cualquiera que haya estado involucrado en cualquier tipo de proceso de diseño inmediatamente rechazará tal afirmación.

Imagínese recibir un librero de autoensamblaje. Incluso si se tienen todas las piezas, acomodarlas al azar no provocará la unión de un librero funcional. Se necesita de herramientas e instrucciones de armado para unir las piezas en el orden correcto. De manera similar, la construcción del flagelo es dirigida por un programa de armado que construye las piezas en el orden correcto, mientras otras máquinas moleculares unen apropiadamente las diferentes piezas.[30] Por lo tanto, una célula no puede pedir prestadas piezas nuevas de algún otro lugar sin crear simultáneamente el programa de ensamblado y encontrar las herramientas necesarias para el ensamblado. Tales eventos coordinados son fantásticamente improbables.

El flagelo es lo más fácil de discutir, ya que sus piezas son identificables y estamos bastante familiarizados con el diseño de los motores fueraborda. Sin embargo, la dificultad del flagelo en evolución palidece ante, por ejemplo, la evolución del ojo.

El ojo

Ming Wang, un internacionalmente renombrado cirujano ocular, recibió su doctorado en medicina en Harvard, y su doctorado en ciencia láser en el MIT. Ha llevado a cabo más de cincuenta y cinco mil cirugías láser y posee diez patentes en su campo. Él llegó a Estados Unidos de China, y fue llevado a Cristo por un profesor de Harvard. Afirmó rotundamente: "Como doctor en medicina y científico, puedo atestiguar firmemente al hecho de que es imposible que la selección natural explique las asombrosas complejidades del ojo".[31] El ojo contiene incontables componentes que enfocan las imágenes, ajustan el brillo y procesan la información para crear una imagen en la mente. Además, el sistema visual está coordinado con locomoción y equilibrio. Tal sistema claramente requiere de que numerosas partes funcionen juntas apropiadamente para que puedan utilizarse.

Los darwinistas han respondido a este desafío al presentar una vaga historia acerca de cómo es que el ojo pudo haberse desarrollado a través de una serie de etapas. Sin embargo, su descripción se asemeja a la descripción de Calvin de la tira cómica de *Calvin y Hobbes* que se imagina que una caja se vuelve un avión.[32] Calvin imaginaría tal caso, ya que un chico de seis años no tiene conocimiento de ingeniería ni de aerodinámica. De manera similar, los evolucionistas pueden presentar tales historias solo al ignorar virtualmente todos los detalles relevantes.

El Dios de los huecos

Tales historias fantásticas se justifican con la afirmación de que cualquier teoría es mejor que buscar a Dios como explicación. Los escépticos afirman que tal recurso es darse por vencido de la ciencia y recurrir al "Dios de los huecos" en áreas donde podemos ignorar ciertos detalles, los cuales pueden ser explicados en el futuro. Utilizar tal lenguaje es parte de las tácticas divisorias de gente que está desesperada por encontrar una posible alternativa de Dios. El argumento dicta como sigue: "Sí, hay muchas cosas que no sabemos como científicos, pero es perezoso y cobarde simplemente atribuirle algo que no comprendemos a la 'obra de Dios'". Hugh Ross lo explicó de esta manera:

Generalmente, cuando los cristianos presentan este grado de evidencia científica de Dios y de la Biblia, los no teístas intentarán ignorar la evidencia al declarar que tales cristianos están cometiendo la falacia del Dios de los huecos. Los huecos de nuestra comprensión del registro de la naturaleza, señalan estos no teístas, son continuamente llenados por los descubrimientos avanzados de la ciencia. El llenar esos huecos, aseguran, establece que Dios no es necesario para explicar el registro de la naturaleza.

Desde una perspectiva cristiana, el registro de la naturaleza lleva el testimonio de los procesos naturales y de la milagrosa obra de Dios. Nuestra comprensión de ambos debe incrementar a medida que aprendemos más acerca del registro de la naturaleza. La verdadera diferencia entre los no teístas y los teístas cristianos es que los no teístas predicen que *todos* los fenómenos manifestados en el registro de la naturaleza pueden ser atribuidos a causas estrictamente naturales, mientras que los cristianos teístas sostienen que habrá *algunos* fenómenos que solo pueden ser atribuidos a la intervención divina.[33]

En primer lugar, lo que los naturalistas pasan por alto son los enormes y crecientes huecos de la perspectiva naturalista. Por ejemplo, la ciencia promueve que a los cosmólogos se les complica cada vez más explicar por qué tantas características de la naturaleza fueron creadas con nosotros en mente. Además, entre mejor son comprendidas las complejidades celulares, un origen naturalista parece cada vez menos probable.

Más importante aún, la identificación del diseño no se basa en lo que no sabemos acerca de la ciencia, sino en lo que sabemos acerca de las señales de inteligencia. El matemático Bill Dembski ha desarrollado un sistema para detectar el diseño, el cual ha sido probado como confiable en diversos campos tales como en la ciencia forense y en la investigación de la vida extraterrestre.[34] La detección del proceso involucra identificar patrones que satisfagan tres criterios:

1. No pudieron haber sido producidos por causas naturales (tales como los cristales de hielo).
2. Son altamente improbables.
3. Contienen una complejidad especificada.

Cuando estos criterios se aplican a la célula, particularmente a la información contenida en el ADN, la conclusión del diseño se vuelve aparente. El término *complejidad especificada* simplemente se refiere a los patrones que contienen algún tipo de patrón identificable, tales como los rostros del Monte Rushmore. Aplicar estos criterios a la vida, tales como la información de la célula, claramente muestra que la vida debe ser producto de la inteligencia.

Además, no es perezoso atribuirle una obra de arte a un pintor que nunca hemos conocido o el ingenio de algún aparato tecnológico que hemos comprado al trabajo de un inventor. Además, solo porque veamos las marcas del diseño en algo, no significa que dejemos de intentar comprender cómo funciona. Un ejemplo muy simple es que cada aparato de nuestra casa fue diseñado por alguien que nunca conocimos. Cuando compramos estos aparatos y los llevamos a casa, nuestra pasión fue leer y comprender cómo funcionaban. Hasta este día intentamos recoger todo el potencial que el diseñador o el inventor colocaron en ellos.

Creer que Dios diseñó la vida nos provoca buscar

comprender cómo lo hizo, no a apagar nuestra mente perezosamente. De igual manera, reconocer a un Creador detrás de nuestro universo no nos detiene de comprender cómo se desarrolló la creación. Cuando la evidencia de un Creador inteligente sea sobrecogedora, debemos escuchar el consejo de todos desde Platón hasta Lawrence Krauss y seguir la evidencia adonde esta lleve. Reconocer a nuestro Creador no obstaculizaría la ciencia, sino la liberaría de las cadenas del dogma naturalista. Los científicos entonces podrían hacer nuevas preguntas y diseñar nuevos estudios que solamente enriquecerían nuestra comprensión de la naturaleza.

El argumento de la imperfección

Un último ataque al diseño es el argumento de la imperfección. Los escépticos a menudo señalan aparentes ejemplos de diseño pobre en la naturaleza. Un ejemplo clásico es el "ADN basura", las cuales son regiones del ADN sin un propósito aparente. Sin embargo, el argumento de la imperfección se ha debilitado cada vez más con el tiempo. A medida que avanza la ciencia, la mayoría de ejemplos de lo que originalmente parecía ser un diseño pobre o incluso remanentes inútiles de algún ancestro (p. ej., el apéndice), más tarde se mostró que estaban muy bien realizados y que tienen propósitos claros. Por ejemplo, se ha mostrado que es probable que crecientes cantidades de ADN basura lleven a cabo funciones útiles. Cuando los escépticos recurren a la imperfección, ellos están haciendo un argumento de la "imperfección de los huecos" basados en la ignorancia, no en la evidencia.

La gran ironía es que se le da todo el crédito a la selección natural por producir asombrosas estructuras de vida con todas su variedades, pero cualquier avería o falla de un sistema se ve como la evidencia de la ausencia de un Diseñador. Sin embargo, tales ejemplos, aunque sean genuinos, no desafían la noción del diseño más que el óxido en un coche indica que todo el coche fue producto de fuerzas ciegas de la naturaleza. Un coche puede estar diseñado y construido por la inteligencia, pero una multitud de factores pueden llevar a su descompostura o mal funcionamiento. Esta falla debida al error humano o al impacto ambiental no comprueba que no es un producto de la inteligencia.

Hablando de huecos: ¿qué dicen los fósiles?

La noción de que los fósiles registran la historia del desarrollo evolutivo se exagera sumamente. La falta de formas de transición, es decir, una especie que se vuelve otra, es tan evidente que llevó a Stephen Jay Gould, un paleontólogo de Harvard, a proponer la teoría del *equilibrio puntuado*. Esta teoría afirma que la especie permanece básicamente igual todo el tiempo, y luego se transforma tan rápidamente que no queda evidencia en el registro de fósiles. Sin embargo, este patrón en los fósiles en que no hay cambio y luego la aparición de otras criaturas nuevas y radicalmente diferentes es exactamente lo que uno esperaría desde un punto de vista de diseño.

Por ejemplo, uno de los tipos más antiguos de roca pertenece al cámbrico. De acuerdo con la teoría evolutiva, las rocas más antiguas contienen organismos simples. Luego al desarrollarse la vida, las rocas más jóvenes deben registrar que la vida se diversifica y se vuelve más compleja. En cambio, tenemos lo que se llama *explosión cámbrica*. La vida compleja simplemente aparece. De hecho, aparece de repente, y luego las especies identificadas, nunca cambian significativamente. La portada de *Time* pregonó: "El Big Bang de la evolución: nuevos descubrimientos muestran que la vida como la conocemos comenzó en un asombroso frenesí biológico que cambió al planeta casi de un día para otro". La historia de que la vida evoluciona lentamente a partir de organismos simples a complejos, no parece estar confirmada en el registro fósil. El artículo principal explicaba: "En un estallido de creatividad como nunca antes, ni visto desde entonces, la naturaleza parece haber esbozado el proyecto de virtualmente todo el reino animal. Esta explosión de diversidad biológica es descrita por los científicos como la biología del Big Bang".[35] *Time* continuó describiendo el hecho de que el desarrollo de la vida no siga el guión darwiniano.

De hecho, aunque la mayoría de las personas se asgan de la noción de que la evolución lleva a cabo su magia durante millones de años, los científicos se están dando cuenta de que el cambio biológico ocurre en vaivenes repentinos [...] En todo el mundo [...] los científicos han encontrado restos mineralizados de organismos que representan el surgimiento de casi cada rama importante del árbol zoológico.[36]

Darwin mismo quedó colgando con la realidad de la explosión cámbrica. Simplemente asumió que las formas de transición faltantes, o los eslabones faltantes, se encontrarían. "Estas dificultades y objeciones pudieron haberse clasificado bajo los siguientes encabezados: En primer lugar, ¿por qué, si las especies descendieron de otras especies por medio de gradaciones finas, nosotros no vemos innumerables formas de transición en todos lados? ¿Por qué toda la naturaleza no está en confusión, en lugar de que las especies estén, como las vemos, bien definidas?".[37] La explosión cámbrica no es única. Nuevas formas de vida normalmente aparecen de repente en el registro fósil y luego no cambian significativamente. Sin embargo, el cámbrico es más dramático. Lo que indica es que la vida cambió drásticamente en un instante geológico. Esto proporciona evidencia adicional de que Dios interviene en el desarrollo de la vida a través de la historia de la Tierra. Recuerde que la explicación de Darwin era que los cambios sucedían tan gradualmente que deberíamos ver series de fósiles que varían solo un poco uno del otro. Él pensó que todavía no había habido suficiente búsqueda, que se necesitaba más tiempo. Luego de casi 150 años de excavación, los eslabones de transición continúan siendo imprecisos, menos en las interpretaciones teóricas de los artistas en los libros de biología. "Lo que Darwin describió en *El origen de las especies* —observa el paleontólogo, G. M. Narbonne, de la Queen's University—era el tipo de evolución de antecedentes firmes. Pero también parece ser un tipo no-darwiniano de evolución que funciona en periodos extremadamente cortos de tiempo, y ahí es donde se encuentra toda la acción".[38]

Cuando se confrontan las implicaciones de tal evidencia, los evolucionistas a menudo responden afirmando que se han identificado algunas especies "de transición". Sin embargo, lo que ellos llaman transiciones, en realidad no son especies que yazcan en una línea directa de ascendencia entre dos especies identificadas. Son simplemente fósiles que comparten las características de dos grupos, así como un horno tostador comparte las características de un tostador y un horno. Sin embargo, las drásticas similitudes entre especies no relacionadas son extremadamente comunes, tales como las similitudes entre los ojos del pulpo y los ojos humanos. Por lo tanto, simplemente identificar las similitudes entre los fósiles, no comprueba que esas similitudes sean el resultado de un ancestro común. Donde [el registro fósil] está casi completo, el patrón de la aparición repentina y luego la ausencia de cambio es abrumador.[39]

RESUMEN

La sobrecogedora evidencia del diseño se ve en la complejidad de la vida en el más pequeño nivel. La vida parece no estar solamente diseñada, sino indudablemente construida en la escala más pequeña. La probabilidad de que esto haya sucedido por casualidad es tan ridículamente pequeña que los ateos tienen que proponer un número infinito de universos para explicarlo. En otras palabras, podemos ganar la lotería cósmica si tenemos un número infinito de oportunidades.

Además, la evolución darwiniana no logra explicar toda la diversidad y la complejidad de la vida. Aunque se observe la evolución a pequeña escala, esta no logra justificar toda la diversidad presente en el mundo. El hecho de que ciertas funciones de la vida sean irreduciblemente complejas, es decir, que no puedan funcionar sin que todas las partes estén presentes a la vez, señala a la presencia de un Diseñador inteligente. Los modelos naturalistas del origen de la vida han sido refutados por dos avances recientes. Uno es el descubrimiento de que la vida se originó en un instante geológico del tiempo. El otro es que el origen de la vida sucedió sin el beneficio de una fuente natural prebiótica de moléculas.

Finalmente, la vida aparece repentinamente en el registro

fósil (la explosión cámbrica) y luego cambia solo un poco. La narrativa evolutiva simplemente no está presente. Estos huecos señalan al hecho de que la vida en sus formas principales fue diseñada con la capacidad genética de ajustarse y adaptarse al ambiente cambiante, pero tiene límites en cuanto a la capacidad de cambiar a un género diferente. Esto lleva a la verdad definitiva de que la vida no es una casualidad. Debido a que la vida no es casualidad, la vida humana puede tener un verdadero significado y propósito.

6

LA VIDA TIENE SIGNIFICADO Y PROPÓSITO

Ahora sabemos que somos más insignificantes de lo que jamás imaginamos. Si nos deshacemos de todo lo que vemos, el universo permanece esencialmente igual. Constituimos una polución del 1% en un universo... somos completamente irrelevantes.

—Lawrence Krauss[1]

En consecuencia, el ateísmo resulta ser demasiado simple. Si todo el universo carece de significado, jamás nos habríamos dado cuenta que carece de significado.

—C. S. Lewis, *Mero cristianismo*[2]

EL ASTRÓNOMO CARL SAGAN FUE UN ESCRITOR prolífico y administrador del SETI Institute (Búsqueda de Vida Extraterrestre, por sus siglas en inglés), fundado en 1984 para analizar el universo y encontrar cualquier señal de vida fuera de la Tierra. El libro de mayor venta de Sagan, *Cosmos*, también se convirtió en una serie televisiva ganadora de premios, que explicaba las maravillas del universo y exportaba la creencia no en un Creador inteligente, sino en potenciales alienígenas inteligentes. Él creía de alguna manera que al saber quiénes son podríamos descubrir quiénes somos en realidad como humanos. "Pensar que hay otros seres diferentes a todos nosotros puede tener un muy útil papel coherente con la especie humana".[3] ¿El razonamiento de Sagan? Si los extraterrestres pudieron haber hecho contacto con nosotros, sabiendo cuán imposible nos es alcanzarlos, ellos podían ser mucho más avanzados que nosotros como especie. Por lo tanto, ellos tendrían las respuestas que nosotros buscamos a nuestras mayores preguntas. Este proceso de pensamiento muestra lo desesperados que tenemos que estar como humanos para buscar respuestas para las mayores preguntas de nuestra existencia. ¿La vida tiene algún significado y propósito supremos? ¿Nosotros como humanos tenemos más valor que los otros animales? ¿Hay un propósito para el universo, o más específicamente, para nuestra vida individual? Estas son preguntas que enganchan nuestra mente e irritan potencialmente nuestra alma.

El orden de la creación que hemos estudiado en capítulos anteriores dice a gritos que todo fue planeado por un Diseñador inteligente. Eso no es solamente con las estrellas, las galaxias y los pequeñísimos organismos, sino en especial para los humanos. Debido a que Dios existe, nosotros podemos saber que fuimos hechos a propósito, con un propósito. Sin embargo, cuando la realidad se oscurece, las consecuencias son devastadoras.

William Lane Craig, un filósofo y teólogo estadounidense, quien ha hecho un enorme impacto sobre millones de personas a través de su vigorosa defensa de la fe cristiana, ha resumido la condición del hombre separado de Dios: "Mi declaración es que si no hay Dios, entonces el significado, el valor y el propósito finalmente son ilusiones humanas. Solo están en nuestra cabeza. Si el ateísmo es verdadero, entonces la vida no tiene en realidad significado, valor ni propósito objetivos, a pesar de nuestras creencias subjetivas de lo contrario".[4]

Viktor Frankl fue encarcelado en un campo nazi de concentración durante la Segunda Guerra Mundial. Ahí, experimentó los horrores de los campos de muerte y la desesperación emocional que viene de ver a los amigos, familiares y personas completamente desconocidas ser ejecutadas por su raza. Él atestiguó de primera mano lo que sucede cuando le arrebatan a un ser humano la dignidad y la libertad, y es sujeto a tormento y tortura, de los cuales no hay un alivio probable. En medio de estos horrendos males, Frankl comenzó a darse cuenta de que la suprema necesidad del hombre es encontrar el significado de su vida. "Su experiencia en Auschwitz fue terrible, y reforzó las que ya eran sus ideas clave: la vida no es primordialmente una búsqueda de placer como creía Freud, ni una búsqueda de poder, como enseñó Alfred Adler; sino una búsqueda de significado. La tarea más grande de una persona es encontrar significado en su vida".[5]

En su libro, *El hombre en busca de sentido*, Frankl describió cómo pudieron sobrevivir aquellos que estaban cautivos y se asieron de algún sentido de significado en medio de la locura. Quienes perdieron ese significado morirían inevitablemente. Él citó a Nietzsche: "Aquel que tiene un por qué para vivir puede soportar casi cualquier cómo".[6]

El mundo occidental está sufriendo el contragolpe del sin sentido del ateísmo y la incredulidad. El suicidio está incrementando. El abuso de drogas, especialmente la versión respetable del abuso de las drogas prescritas, está ahogando la vida de una generación que se está automedicando desesperadamente, con la esperanza de no ahogarse en el mar del dolor emocional. Esto no es de sorprenderse. Cuando le

DIOS NO ESTÁ MUERTO

dicen a la gente que Dios no existe, que solo son animales que han evolucionado de formas más bajas y son producto de la casualidad, se les ofrece poca esperanza de extraer de esa filosofía cualquier tipo de significado. El ateo niega rápidamente que el ateísmo lleva a un sin sentido, pero este no puede conducir a otro lado. Nietzsche estaría de acuerdo: "Vivir la vida ya no tiene ningún significado: este es ahora el 'significado' de la vida...".[7] Esta desesperación permeó el mundo comunista durante décadas. El intento de erradicar a Dios de la mente y el alma de las naciones solo produjo un mayor vacío y una mayor hambre de la verdad espiritual.

En la China comunista, los misioneros occidentales fueron expulsados en la década de 1959, y el dirigente Mao reemplazó la Biblia con *El pequeño libro rojo*. En lugar de que el cristianismo desapareciera como él había intentado, este explotó. Millones de personas adoraban en secreto y le extendieron la Palabra a otros, arriesgándose al encarcelamiento e incluso a la muerte. Hoy, la Iglesia china es más fuerte que nunca. Debido a que seguir a Cristo es muy difícil en ese ambiente, los creyentes están más decididos a serle fieles al Señor. Yo he trabajado en China y he visto la felicidad y la paz que poseen estos creyentes. Piénselo: si la felicidad proviniera de las cosas materiales, los estadounidenses y los occidentales serían las personas más felices del planeta. En cambio, nuestra alma anhela algo más que la mera existencia material. Estamos desesperados por relaciones, por significado y por una verdadera razón para vivir.

En *The God Test* [La prueba de Dios], un libro pequeño de preguntas que sirve para promover el diálogo entre creyentes y no creyentes, la pregunta que se les hace a los ateos y los agnósticos es: ¿Tiene la vida un significado y un propósito supremos?[8] Las respuestas a esta pregunta son reveladoras. Las personas promedio que afirman ser ateos o agnósticos rápidamente dicen que sí. Citan su preocupación por la educación y por los derechos humanos, así como la búsqueda del conocimiento del mundo en que vivimos. Pero eso no es el significado y el propósito supremos. Están citando sus propias búsquedas subjetivas, las cuales definitivamente no tienen ninguna importancia suprema en sí. Las preguntas más importantes son fáciles de ignorar al simplemente mantenernos ocupados y distraer nuestra mente, pero tarde o temprano una persona reflexiva no puede evitarlas. ¿Existe un plan o un diseño supremo del mundo, o simplemente somos "lodo con suerte"? Si hay un plan, ¿entonces de dónde vino ese propósito?

LA DESESPERACIÓN DEL ATEÍSMO

Como lo mencionamos en el capítulo 3, traducir la evolución darwiniana en una filosofía de vida sería peligroso, de acuerdo con Darwin mismo. Richard Dawkins es el primero en decir que deberíamos aceptar la verdad de nuestra situación sin importar cuán buena o mala sea: "La naturaleza no es cruel, solo despiadadamente indiferente. Esta es una de las lecciones más difíciles que deben de aprender los humanos. No podemos admitir que las cosas deben ser buenas ni malas, crueles ni amables; sino simplemente despiadadas —indiferentes a todo sufrimiento, con falta de propósito—".[9] Bertrand Russell dijo que no tenemos opción más que de construir nuestra propia vida "en el fundamento firme de la inflexible desesperación".[10] Se supone que debe ser un mundo de hechos fríos y duros, y de una verdad despiadada. Eso se debe a que al universo no le importa.

Sin Dios, el significado supremo es una ilusión. El existencialista francés, Jean-Paul Sartre, resumió las implicaciones filosóficas de la realidad sin Dios, diciendo que es solamente "un sueño vago de lo posible [...] que se poncha como una burbuja".[11] Él creía que si la vida no tiene un verdadero significado, entonces nosotros debemos enfrentar la pura esterilidad de nuestra existencia y darnos cuenta de que toda esta discusión sobre el significado y el propósito es absurda. El hecho de que debamos sentirnos atraídos a continuar con esta máscara como si lo que los humanos hacemos realmente importara, es uno de los chistes cósmicos más crueles.

La búsqueda del hombre por significado da un giro trágico sin la creencia en Dios, dejando al hombre con una filosofía existencial de desesperación. En otras palabras, ¿cómo es que procesos aleatorios carentes de significado pudieron producir criaturas conscientes y racionales que están conscientes del significado y el propósito?

UNA EXISTENCIA CON PROPÓSITO

No es de sorprenderse que el libro de mayor venta de nuestros tiempos, luego de la Biblia, sea *Una vida con propósito* de Rick Warren. Con 60 millones vendidos, y contando, también ha sido traducido a más de 130 idiomas, lo cual lo hace uno de los libros más traducidos.[12] Sin importar la cultura o la nación, los humanos anhelan un sentido sólido de propósito y significado en su vida. Existe algo en lo profundo de la psiquis humana, un anhelo por significado, un deseo de creer que hay algo más en la vida que simplemente la supervivencia física. No obstante, todo lo que ofrecen los naturalistas es la deprimente noticia de un universo sin sentido y sin un propósito supremo. Esta postura es expresada por Lawrence Krauss: "El propósito es lo que es, nos guste o no. La existencia o la inexistencia de un creador es independiente de nuestros deseos. Un mundo sin Dios ni propósito puede parecer duro y sin sentido, pero no porque lo sea requiere que Dios exista de verdad".[13]

Krauss y sus camaradas se erizan con la noción de que los ateos no creen que haya algo como significado y propósito. Ellos entretienen a sus audiencias con la pasión abrumadora de la búsqueda de conocimiento y verdad que vienen de una vida dedicada a la ciencia, mientras aseguran que no necesitan a Dios para creer en el propósito y el significado. Pero sinceramente, ellos solo pueden decir que la selección natural nos ha dado este rasgo en nuestra genética que nos ayuda a sobrevivir. De manera que algo tan maravilloso, tan indispensable para la vida, tan vital para nuestra salud mental y emocional, fue solamente producto de un pasado sin sentido, sin significado y sin propósito. Dudo que a cualquiera de esos hombres se les pida dar un discurso inspirador antes de un juego del Súper Tazón o de la final de la Copa Mundial.

Pero, ¿cómo es que esas fuerzas ciegas e impersonales pudieron producir criaturas profundamente curiosas acerca del significado de la vida? Recuerde, la ciencia misma surgió de la perspectiva cristiana de que el mundo era racionalmente comprensible y que podía ser investigado y comprendido, porque Dios existía.

¿Recuerda los cuentos de hadas en que la bruja malvada tiene una olla hirviendo con alguna poción mágica que podría producir cualquier efecto imaginado? De la olla hirviente podían salir incluso monstruos o gente. El naturalista cree que con suficiente tiempo, todo ser viviente puede salir de una olla hirviendo similar de químicos, pero es absurdo pensar que el amor, la belleza, la moralidad y el significado podrían desarrollarse de esa manera (a menos que sea Billy

Crystal en *La princesa prometida*). Pero eso es exactamente lo que tiene que creer el ateo. Como lo señaló David Robertson en sus cartas a Richard Dawkins acerca de *El espejismo de Dios:*

> Primero que nada, la aseveración de que de toda su presuposición y aseveración/supuesto de que todo es químico o el resultado de una reacción química es improbable. En segundo lugar, no es una aseveración que encaje con los datos observables a nuestro alrededor. De hecho, se requiere de bastante súplica antes de que podamos llegar sinceramente a la posición de que la religión solo es una reacción química, que la belleza es una reacción química, al igual que la maldad y el sentido de Dios. Además, las consecuencias lógicas de tal creencia son desastrosas. Terminamos con el absurdo del hombre como Dios—la reacción química con la mayor evolución—.[14]

¿El hombre es simplemente una reacción química con la mayor evolución? ¿Los sentimientos de amor, lealtad y devoción son lo mismo? El ateísmo reduce toda la vida a un proceso natural.

LA CASA DE DOS PISOS

Pero esto nos deja en un lugar trágico como humanidad cuando intentamos desesperadamente aseverar significado donde no lo hay. Francis Schaeffer explicó este predicamento al describir una casa de dos pisos en la que vive un hombre moderno. En la planta baja vive en un mundo solamente conducido por la razón humana y las fuerzas naturales en las que Dios no existe. Pero no puede vivir ahí constantemente, de manera que da un salto de fe al segundo piso, donde hay significado y propósito, pero no tiene una base racional para su salto. El existencialismo, como diría Schaeffer, es como una clavija "colgada en el aire".[15]

Esta es la crisis que nos produce la incredulidad. La vida es absurda sin un significado, de manera que el ateo simplemente asevera que en verdad no tiene significado. ¿Pero cuál es la base? Greg Graffin, de la banda Bad Religion, articula esta posición defectuosa: "Sin embargo, la gente comete un gran error si concluye a partir de la anarquía del mundo físico que la vida no tiene significado. Yo extraigo la conclusión contraria. La falta de propósito del mundo natural enfatiza el tremendo significado inherente en el mundo humano".[16] Por lo tanto, en la perspectiva atea:

- La vida surgió de donde no había vida.
- El significado surgió de donde no había significado.

Este salto de fe es un óptimo ejemplo del fenómeno *la voluntad para poder*, de Nietzsche. Él enseñó que aunque la vida carece de significado, el *superhombre* simplemente asevera su propio significado al ejercer su propia voluntad de empujar contra la oscuridad de la desesperación. El superhombre representaba el siguiente nivel de la evolución humana. De manera trágica, esta es la filosofía de los nazis, quienes actuaron con esta idea equivocada a la máxima extensión. Las ideas sí tienen consecuencias.

El punto crítico es que los humanos no pueden vivir sin significado y propósito. Aunque podamos aseverar que Dios no existe, no podemos hacer lo mismo en lo concerniente a los valores, el significado y el propósito. En esencia, Dios es el fundamento, y el significado, el propósito y los valores son los ladrillos colocados sobre ese fundamento. Y ninguna casa se mantiene sin fundamento.

Debido a que Dios existe, la vida tiene significado y propósito. El razonamiento lógico sería el siguiente:

1. Si Dios no existe, la vida no tiene significado ni propósito supremos.
2. La vida tiene significado y propósito supremos.
3. Por lo tanto Dios existe.

La existencia del significado y el propósito es una de las muchas maneras de ver claramente que Dios existe. Sin embargo, podemos saber que Dios existe y perder de vista la realidad de que Él nos ha creado con un propósito, y terminar igualmente desesperados. De ahí la suprema importancia de tener una relación con nuestro Creador y no solo el conocimiento de que Él es real.

El año pasado presidí el funeral de un hombre rico que se suicidó. Su casa era una de las más espectaculares que he visto. El hombre lo tenía todo, excepto la paz y el verdadero propósito. Su familia dio testimonio de la vida vertiginosa de viajes en todo el mundo y experiencias que tenían que haber producido felicidad, pero que no lo hicieron. Aunque él creía en Dios, perdió de vista la luz de su esperanza, se aterró en la oscuridad y se suicidó.

Cuando basamos nuestro propósito y significado en la vida, funciona hasta que las cosas en las que estamos confiando y apoyándonos se vencen y colapsan. La razón por la que no debemos tener otros dioses antes del Dios verdadero es porque cualquier cosa en la que nos apoyemos, nos defraudará. Su deseo es nuestro bien, no nuestra destrucción. Como John Lennox le dijo a Richard Dawkins: "Los dioses hechos por los hombres son una delusión".[17]

Dios lo hizo con un propósito. Está entretejido en lo

profundo de su genética, así como de cada molécula viviente. Como Dios le dijo al profeta Jeremías:

Antes que te formase en el vientre te conocí, y antes que nacieses te santifiqué, te di por profeta a las naciones (Jeremías 1:5).

El Dios infinito que conoce las estrellas por nombre (Salmos 147:4), lo conoce a usted y desea tener una relación con usted. El sentimiento aplastante de la insignificancia puede ser quitado de usted si busca a Dios para obtener las respuestas de las preguntas que la ciencia solo puede tener un indicio. Cuando realmente creemos que Dios existe, nuestra perspectiva de nosotros mismos debe cambiar drásticamente. La vida tiene verdadero propósito y significado—especialmente la suya—. Debido a que en todo el universo hay propósito y significado, creer que usted fue hecho con un propósito también, *no* resulta ser un paso ciego de fe. Usted podría decir que tanto los ateos como los teístas dan pasos inductivos. La evidencia abrumadora indica que usted tiene que dar el paso hacia Dios en lugar de darlo hacia la oscuridad del escepticismo. Fuimos diseñados para recibir amor perfecto de nuestro Creador, para adorar su belleza y maravilla, y servir como sus agentes eternamente para administrar la creación. Solamente el perfecto amor y un propósito eterno llenarán el anhelo de nuestro corazón.

El hombre no es un animal más

Por encima de las implicaciones filosóficas y éticas que rodean la existencia de Dios, se encuentra la creencia de parte de los naturalistas de que el hombre es simplemente un animal más, meramente un producto de la selección natural. Esta imagen se ha comercializado y producido de los pasillos del Smithsonian a los libros de texto de las preparatorias. Esta campaña ha sido tan meticulosa que la creencia de que el hombre solo es un primate altamente evolucionado se ha convertido en un hecho social. "La gente en la actualidad está intentando asirse de la dignidad del hombre, y no saben cómo hacerlo, porque han perdido la verdad de que el hombre está hecho a la imagen de Dios".[18]

¿Pero la macroevolución humana es verdad? Si el hombre no fue creado separadamente de los animales y solo es un bicho raro evolucionado de la naturaleza, ¿entonces cómo podemos considerarnos especiales? ¿Existirá algún significado trascendental de nuestra condición humana además de que somos meras rarezas biológicas? "Se debe a que el hombre está hecho a la imagen de Dios, como Schaeffer enfatizó constantemente, lo que explicó su anhelo de significado, y esto es básico para la condición humana, incluso para la condición posmoderna".[19] Este es el centro del debate. Los escépticos admitirán que los creyentes tienen un argumento intelectual para la existencia de Dios basado en cosas como el ajuste fino del universo o la inexplicable existencia de la información secuenciada del ADN, pero aquí es donde se atrincheran: la evolución humana.

El salmista preguntó: "¿Qué es el hombre?" (8:4). ¿Hay algo especial en nosotros? ¿El hombre es solo otro animal? En la búsqueda por significado llegamos a la mera esencia de descubrir si hay un significado trascendente en nuestra vida. Por la insistencia de mi esposa, Jody, envié mi muestra de saliva a *23 and Me* para que analizaran mi ADN. Los resultados revelaron que otras ochocientas personas tenían perfiles genéticos similares y que en realidad eran primos lejanos que yo no sabía que tenía. Más interesante aún, sin embargo, fue la categoría que mostraba si yo descendía del linaje neandertal o no. Había una pequeña ilustración artística del hombre neandertal (desde luego, sin ropa) que era igual a las imágenes que he visto incontables veces en libros de biología y en los comerciales de una aseguradora. Había muy poca conexión en mi ADN con los neandertales. Al pensar en retrospectiva en mi árbol genealógico, intenté imaginar a los familiares que yo sospechaba que eran un poco extraños, pero eso no ayudó. Se dice que los neandertales se extinguieron hace treinta y cinco mil años, ¿no obstante su ADN continúa viviendo en muchos de nosotros?

Hablamos de esto en el capítulo anterior cuando resalté el milagro del origen de la vida, así como del origen de las especies. La explosión cámbrica se refiere a una repentina aparición de la vida compleja en el registro fósil seguida de un mínimo cambio entre cada especie. Con respecto a la presentación de la evolución humana, los naturalistas hacen un gran esfuerzo por dar una presentación detallada de humanos y simios con un ancestro común. Ellos nos corrigen rápidamente si decimos que los humanos descendemos directamente de los simios y no logramos mencionar al ancestro común hipotético; pero la noción de que el hombre desciende de formas vivientes más bajas, sí, de los primates, continúa siendo su creencia.

Los humanos no evolucionamos de formas de vida más bajas. No puedo decirlo más clara y directamente. Hay personas brillantes, mucho más inteligentes que yo, quienes creen que Dios utilizó el gran engaño de la evolución darwiniana para producir toda la vida, incluso a la humanidad. Estas personas son sinceras y no cuestionaría su fe en Dios. Yo creo, sin embargo, que la evidencia del registro fósil (así como de otras distinciones de las que hemos hablado) indican que la humanidad fue creada varón y hembra, y que aunque los humanos se hayan desarrollado y adaptado, siempre seremos humanos. El naturalista supone que los fósiles que están vinculados al hombre son nuestros ancestros, no por la evidencia directa observable. Cualquier similitud con esos fósiles o con los códigos genéticos entre los chimpancés y los humanos, se le pueden atribuir a un Diseñador común, no a una ascendencia común.

Me estoy deteniendo en este asunto, porque en el centro de la evolución darwinista se encuentra el principio de que el hombre es simplemente otro animal, no más intrínsecamente valioso que cualquier otra forma de vida. La única distinción real es nuestro lugar avanzado de evolución, debido meramente a los antojos de la selección natural. Si no hay Dios, y, por lo tanto, no hay un plan supremo, entonces en el mejor de los casos somos bichos raros de la naturaleza. Como afirmó el legendario paleontólogo de Harvard, Stephen Jay Gould: "Además, lo más importante es que los caminos que han conducido a nuestra evolución son extraños, improbables, irrepetibles y completamente impredecibles. La evolución humana no es aleatoria, es lógica y puede ser explicada luego del hecho. Pero si enrollamos la cinta de la grabación hasta el principio del tiempo y dejamos que corra otra vez, nunca obtendremos humanos una segunda vez".[20]

Christopher Hitchens abordaba a sus audiencias como "mis colegas primates".[21] Richard Dawkins afirma ser un "simio africano",[22] y que todos los demás también somos simios africanos. Recuerde que si la evolución darwiniana es en realidad la historia verdadera de nuestro origen y no fuimos diseñados ni planeados como algo especial, entonces también debemos deshacernos de cualquier noción de tener un lugar especial en el universo. Nuestra sensación de importancia y de distinción es solo una ilusión. Además, nuestra muerte no es más trágica que la de otro animal. Cuán arrogante es que pensemos que nuestro destino es diferente después de la muerte que la de otra vaca o un cerdo.

La evolución humana: Un asunto de interpretación

La razón principal para creer que los humanos no son distintos de los animales es que la teoría de la evolución dice que evolucionamos de un ancestro común de primates modernos millones de años atrás. Esta afirmación ha sido apoyada históricamente por imágenes que muestran varias etapas de un mono que gradualmente evoluciona para convertirse en humano. Sin embargo, estas imágenes son bastante confusas. Los paleontólogos han encontrado varios fósiles que comparten diferentes características con los humanos. Pero las interpretaciones de estos especimenes se apoyan más en la imaginación de los evolucionistas que en la evidencia dura. Como observó el biólogo Jonathan Wells:

> De acuerdo con la paleontóloga Misia Landau, las teorías de los orígenes humanos "exceden por mucho lo que puede inferirse solo del estudio de los fósiles, y de hecho coloca un gran peso sobre la interpretación del registro fósil—un peso que se aligera al colocar los fósiles en estructuras narrativas preexistentes—". En 1996, el curador del American Museum of Natural History, Ian Tattersall, reconoció que "en la paleontología, es probable que los patrones que recibimos resulten de nuestras mentalidades inconscientes que de la evidencia misma".[23]

Como lo mencioné en el capítulo 5, las nuevas especies normalmente aparecen de repente en el registro fósil con huecos masivos que las separa de sus ancestros cercanos teóricos. Los fósiles conectados con la evolución humana siguen este mismo patrón. Son bastante simiescos o de forma humana, y la transición entre los dos grupos se llevó a cabo de repente sin una clara progresión de formas intermedias. "Parece que nuestra propia especie en particular es producto de un evento excepcional de la especiación [cambios masivos que suceden rápidamente] cuántica".[24] Este hecho también lo afirma objetivamente Stephen Gould: "Además, todavía no tenemos una evidencia firme de ningún cambio progresivo entre las especies de homínidos".[25]

Dados los problemas con el registro fósil, los evolucionistas a menudo intentan reforzar su caso con la evidencia de nuestro ADN. Por ejemplo, a menudo citan el hecho de que el ADN del humano y del chimpancé comparten seudogenes, los cuales son genes con los mismos errores genéticos. Varios cristianos comprometidos, tal como Francis Collins, afirman que esta evidencia parece muy atractiva, de manera que argumentan que la evolución es compatible con el cristianismo.[26] Sin embargo, aunque Dios utilizara un proceso evolutivo en el desarrollo de la vida, ese proceso continuaría necesitando tener inteligencia dirigida. Por ejemplo, la reprogramación requerida para crear el cerebro humano y las diferentes características humanas, no habrían sido posibles en un corto periodo geológico por ningún proceso carente de dirección. Además se ha demostrado que los seudogenes y el ADN basura similar que comparten los humanos con otras especies tiene funciones reales, por lo que el diseño común proporciona una explicación igualmente válida de las similitudes.[27] Por lo tanto, la evidencia acumulativa de ninguna manera apoya que los seres humanos gradualmente evolucionaron de una criatura simiesca por las fuerzas ciegas de la naturaleza.

LA VIOLENCIA DEL MUNDO ANIMAL

La programación de la supervivencia del más apto del reino animal está repleta de agresión y muerte. De todas las especies que han vivido 99.9% están extintas ahora. Solo mire cualquier programa que resalte los rasgos de los animales de la selva. Los depredadores persiguen a su presa y atacan para comer y sobrevivir. Nosotros vemos con fascinación estos programas, pero sin un sentido de furia moral cuando un león atrapa a un antílope y se lo come en la cena. Podemos encogernos al ver la sangrienta escena en que un tiburón se come un atún, pero no llamamos al 911. Un león no debe sentirse mal de su naturaleza animal, ¿entonces los humanos debemos resistirnos o buscar modificar las naturalezas? ¿Cómo podríamos si solo somos animales?

Los ateos se han comprometido con la creencia de que simplemente somos otra forma animal. Nuestros instintos y comportamientos deberían, por lo tanto, ser tratados como simplemente programados y determinados por nuestro ADN. Resulta irónico que haya protestas de las filas de los escépticos cuando se señalan las implicaciones de la evolución en la filosofía y la ética. Es verdad, ¿entonces por qué pretender que no lo es? Si Dios está muerto, entonces nosotros simplemente somos otra especie sujeta a las leyes de la selección natural. Los hombres como Hitler no pudieron ser malos, porque estaban meramente actuando por sus instintos evolutivos innatos. ¿Cómo podemos juzgar a alguien duramente por actuar de acuerdo a sus instintos e impulsos cuando eso es lo que son? Los escépticos rápidamente utilizan adjetivos tales como *cobardemente* cuando encuentran a personas que niegan las implicaciones de sus propias creencias, no obstante, Dawkins, entre otros, no logra una y otra vez hacerse responsable de las suyas. Como dijo Ravi Zacharias: "Uno de los grandes puntos ciegos de una filosofía que intenta rechazar a Dios es su negativa a mirar el hecho del monstruo que ha engendrado y hacerse responsable de ser su creador".[28] Esta filosofía tuvo un gran impacto en el siglo XIX y comprobó una vez más que los problemas del hombre no se resuelven al eliminar a Dios, sino al creer en Él y obedecerle.

El especieísmo

El humanismo fue el intento de hacer que la humanidad fuera "la medida de todas las cosas". En pocas palabras, no necesitamos a Dios, pero podríamos establecer la verdad sobre la sola base de la razón. El *especieísmo* es la elevación de una de las especies sobre otra: "El 'especieísmo' es la idea de que el ser humano es una buena razón para que los animales humanos tengan mayores derechos morales que los animales no humanos".[29] Esto es llevar los derechos animales a otro nivel nuevo, mientras se baja a los humanos a un nuevo nivel. De manera asombrosa, este tipo de lógica parece tener pase libre. Uno de los principales proponentes de esto es Peter Singer, un declarado ateo. Él definitivamente ha establecido la conexión lógica de que si el hombre es simplemente otro animal, entonces no debemos asumir que somos mejores que otro animal. Su libro *Animal Liberation* [Liberación animal] es la obra fundamental del movimiento de los derechos animales. "De manera que, debido a la preocupación por los peces y los seres humanos, debemos evitar comer peces. Ciertamente quienes continúan comiendo peces, aunque se nieguen a comer otros animales, han dado el paso más grande para alejarse del especieísmo;

pero quienes no comen ninguno han dado un paso hacia delante".[30]

Jesús amó a los animales que creó; pero de acuerdo con su lógica, al alimentar a miles con peces, Él fue un especieísta. Definitivamente los animales deben ser tratados humanitariamente, esta es la orden de la Escritura:

El justo atiende a las necesidades de su bestia, pero el malvado es de mala entraña.

—PROVERBIOS 12:10, NVI

Este pensamiento lleva a comparaciones increíbles entre los mataderos donde los animales son procesados, y las cámaras de gas de Auschwitz, un salto a la absurdez. Teóricamente, no deberíamos sentir indignación cuando los humanos actúan como animales o somos tratados como animales, pero lo sentimos. ¿Por qué? Porque en lo profundo sabemos que hay una diferencia. Es la misma razón por la que la muerte accidental de un animal en la carretera no se trata como una escena del crimen. De la misma manera, la barra de desayunos de los restaurantes de comida sureña no se trata como una celebración grotesca del asesinato en masa del cerdo.

LAS DIFERENCIAS ENTRE HUMANOS Y ANIMALES

Nosotros somos diferentes de otros animales y lo sabemos. El problema es que la evolución y el ateísmo no tienen explicación para ello.

1. PENSAR EN PENSAR

El pensamiento trascendental significa que nosotros como humanos podemos pensar en pesar. A esto se le llama *metacognición*. Fue el filósofo del siglo XVII, René Descartes, quien dijo: *"Cogito, ergo sum"*, que significa: "Pienso; luego, existo". Como resultado, nosotros podemos ponderar nuestra condición desde una posición cuasi objetiva, pensar en nosotros mismos en comparación con otros, ser conscientes de nuestras debilidades y nuestras fortalezas. Esta capacidad nos permite ser filosóficos. Además, nos permite pensar generacionalmente, para demostrar la preocupación por nuestro linaje familiar. Esta capacidad está más allá del instinto animal de cuidar a sus crías.

2. EL RECONOCIMIENTO ESTÉTICO

Nosotros apreciamos los valores estéticos de la belleza, el arte y otros conceptos tales como la grandeza y el honor. Dawkins lo admite de igual manera: "Somos tremendamente diferentes de otros animales en cuanto a que tenemos un idioma, tenemos arte, tenemos matemáticas, filosofía. Tenemos todo tipo de emociones que otros animales probablemente no tienen".[31] Ahora no tenemos ni siquiera dibujos primitivos en las cuevas animales hechos por sí mismos. Aunque puedan ser entrenados e imiten el comportamiento humano en ciertos aspectos, dista mucho de la capacidad humana que vemos en los museos de arte y en las bibliotecas.

3. EL IDIOMA

"El idioma humano parece ser un único fenómeno sin un equivalente en el mundo animal".[32] Los loros pueden imitar sonidos humanos, pero no están comunicando sus propios pensamientos e ideas acerca de su propia existencia. Si ese fuera el caso, podríamos escucharlos quejarse de su comida o debatir sobre la justicia de las jaulas de los otros loros. Los animales pueden responder a las órdenes de la voz humana, pero estos son simplemente rasgos de adaptación que son condicionados a través de la recompensa de comida por el desempeño de un acto o respuesta a una orden.

El célebre lingüista Noam Chomsky señala que los seres humanos tienen un dispositivo de adquisición del lenguaje (LAD, por sus siglas en inglés) que los animales no tienen.[33] No solamente tenemos una capacidad mental para el pensamiento adaptado, sino también tenemos centros únicos en el cerebro diseñados específicamente para la producción del lenguaje y el procesamiento del lenguaje. Además, la laringe está diseñada de manera única para crear patrones de sonido complejos requeridos para el lenguaje avanzado. Esta capacidad no se encuentra en los animales del mundo, solamente en los humanos.

4. LA CREATIVIDAD Y LA EXPLORACIÓN CIENTÍFICA

Los humanos no solamente tienen la capacidad mental para crear herramientas, sino también el sistema visual avanzado para aprender acerca del mundo externo. Tenemos manos diseñadas únicamente para tareas motoras complicadas e intricadas. Tenemos la capacidad de tomar el mundo que nos rodea y hacer cosas nuevas tales como iPhones. Como escribió Michael Denton en *Nature's Destiny* [El destino de la naturaleza]: "Además de nuestro cerebro, nuestra habilidad lingüística y nuestra altamente desarrollada capacidad visual, poseemos otra adaptación asombrosa, la herramienta de manipulación ideal: la mano humana. Ningún animal posee un órgano tan estupendamente adaptado a la exploración inteligente y la manipulación de su entorno y ambiente físicos".[34]

Una ventaja adicional es nuestra postura bípeda (que utiliza solo dos extremidades) y la capacidad de caminar erguidos. Estos rasgos nos permiten manipular herramientas mientras nos movemos. Esta combinación única de múltiples rasgos nos da la posibilidad de explorar el mundo y desarrollarnos tecnológicamente. "Se debe solamente a que nuestro cerebro puede sentir y experimentar el mundo y traducir nuestros pensamientos en acciones que podemos explorar, manipular y finalmente comprender el mundo".[35]

5. LA MORALIDAD

Los humanos podemos actuar más allá de nuestros instintos. Ciertamente existen instintos de manada y tabúes tribales dentro del mundo animal, pero nada se compara con la moralidad humana. La mejor manera de ilustrar este gran hueco es a través de nuestro hámster mascota. Cuando el hámster tuvo crías fue un evento emocionante. Mis hijos estaban muy emocionados y nombraron a cada uno. Semanas después golpeó la tragedia. Despertamos una mañana y nos dimos cuenta de que faltaba una de las crías. Durante un momento buscamos frenéticamente para intentar ubicar al hámster faltante. Pero luego, lo impensable se hizo evidente. La madre se había comido a una de sus crías. Yo estaba encolerizado. No necesito decir que fue el último hámster que tuvimos.

Casi en todas las culturas puede verse una estructura moral. Por ejemplo, casi todos los grupos reconocen la importancia de la honestidad, la honra de la propiedad y el respeto del voto matrimonial. Estos valores no corresponden adecuadamente con el impulso darwiniano de vencer a los vecinos. Sin embargo, son coherentes con la perspectiva de que todas las personas son el resultado de un Dios amoroso que desea que la gente viva en armonía.

6. Una mayor inteligencia

¿Recuerda el famoso ejemplo de cuán improbable sería que un cuarto lleno de monos produjera las obras de Shakespeare? El exateo, Anthony Flew, dijo que en realidad colocaron monos en un cuarto durante meses, y estos no fueron capaces de producir una sola palabra. "Existe una enorme diferencia entre la vida y la vida inteligente. No me refiero a cuervos inteligentes ni a delfines, sino a mentes capaces de tener una consciencia de sí mismos y desarrollar tecnologías avanzadas—es decir, no solamente usar lo que está a la mano sino transformar materiales en aparatos que puedan llevar a cabo una multitud de tareas".[36] La lógica y el razonamiento son marcas de esta habilidad de los humanos y no puede decirse que surgió espontáneamente de procesos naturales.

7. Condición de persona

Usted es una entidad única, un ser humano con un conjunto único de huellas digitales y de ADN. Usted es capaz de pensar objetivamente acerca de su existencia y su singularidad. Los animales pueden poseerse sin implicaciones morales, pero no puede poseerse a las personas. Además, tenemos habilidades únicas para referirnos a nosotros mismos como *persona* y tomar decisiones libres.

Además de desear y elegir y ser movidos a *hacer* esto o aquello, [los humanos] también pueden desear tener (o no tener) ciertos deseos y motivos. Son capaces de desear ser diferentes de lo que son, en sus preferencias y propósitos. Muchos animales parecen tener la capacidad de lo que yo llamo "el primer orden de deseos" o "deseos de primer orden", los cuales son simplemente deseos de hacer o no hacer una u otra cosa. Ningún animal además del hombre, sin embargo, parece tener la capacidad de la autoevaluación reflexiva que se manifiesta en la formación de deseos de segundo orden.[37]

Cuando las sociedades niegan la cualidad de persona como una cualidad intrínseca de los humanos, estas comúnmente divagan hacia la injusticia y deshumanizan porciones de su población.

8. LA CULTURA

Solamente los humanos tienen la capacidad de desarrollar culturas complejas que avanzan con el tiempo. Michael Tomasello, codirector del Max Plank Institute for Evolutionary Anthropology, preguntó: "¿En qué somos únicos los seres humanos?", en un artículo del *New York Times*.

Cuando vemos a los simios y a los niños en situaciones que requieren que se unan entre ellos, surge una sutil pero significativa diferencia. Hemos observado que los niños, pero no los chimpancés, esperan e incluso demandan que los otros que se han comprometido a una actividad conjunta permanezcan involucrados y no eludan sus tareas. Cuando los niños desean evitar una actividad, ellos reconocen la existencia de una obligación para ayudar al grupo—saben que deben, a su manera, disculparse para redimirse—. Los humanos estructuran sus acciones de colaboración con metas conjuntas y compromisos compartidos.[38]

Este es un argumento que dio muy bien el filósofo Merlin Donald en su obra *A Mind So Rare: The Evolution of Human Consciousness* [Una mente tan extraña: la evolución de la consciencia humana]. Como Donald escribió en el prólogo: "Este libro propone que la mente humana es diferente a cualquier otra mente de este planeta, no debido a su biología, la cual es cualitativamente única, sino debido a su capacidad de generar y asimilar la cultura. La mente humana es, por ende, un producto 'híbrido' de biología y cultura".[39]

9. MÁS ALLÁ DE LO FÍSICO

Los naturalistas reducen la consciencia a meramente un disparo de neuronas dentro del cerebro. Sin embargo, nosotros no somos meramente cerebros, sino tenemos un cerebro. Existe una dimensión eterna que poseemos que va más allá de la vida física. El misterio de esta dimensión inmaterial en los seres humanos nos da una mirada a la persona inmaterial y a la existencia de Dios a cuya imagen estamos hechos. La evidencia del alma proviene de diferentes fuentes.[40]

Además, el cerebro funciona en maneras que parecen desafiar las limitaciones de las máquinas computarizadas. Más notablemente, parece que tenemos la capacidad del libre albedrío.[41]

10. EL HAMBRE ESPIRITUAL

La existencia del alma, la cual es un componente espiritual y no material de nuestra existencia, explica el fenómeno del "hambre espiritual". Anhelar lo eterno es evidencia de que Dios hizo a la humanidad a su imagen y ha puesto "eternidad en el corazón de ellos" (Eclesiastés 3:11). El hecho de que más de 90% de los seres humanos creen que hay un Dios y en la vida después de la muerte apunta a esta realidad. El hambre espiritual es tan real como el hambre física, y la experiencia del hambre siempre señala a algo que en realidad pueda llenar ese anhelo. Como escribió San

Agustín: "Tú nos hiciste para ti mismo, y nuestro corazón no encuentra paz hasta que descansa en ti".[42]

Resumen

Un comienzo sin sentido apunta a una existencia sin sentido. Un comienzo con propósito prueba que la vida tiene un propósito y un significado reales. La necesidad humana universal de propósito y significado en la vida apunta a la existencia de Dios. Si no hay Dios, entonces no habría tales cosas como un propósito y un significado supremos. Pero estos existen. Nosotros somos creados a la imagen de Dios, a propósito y con un propósito. Cuando este significado y este propósito se niegan, los resultados pueden ser catastróficos en el alma humana. Son tan necesarios para nuestra supervivencia como el aire que respiramos.

El hombre no es simplemente otro animal. Existe un amplio abismo de distinción incluyendo la capacidad de pensar en nuestro pensamiento, así como la existencia de un alma inmaterial que está más allá del cerebro humano. Esta dimensión eterna de la humanidad nos da otra mirada a la realidad de un Dios inmaterial y eterno. En esencia, Sagan tenía razón en parte. Existe una vida más allá de la vida humana, cuando se descubra, nos traerá un sentido extraordinario de cohesión como personas de la Tierra. Esa vida nos ha alcanzado en realidad en Cristo y ofrece una esperanza real y duradera.

7

JESÚS Y LA RESURRECCIÓN

El que unos cuantos hombres simples hayan
inventado una personalidad tan poderosa
y atractiva, tan noble y ética, y una visión
de la hermandad humana tan inspiradora
en una generación, sería un milagro
mucho más increíble que cualquiera de
los que se registran en los Evangelios.
—Josh McDowell, *Más que un carpintero*[1]

Jesús existió, y aquellas personas francas
que lo niegan, lo hacen no porque hayan
considerado la evidencia con el desapasionado
ojo de un historiador, sino porque tienen
otro plan al que sirve esta negación.
—Bart Ehrman, *Did Jesus Exist?*
[¿Existió Jesús?][2]

FUE UN GRAN PRIVILEGIO VIVIR EN JERUSALÉN.
Aunque solo fuera durante unos cuantos meses, fue una experiencia que me cambió la vida. A diferencia de muchos
viajes cortos que he hecho a Israel con mi familia, amigos
y colegas, esta visita me permitió experimentar el profundo
impacto de vivir en la tierra de la Biblia. Israel es en realidad

un lugar histórico en el que la Biblia puede servir como un mapa para muchos recorridos y excursiones que podemos hacer. Incluso unos cuantos días en este asombroso país le convencerá de que las historias que se cuentan en el Libro están lejos de ser cuentos de hadas y leyendas.

Hace años, durante nuestra estancia extendida, en uno de los parques locales conocí a un joven de Nigeria, quien me preguntó: "¿Puede decirme dónde fue crucificado Jesús?". Luego de algunos momentos pude señalarle el lugar donde ese evento pudo haber sucedido. Él me relató que en realidad era budista y que estaba visitando Jerusalén, esperando casarse con una chica judía.

Luego de hacerle varias preguntas acerca de su permanencia en la ciudad y algunos desafíos que tuvo que enfrentar, di un paso y le pregunté: "¿Sabes por qué fue crucificado Jesús?". Él hizo una pausa durante un momento para pensar, y luego respondió que no estaba muy seguro. Yo pude explicarle que Cristo en realidad murió por los pecados del mundo—incluso los suyos y los míos—. Le di la ubicación de donde murió Jesús, pero también le dije el significado de ese evento y oré por Él para que recibiera a Cristo como su Salvador.

El cristianismo comenzó en la ciudad de Jerusalén tres días después de la muerte de Jesús, cuando su cuerpo fue reportado como desaparecido de la tumba en donde había sido enterrado. Todavía más misteriosos fueron los reportes de los hombres y las mujeres que lo vieron vivo de nuevo. Esa es la historia que ha dividido la historia y divide los corazones hasta este día. No hay duda de que la tierra de Israel es el telón de fondo para las historias de Dios en la historia. Me encanta llevar allá a la gente y presenciar el profundo impacto que ese ambiente ejerce en ellos.

El descontento del siglo

El *Wall Street Journal* llamó una revelación al debate entre Richard Dawkins y John Lennox en Birmingham, Alabama en 2007 acerca del tema "¿Dios es un espejismo?".[3] Durante toda la tarde, Lennox estuvo a la ofensiva, señalando numerosas falacias del libro *El espejismo de Dios,* de Dawkins, así como argumentando persuasivamente a favor de un Creador inteligente. Si esta hubiera sido una pelea de peso completo, podría haber sido llamada el descontento del siglo, debido al éxito de Lennox frente a la mentalidad crítica promovida por un gran segmento de la comunidad académica.

La clara evidencia convincente de Dios que Lennox presentó, les resultó extraordinaria a quienes subestimaron seriamente el argumento de un Creador. Se cuenta el rumor de que Dawkins normalmente está tan confiado que apenas lee los escritos de su oponente antes de tales eventos. Luego de las afirmaciones de apertura en el debate por parte de este matemático cortés e inteligente, Dawkins sin duda se dio cuenta de que era un oponente digno.

En sus observaciones de cierre, Lennox dijo algo que casi tiró de la silla a Dawkins. Declaró audazmente que, como científico, creía que Jesucristo era en realidad el Hijo de Dios y que fue levantado de la muerte. Dawkins pareció asombrado por esta confesión. "Bien, ahí lo tiene. Justo cuando piensa que el profesor Lennox está argumentando a favor de un diseñador inteligente, trae a colación la resurrección de Jesús. Es tan insignificante; tan provinciano; tan por debajo del universo".[4]

Lennox más tarde se reunió con Dawkins en Oxford para una discusión moderada por Larry Taunton. Dawkins parecía impactado de que Lennox, un brillante científico, en realidad creyera en algo tan increíble como la resurrección de Cristo. Lennox respondió que no es una discordancia asirse de la evidencia científica de la existencia de Dios y de la habilidad de ese Creador de proporcionar un nuevo evento al sistema, ya fuera el nacimiento virginal de Cristo o su resurrección de la muerte.[5] Para el final del debate, el hecho de que él era un brillante científico que también poseía fe en un Dio milagroso desvaneció el mito de que ambas posiciones eran mutuamente excluyentes.

JESÚS: NO ES UN MITO

Hemos llegado al centro del caso multifacético que comprueba que Dios no está muerto: la vida, la muerte y la resurrección de Jesucristo. La evidencia que hemos presentado hasta ahora apunta sobrecogedoramente a la existencia de Dios. No hay mejor explicación para el comienzo del espacio y el tiempo, el ajuste fino del universo desde su comienzo y de nuestro sistema planetario, la complejidad de la vida que no pudo haber surgido de procesos naturales, la realidad de las leyes morales objetivas, la necesidad innata de todo hombre y mujer de significado y propósito, y las distinciones entre humanos y animales. "Dios no está muerto" es definitivamente una afirmación lógica, racional y probable tanto científica como filosóficamente.

Ahora coloquemos nuestra atención en la evidencia de Dios en un sentido histórico. Dios proporcionó la evidencia suprema de su existencia al entrar en su propia creación como humano. En este capítulo no solamente ofrecemos una prueba de la existencia de Dios, sino observamos a este Dios cuando entró en el tiempo y en el espacio a través de Jesucristo. Esta es el ancla de nuestra esperanza y nuestra fe. La vida, la muerte y la resurrección de Jesucristo demostraron que Dios existe y proporcionaron una imagen vívida de su naturaleza y carácter. Jesús dijo: "El que me ha visto a mí, ha visto al Padre" (Juan 14:9).

JESÚS: UN HOMBRE DE HISTORIA

Es importante comenzar con el simple hecho de que Jesucristo en realidad vivió. La evidencia del Jesús histórico está más allá de la disputa, aunque los críticos hayan escrito libros como *La búsqueda del Jesús histórico*, intentando refutarlo. Otros han argumentado que aunque Jesús viviera, nunca podríamos saber cómo era o lo que realmente dijo. La importancia de su vida no puede exagerarse. El hecho de su resurrección fue lo que impulsó la fe cristiana tres días después de que Jesús tuvo una muerte cruel en una cruz romana.

Se puede decir que Bart Ehrman es el crítico más influyente de la Biblia en nuestros días. Él debate frecuentemente con eruditos cristianos acerca de la confiabilidad de los Evangelios del Nuevo Testamento desde una perspectiva histórica. Aunque él sea escéptico en términos de la verdad general de la fe cristiana, él no es escéptico acerca de la existencia de un Jesús real. Para Ehrman e incontables eruditos, tal negación no está fundada en la evidencia. Ehrman ha enfatizado que el hecho de que Jesús sea un hombre de historia no es controversial. Lo cito, porque no es cristiano. Como una clase hostil de testigo contra la fe cristiana, él en realidad ayuda a la causa de Cristo al enfatizar la verdad de su existencia terrenal. Una vez que se acepta esa existencia, todo se convierte más bien en una investigación directa acerca de su impacto.

Yo no soy cristiano, y no tengo interés en promover una causa cristiana ni un plan cristiano. Soy agnóstico con tendencias ateas, y mi vida y perspectivas serían aproximadamente las mismas si Jesús existiera o no [...] Pero como historiador, creo que la evidencia importa. Y el pasado importa. Y para quien le importan tanto la evidencia como el pasado, una consideración impasible del caso lo explica claramente: Jesús sí existió.[6]

Fuentes no bíblicas

Contrario a las afirmaciones de algunos escépticos, la vida de Jesús se autentifica por una variedad de fuentes históricas no cristianas. Aquí hay algunos ejemplos:

El historiador romano Tácito en 115 d.C. escribió acerca de la persecución a los cristianos bajo Nerón e hizo referencia a la crucifixión de Jesús:

Consecuentemente, para deshacerse del reporte, Nerón fijó la culpa e infligió las torturas más exquisitas a una clase odiada por sus abominaciones, llamados 'cristianos' por el pueblo. Cristus, de donde tuvo su origen el nombre, sufrió la penalidad extrema durante el reinado de Tiberio en las manos de uno de nuestros procuradores, Poncio Pilato, y una superstición muy maliciosa, por lo comprobado por el momento, estalló de nuevo no solo en Judea, la primera fuente del mal, sino también en Roma, donde todas las cosas horribles y vergonzosas de todas las partes del mundo encuentran su centro y se hacen populares. En consecuencia, una detención se realizó en primer lugar a todo quien se declaró culpable, y luego, sobre a su información, una inmensa multitud fue condenada, no tanto por el delito de quemar la ciudad, como de odio contra la humanidad. Todo tipo de burlas fueron añadidas a sus muertes. Cubiertos con pieles de animales que fueron destrozados por perros y perecieron, o fueron clavados en cruces, o condenados a las llamas y quemados para servir como iluminación nocturna cuando la luz del día había expirado.[7]

Plinio el joven, un gobernador romano de Bitinia, no solamente se refirió a Jesús, sino también aludió a la creencia en su deidad en una carta al emperador Trajano en 112 d.C.:

Ellos tenían el hábito de reunirse en un día fijo antes de amanecer, cuando cantaban en versos alternados un himno a Cristo, como a un dios, y se unían por un solemne voto, no a ningún hecho malvado, sino a nunca cometer ningún fraude, robo ni adulterio, a nunca falsificar su palabra ni a negar su confianza cuando fueran llamados a confesarla; luego de lo cual era su costumbre separarse y luego reunirse para compartir el alimento— pero un alimento de un tipo ordinario e inocente—.[8]

Como una fuente secundaria particularmente interesante, el historiador del tercer siglo, Julius Africanus, citó al historiador Talo del primer siglo, quien escribió acerca de la oscuridad que sucedió en el momento de la crucifixión:

En todo el mundo se escurrió una oscuridad muy temible; y las rocas fueron quebradas por un terremoto, y muchos lugares de Judea y de otros distritos fueron derribados. A esta oscuridad Talo, en su libro 263 de *Historia*, la llama, como me parece a mí sin razón, un eclipse de Sol. Porque los hebreos celebran la pascua en el decimocuarto día de acuerdo con la luna, y la pasión de nuestro Salvador fallece en el día antes de la pascua [ver *Flegón*];

pero un eclipse de sol sucede solamente cuando la luna se pone debajo del Sol. Y no puede suceder en otro momento sino en el intervalo entre el primer día de la luna nueva y el último día de la vieja, es decir, en su intersección: ¿entonces cómo se supone que suceda un eclipse cuando la luna está casi diametralmente opuesta al Sol?[9]

Las referencias a Jesús incluso aparecen en fuentes judías alternativas. Por ejemplo, casi al final del primer siglo, el historiador judío Flavio Josefo mencionó a Jesús, a Juan el bautista y la muerte del hermano de Jesús, Juan.[10] Los detalles de la ecuación más detallada acerca de Jesús son más controversiales debido a su descripción positiva acerca de Él, pero la referencia es muy probablemente original. Además, varias tradiciones rabínicas judías aluden a varios detalles de la vida y el ministerio de Jesús.[11]

Los Evangelios como registros históricos

La Biblia no es un libro. En realidad es la colección de sesenta y seis libros antiguos que han sido reunidos y establecidos por una multitud de eruditos como confiable. La noción de que las afirmaciones de la Biblia acerca de Cristo es de alguna manera un razonamiento circular es absurda. Más de cuarenta autores diferentes escribieron sus testimonios de la obra de Dios en la historia. El hecho de que estos escritos se unieran en un libro más grande de ninguna manera debe descalificar las cosas que están dichas en él, del mismo modo que un libro de historia de Estados Unidos no debe ser ignorado porque combine numerosos documentos históricos de ese país.

La vida de Jesús fue registrada en cuatro relatos distintos en los libros de la Biblia, conocidos como los Evangelios.

Cada uno proporciona descripciones detalladas de la vida, el ministerio y la enseñanza de Jesús. Las similitudes entre sí y con otras fuentes históricas es tan numerosa y sorprendente que ningún historiador competente podría negar su confiabilidad general. "Afirmo ser un historiador. Mi perspectiva de los Clásicos es histórica. Y le digo que la evidencia de la vida, la muerte y la resurrección de Cristo está mejor autentificada que la mayoría de los hechos de la historia antigua...".[12]

"¿QUIÉN DICEN LOS HOMBRES QUE SOY?"

Los críticos han intentado marginar a Jesús al afirmar que aunque hubiera vivido, lo que podemos saber de Él es más un mito y una leyenda que la realidad. Algunos se van al extremo de intentar comparar la vida de Jesús con antiguas deidades paganas tales como Horus de Egipto y Mitra de Persia; o a los ídolos más contemporáneos tales como Marilyn Monroe, John Kennedy o Elvis. La leyenda y el mito pueden crecer rápidamente alrededor de una figura pública visible. De hecho, Jesús lo abordó con sus discípulos cuando Él les preguntó:

¿Quién dicen los hombres que es el Hijo del Hombre?
Ellos dijeron: Unos, Juan el Bautista; otros, Elías; y otros, Jeremías, o alguno de los profetas.
Él les dijo: Y vosotros, ¿quién decís que soy yo? (Mateo 16:13-15).

Esta es una pregunta no solamente para ellos, sino para nosotros en la actualidad. Debemos ir al grano con las opiniones de los demás y responder esta pregunta acerca de Cristo: ¿Hombre? ¿Mito? ¿O Mesías?

La historia de Jesús no es nada como los escritos de la mitología antigua. Comparar los escritos del Nuevo Testamento con las historias escritas acerca de los dioses de los egipcios, los griegos y los romanos equivale a comparar un libro de historia alemana con una copia de los cuentos de hadas de los hermanos Grimm.

Películas tales como *Zeitgeist* y *Religulous* afirman que el dios egipcio, Horus, y muchos otros personajes mitológicos como él, tenían rasgos similares a los de Jesús —nació de una virgen el 25 de diciembre, tuvo doce discípulos, llevó a cabo milagros, fue crucificado y luego resucitó—. Ningún egiptólogo importante pone las manos al fuego por estas afirmaciones. Estos mitos de Horus pueden rastrearse a los escritos de hombres como Gerald Massey a principios del siglo XX. Otros paralelos aspirantes, tales como el dios persa, Mitra, carecen literalmente de textos antiguos sobrevivientes que registren datos específicos acerca de este dios pagano. El erudito mitraico, Richard Gordon, dijo inequívocamente que "no hay ninguna muerte, ni sepultura, ni resurrección de Mitra. Ninguna".[13] Incluso escépticos como Richard Carrier reconocen que los presuntos paralelos típicamente son ya sea fabricados o provenientes de documentos que posfechan al escrito del Nuevo Testamento por siglos.[14]

Las afirmaciones más populares y relevantes de préstamo se relacionan con la resurrección de Jesús. Por ejemplo, las sectas misteriosas adoraban a dioses que mueren y resucitan, los cuales a menudo son comparados con la enseñanza cristiana de la resurrección. Sin embargo, los paralelos relevantes aparecen mucho después de que el cristianismo se estableciera, y los misterios mismos hicieron préstamos de conceptos cristianos para competir con la Iglesia en expansión.[15]

De manera que el enorme impacto de la fe cristiana dio pie a una racha de obras que los mitos antiguos volvieron a contar en semejanza a la historia del evangelio. Lo mismo sucede ahora cuando la gran historia genera una sarta de imitadores.

El mayor problema es la pregunta de quién influyó en quién. Con el cristianismo que explotaba en la escena del Imperio Romano, es evidente que otras religiones adoptaron ciertas enseñanzas y prácticas del cristianismo para detener la ola de adherentes que se alejaban o, posiblemente, atraer a los cristianos a su lado.[16]

Algunos supuestos paralelos antedatan a Jesús, tales como el dios egipcio Osiris, quien se dice que ha sido resucitado. Sin embargo, con un profundo examen, estas similitudes son superficiales en el mejor de los casos. Osiris no resucitó de verdad con un cuerpo transformado, sino simplemente despertó en el inframundo.[17] Craig Keener resumió la evidencia en su influyente libro *El Jesús histórico de los Evangelios:*

Supuestos paralelos a las historias de la resurrección comprueban ser débiles; Aune incluso declara que "ningún paralelo se encuentra en la biografía grecorromana" [...] claramente ninguno de los supuestos paralelos involucra a una persona histórica (o a alguien) que resucitó en el sentido estricto. Esto probablemente se deba en parte a que la resurrección, en su sentido estricto (corporal y permanente) era una creencia judía casi exclusiva, y entre el pueblo judío estaba reservada para el futuro.[18]

Asimismo, el erudito del Nuevo Testamento, Tryggve N. D. Mettinger describió el caso en términos similares: "Ahora tenemos lo que asciende a un consenso erudito contra la propiedad del concepto [de los dioses que mueren y resucitan]. Aquellos que continúan pensando de manera diferente son vistos como miembros residuales de una casi extinta especie".[19] *De manera que el verdadero mito es que la historia de Cristo fue tomada como préstamo de otros mitos antiguos.* La historia de Cristo es única y está arraigada en la historia, no en la mitología.

Cabe mencionar otro factor significativo que surgió en mi entrevista con William Lane Craig. Él habló de los motivos antisemíticos de muchas de estas historias falsas que intentaron descartar el judaísmo de Jesús. Si los críticos pudieran vincular el evangelio con los mitos egipcios o persas, entonces el hecho de que Jesús fue judío sería opacado y la historia revisada.

Ahora, en las calles de Jerusalén no hay duda de que Jesús fue judío. La historia de su vida y su muerte están por toda la ciudad. Tener muchos amigos judíos en Israel que comparten tanto conmigo en común como cristiano ha sido uno de mis grandes gozos. Lo principal que nos separa no es la vida y la muerte de Jesús, sino su resurrección. La resurrección de Cristo es lo que proporciona el testimonio histórico y la prueba que sujeta nuestra fe.

JESÚS: MÁS QUE UN HOMBRE

[...] su Hijo [...] según el Espíritu de santidad fue designado con poder Hijo de Dios por la resurrección. Él es Jesucristo nuestro Señor (Romanos 1:3-4).

Dave Sterrett, un cristiano evangelista y apologista, resumió estos pensamientos de Gary Habermas:

Virtualmente, todos los eruditos están de acuerdo en que las siguientes afirmaciones acera de Jesús y sus seguidores son históricamente verdaderas:

- Jesús murió mediante la crucifixión romana.
- Fue sepultado, muy probablemente en una tumba privada.
- Poco después, los discípulos se desanimaron, se abatieron y se desalentaron, habiendo perdido la esperanza.
- La tumba de Jesús fue encontrada vacía muy poco tiempo después de su entierro.
- Los discípulos tuvieron encuentros con lo que creían que era el Jesús resucitado.
- Debido a estas experiencias, la vida de los discípulos fue completamente transformada. Ellos ahora estaban dispuestos a morir por su creencia.
- La proclamación de la resurrección de Cristo sucedió muy temprano, desde el comienzo de la historia de la Iglesia.
- El testimonio público de los discípulos y la predicación de la resurrección se llevó a cabo en la

ciudad de Jerusalén, donde Jesús fue crucificado y enterrado poco antes.[20]

La única explicación plausible de estos hechos es que Jesús en realidad murió y se levantó de la muerte. Por lo tanto, la resurrección de Jesucristo fue un milagro sobrenatural que demostró que Dios existe y que Jesús es el Salvador del mundo prometido en las Escrituras. ¿Cómo pudo haber comenzado el cristianismo en el lugar justo en que fuera más fácil desaprobarlo, en Jerusalén, tres días después de que Jesús hubiera sido resucitado? Debido a que la resurrección es histórica, esta se encuentra sujeta a las pruebas de cualquier suceso histórico para determinar en una manera razonable si en realidad sucedió. Y, como se muestra, los hechos claramente demuestran su realidad.

DIOS SE REVELA A SÍ MISMO EN LO EXTRAORDINARIO

La objeción principal a la resurrección no proviene de una perspectiva histórica, sino de una filosófica. Está basada en el argumento de David Hume de que debemos aceptar como verdaderos los eventos que son la explicación más probable, que siguen el patrón probabilístico.

Sin embargo, no todos los eventos de la vida real siguen patrones predecibles. Las conjeturas usuales no siempre son los culpables reales. Unir la sarta de testigos y claves nos permite seguir los hilos de evidencia que nos dirigen a las respuestas que buscamos. En casos de justicia criminal se nos requiere seguir la evidencia adonde esta lleve. ¿Cuánto debemos hacerlo al buscar la evidencia de Dios?

Un evento como la resurrección en realidad fue inusual

y colosal. El hecho de que los muertos normalmente permanezcan muertos hace que la resurrección de Cristo sea un evento único milagroso que desafió las probabilidades y sacudió el curso esperado de la naturaleza. ¿Qué más podemos esperar de Dios al revelarse a sí mismo a la humanidad? Los milagros de Jesús también fueron señales de que Él no era un hombre ordinario. No fueron trucos mágicos utilizados por alguien que intentó explotar a las masas por una ganancia; fueron señales que apuntaron hacia Dios y el cumplimiento de su salvación prometida.

Lee Strobel, un periodista que trabajó con el *Chicago Tribune*, se dio a la tarea de establecer un caso en defensa de la resurrección de Jesús a partir de un punto de vista histórico, utilizando los principios para la verificación que un abogado utilizaría en un caso. Explica la evidencia de la resurrección a través del uso de cinco principios.[21] Estos representan los eventos que la historia señala como fácticos.

1. LA EJECUCIÓN

Jesús murió. Los romanos eran expertos en la crucifixión romana, y los soldados romanos estaban encargados bajo pena de muerte de asegurarse de que la víctima muriera en la cruz. Bajo ninguna circunstancia una persona crucificada hubiera sobrevivido al sufrimiento. La certidumbre de la muerte de Jesús ha sido confirmada por un artículo del *Journal of the American Medical Association*:

> Claramente, el peso de la evidencia histórica y médica indica que Jesús estaba muerto antes de que se le hiciera la herida en el costado y apoya la perspectiva tradicional de que la lanza, encajada entre su costilla derecha, probablemente perforara no solo el pulmón derecho, sino también el pericardio y el corazón, y por lo tanto aseguraba

su muerte. En consecuencia, las interpretaciones basadas en la suposición de que Jesús no murió en la cruz están en desacuerdo con el conocimiento médico moderno.[22]

2. LA TUMBA VACÍA

Luego de la muerte de Jesús, Él fue enterrado en una tumba propiedad de José de Arimatea, un líder del pueblo judío. La sepultura de Jesús fue llamada por el fallecido, John A. T. Robinson, de la Universidad de Cambridge, como "uno de los hechos mejor autentificados que tenemos acerca del Jesús histórico".[23]

No solamente fue sepultado, sino su tumba estaba vacía después de tres días. El hecho de que hubo un rumor que existe hasta este día acerca de que los discípulos robaron el cuerpo, proporciona más evidencia de que la tumba estaba vacía. "Creo que necesitamos no tener duda alguna de que dada la ejecución de Jesús por la crucifixión romana, él estaba verdaderamente muerto y que su lugar temporal de sepultura fue descubierto vacío al poco tiempo".[24] Debido a que los discípulos proclamaron la resurrección en la mera ciudad de la crucifixión y la sepultura, los romanos podrían fácilmente haber producido el cuerpo *si* no hubiera desaparecido. Los primeros testigos de la tumba vacía fueron las mujeres, algo que los discípulos no pudieron haber inventado, ya que el testimonio de las mujeres no era considerado como confiable.

3. LOS TESTIGOS PRESENCIALES

La evidencia histórica más fuerte de la resurrección son los testimonios de los discípulos y de más de quinientos testigos presenciales, entre quienes más tarde se incluiría al apóstol Pablo.

Porque ante todo les transmití a ustedes lo que yo mismo recibí: que Cristo murió por nuestros pecados según las Escrituras, que fue sepultado, que resucitó al tercer día según las Escrituras, y que se apareció a Cefas, y luego a los doce. Después se apareció a más de quinientos hermanos a la vez, la mayoría de los cuales vive todavía, aunque algunos han muerto. Luego se apareció a Jacobo, más tarde a todos los apóstoles, y por último, como a uno nacido fuera de tiempo, se me apareció también a mí (1 Corintios 15:3-8, NVI).

La transformación en estos primeros discípulos fue tan grande que incluso los eruditos escépticos del Nuevo Testamento reconocen que los discípulos realmente creyeron haber encontrado al Cristo resucitado. Por ejemplo, los famosos eruditos y escépticos del Nuevo Testamento E. P. Sanders y Bart Ehrman reconocen este hecho:

El hecho de que los seguidores de Jesús (y más tarde Pablo) tuvieran experiencias con la resurrección, a mi juicio, es un hecho. Cual fuera la realidad que dio pie a estas experiencias, no lo sé.[25]

Es un hecho histórico que algunos de los seguidores de Cristo llegaran a creer que él había sido levantado de la muerte pronto después de su ejecución. Nosotros conocemos por nombre a algunos de estos creyentes; uno de ellos, el apóstol Pablo, afirma bastante firmemente haber visto a Jesús luego de su muerte. Por ende, para el historiador, el cristianismo comienza después de la muerte de Jesús, no con la resurrección misma, sino con la creencia de la resurrección.[26]

Uno de los rasgos más llamativos del testimonio de los testigos presenciales, como se afirmó anteriormente, es que los primeros testigos de la resurrección de Jesús fueron mujeres. La iglesia primitiva nunca habría inventado eso debido a que, durante ese tiempo, el testimonio de las mujeres no era considerado válido ni admisible como evidencia.

4. REGISTROS TEMPRANOS

Los relatos de la resurrección se originan en el periodo de tiempo inmediato al evento de la resurrección. John Dominic Crossan, un erudito del Nuevo Testamento y escéptico, escribió junto con Jonathan Reed:

> Pablo les escribió a los corintios desde Éfeso a principios del 50 E.C. [Era Común, u otra forma de decir d.C.]. Pero él dice en 1 Corintios 15:3 que: "Porque primeramente os he enseñado lo que asimismo recibí". La fuente y el tiempo más probables de su recepción de la tradición habría sido en Jerusalén a principios del 30, cuando, de acuerdo con Gálatas 1:18, él subió "a Jerusalén para ver a Pedro, y permanecí con él quince días".[27]

5. EL SURGIMIENTO DE LA IGLESIA

Una evidencia final para la resurrección es la formación de la iglesia primitiva. Antes de la resurrección, casi todos los seguidores de Cristo lo abandonaron. Muchos escaparon por temor de su vida. Luego de pronto, sus seguidores se unieron y formaron la Iglesia cristiana. Este grupo de creyentes no solamente proclamó audazmente que Jesús resucitó de los muertos, sino centró su vida en celebrar este evento y seguir su enseñanza. Finalmente la Iglesia creció, a pesar de la gran oposición, hasta que dominó el Imperio Romano y se extendió por el mundo conocido.

Esta banda asustada y aterrada de apóstoles que estaba a punto de arrojar todo por la borda para escapar en desesperación a Galilea; cuando estos campesinos, pastores y pescadores, quienes traicionaron y negaron a su maestro, y luego le fallaron miserablemente, de pronto pudieron ser cambiados de la noche a la mañana hacia una confiada sociedad misionera, convencidos de la salvación y dispuestos a trabajar con mucho más éxito luego de la Pascua que antes de la Pascua, entonces ninguna visión ni alucinación basta para explicar una transformación tan revolucionaria.[28]

Este repentino surgimiento de la comunidad cristiana puede ser visto como el "tercer Big Bang" de la historia. El primero fue el comienzo del universo, el segundo fue la explosión cámbrica y el tercero fue la explosión o el repentino surgimiento de la comunidad cristiana.

¿QUÉ SIGNIFICA LA RESURRECCIÓN?

El hecho de que Jesús de Nazaret fuera levantado de la muerte luego de tres días sería simplemente una curiosidad, si no fuera por el significado atribuido al evento en las Escrituras (1 Corintios 15:1-3). A través de la Palabra de Dios, nosotros podemos comprender la importancia de la resurrección.

1. JESÚS ES EL HIJO DE DIOS

La existencia de múltiples religiones ha conducido a algunos a plantear la pregunta: ¿Cómo puede haber tanta confusión si Dios es real? Tres de las cinco religiones principales—el cristianismo, el judaísmo y el islam—están conectadas por la creencia común en figuras tales como

Abraham, Moisés y Jesús; pero incluso estas creencias tienen diferencias significativas. La única respuesta es que la gente estaba de alguna manera separada de Dios, como lo cuenta la Escritura. Por lo tanto, todas las perspectivas de Dios serían diferentes e imperfectas. La resurrección de Jesús, sin embargo, demuestra que Jesús de verdad es el "Hijo de Dios", o la perfecta representación de Dios en la Tierra. Este hecho separa al cristianismo de todas las demás religiones o filosofías, y hace a Jesús la única fuente confiable para conocer por completo a Dios.

2. Sus palabras son verdaderas

Debido a la resurrección podemos tener confianza en que las palabras de Jesús son las palabras de Dios mismo. La resurrección de Jesús fue el cumplimiento de las promesas hechas a Abraham y a Moisés y a los profetas en la Santa Escritura. Jesús dijo: "El cielo y la tierra pasarán, pero mis palabras no pasarán" (Mateo 24:35). Cuando los profetas del Antiguo Testamento hablaban, ellos introducían sus afirmaciones con la frase "Así dice el Señor", pero cuando Jesús hablaba, Él decía: "En verdad os digo" (Lucas 21:3). ¿La diferencia? Dios mismo estaba hablando.

3. Nuestros pecados son perdonados

La gran búsqueda de la humanidad es ser aceptados por Dios y considerados justos. Se plantea la pregunta: ¿Qué espera Dios de nosotros? Él espera que mantengamos la ley moral. Cuando la ley moral se quebranta, el crimen se llama *pecado*. Jesucristo ofrece verdadero perdón, porque la resurrección confirmó que su muerte por el pago de nuestros pecados fue aceptado. "Él fue entregado a la muerte por nuestros pecados, y resucitó para nuestra justificación"

(Romanos 4:25, NVI). La justificación es el término legal que declara que ya no somos culpables.

4. DIOS EXISTE

¡El milagro de la resurrección demuestra que Dios no está muerto! En la perspectiva naturalista, los milagros son imposibles debido a la filosofía que sugiere que nosotros no debemos aceptar un acto improbable como verdadero. Ellos olvidan que Dios creó las leyes de la naturaleza y puede interpolar en el sistema algo externo. Debido a que hay leyes que explican lo que sucede ordinariamente, nosotros podemos saber cuando sucede algo extraordinario. Dios ha revelado su naturaleza y su carácter a través de leyes ordinarias y procesos que Él estableció, así como a través de milagros extraordinarios tales como la resurrección de Jesucristo.

5. LA CERTIDUMBRE ES POSIBLE

Debido a que Cristo ha sido levantado de la muerte, nosotros hemos recibido el regalo de la certidumbre. Resulta irónico que uno de los principios científicos clave se llame el *principio de la incertidumbre.* En pocas palabras, no podemos conocer ni la velocidad ni la ubicación de las partículas subatómicas. Existen otras ideas tales como las que ofreció Emanuel Kant en el siglo XVIII que sostienen que no podemos conocer lo que está más allá del mundo físico. Estas ideas revelan las limitaciones del conocimiento. Existen límites para nuestro entendimiento finito.

El milagro de la resurrección de Cristo es que demostró cómo Dios rasgó el velo del mundo físico al hacerse humano en Jesucristo. La resurrección comprobó la verdad de esta realidad. Aunque continuamos limitados a lo que finalmente podemos conocer, Dios nos dio la habilidad de saber que Él es real, que su palabra es real y que hay vida después de la muerte. Tal como mis hijos pequeños no pueden comprender ciertas cosas, pero pueden saber lo suficiente como para confiar en mí como padre, nosotros podemos saber suficiente a través de la resurrección de Jesús como para confiarle a Dios las cosas que no podemos comprender de este lado de la eternidad.

El nombre que es sobre todo nombre

Ningún otro nombre produce tal reacción como el nombre de Jesucristo. Todas las figuras religiosas combinadas no generan tanto debate o controversia, "y en ningún otro hay salvación" (Hechos 4:12). La razón por la que Cristo es la única fuente de salvación es que Él hizo lo que ninguna otra persona en la historia hizo al vivir una vida perfecta y luego ofrecer esa vida por los pecados del mundo.

La muerte y la resurrección de Cristo comprobaron su identidad como el Hijo de Dios, y comprobaron que sus palabras eran las palabras de Dios mismo. Debido a que Dios se hizo hombre en Jesús, nosotros hemos recibido el regalo de la certidumbre. Como seres finitos, no podemos estar seguros de todo, pero podemos estar seguros de lo suficiente para confiar en Dios por las cosas que no podemos saber.

La actitud de ustedes debe ser como la de Cristo Jesús, quien, siendo por naturaleza Dios,
no consideró el ser igual a Dios como algo a qué aferrarse.
Por el contrario, se rebajó voluntariamente,
tomando la naturaleza de siervo
y haciéndose semejante a los seres humanos.
Y al manifestarse como hombre,

se humilló a sí mismo
y se hizo obediente hasta la muerte, ¡y muerte de
cruz!
Por eso Dios lo exaltó hasta lo sumo
y le otorgó el nombre que está sobre todo nombre,
para que ante el nombre de Jesús se doble toda rodilla
en el cielo y en la tierra y debajo de la tierra,
y toda lengua confiese que Jesucristo es el Señor,
para gloria de Dios Padre (Filipenses 2:5-11, NVI).

En pocas palabras, el impacto de la vida de Cristo ha alterado el curso de la historia humana.

RESUMEN

El Dr. James Allan Francis escribió *One Solitary Life* [Una vida solitaria] durante el inicio del siglo XX. Esta descripción de la vida y el impacto de Cristo se ha convertido en una de las piezas más citadas y amadas de la literatura cristiana desde entonces.

Él nació en una oscura aldea, hijo de una campesina. Trabajó en un taller de carpintería hasta cumplir los 30 años y luego fue predicador itinerante durante tres años. No escribió ningún libro. No fue electo para un puesto político. Nunca fue dueño de una casa. Nunca procreó una familia. Nunca asistió a la universidad. Nunca estuvo en una gran ciudad.

Él nunca viajó más de doscientas millas de su pueblo natal. Nunca procuró hacer ninguna de las cosas que suelen acompañar a la grandeza. Las autoridades condenaron su enseñanza. Sus amigos lo abandonaron. Uno lo traicionó con sus enemigos por una suma irrisoria. Uno lo negó. Él pasó por la burla del juicio.

Fue clavado en una cruz entre dos ladrones. Mientras moría, sus ejecutores apostaron la única propiedad que tuvo en esta Tierra: su túnica. Cuando estaba muerto, fue bajado y llevado a una tumba prestada.

Diecinueve siglos han ido y venido, no obstante hoy, Él es la corona de gloria de la raza humana, el líder adorado por cientos de millones de habitantes de la Tierra. Todos los ejércitos que jamás marcharon y todas las flotas que se unieron jamás, y todos los parlamentos que se establecieron y todos los gobernantes que reinaron—juntos—no han afectado la vida de un hombre después de su muerte tan profundamente como esta única Vida solitaria.[29]

8

EL TESTIMONIO DE LA ESCRITURA

La existencia de la Biblia, como un libro para el pueblo, es el beneficio más grande que la raza humana ha experimentado jamás. Cada intento de minimizarla [...] es un crimen contra la humanidad.

—EMANUEL KANT,
HOJAS SUELTAS DE LA PROPIEDAD DE KANT[1]

Creo que la Biblia es el mejor regalo que Dios le ha dado al hombre. Todo lo bueno del Salvador del mundo nos es comunicado a través del Libro. Si no fuera por él, no podríamos distinguir lo bueno de lo malo.

—ABRAHAM LINCONLN[2]

EL HOTEL KING DAVID DE JERUSALÉN ES UNO DE LOS lugares más pintorescos e históricamente significativos del mundo. En él ha tomado lugar tal drama, desde negociaciones entre jefes de estado hasta bombardeos durante la actual crisis de Medio Oriente. Fue ahí donde conocí al hombre más inusual del mundo: George Blumenthal. Además de ser un pionero en la industria de los teléfonos celulares, su pasión es digitalizar documentos raros tales como los Manuscritos del Mar Muerto, los cuales digitalizó para el Israel Museum.[3]

George es verdaderamente uno de los personajes más extravagantes que he conocido. Incluso ha actuado pequeños papeles en varias películas, entre ellas apariciones breves en *Wall Street* y *Wall Street 2: El dinero nunca duerme*, con su amigo, Michael Douglas. "Ojalá que pudieras venir conmigo mañana, le daré a Jerry Bruckheimer [un productor de cine] y a algunos otros, un pequeño paseo por la ciudad". Su pequeño paseo incluiría las excavaciones arqueológicas más fantásticas que descubren al Israel de los últimos cinco mil años.

Mi esposa, Jody, y yo teníamos programado salir al día siguiente y lamentablemente rechazamos su invitación. Durante los dos años siguientes, me encontré con George varias veces. Cuando nos conocimos en 2006, era agnóstico acerca de la existencia de Dios, pero su pasión por la historia y la arqueología que rodean a la Biblia estaba ejerciendo un impacto en su escepticismo. "La gente y los lugares que menciona la Biblia de hecho son reales", me decía.

Nuestros caminos se cruzaron de nuevo el 15 de mayo de 2008, en las Naciones Unidas. Ambos asistimos a un pequeño evento del sexagésimo aniversario del estado moderno de Israel. George estaba emocionado por otro descubrimiento más que confirmaba la exactitud histórica de la Biblia. Yo sentí que llegaría el momento en que le sugeriría que conectara los puntos entre las realidades históricas que estaba encontrando con el Dios de la historia que estaba detrás de todo ello. Hice una pausa para tranquilizar los nervios y le dije: "George, ¿ahora crees?". La pregunta aparentemente lo sorprendió por completo. Hizo una pausa como diciendo: "Déjame pensarlo".

Casi un mes después, llegó a nuestra casa un envío

especial de George. Dentro de esa caja cuidadosamente empacada, se encontraban artefactos fechados entre el 1 000 a.C. (el tiempo del rey David) y el 400 d.C. Nosotros estábamos asombrados de esa increíble colección de antigüedades y de certificados de autenticidad que él nos había dado. Junto con los artefactos, se encontraba una carta de George escrita a mano, fechada el 20 de junio de 2008:

> Estimados Rice y Jody:
> En respuesta a su pregunta: "George, ¿ahora crees?".
> Como Einstein creía, yo creo en el Creador del universo. Además, creo en el Creador que nos dio un monoteísmo ético en el Monte Sinaí para complementar el don del libre albedrío que ya nos había dado. ¡Ahora está en nuestras manos hacer que el mundo sea un lugar mejor! Durante años he esperado darle a alguien—a la persona correcta—este conjunto de antigüedades. ¡Por favor, disfrútenlas en su hogar y compártanlas con los demás!
> Saludos cordiales,
> George B.

Él había estado profundamente agradecido por su herencia judía, pero era agnóstico. Al mirar los hechos de la historia y con la voluntad de seguir la evidencia a dondequiera que lo llevara, encontró la fe en Dios.

Recientemente le hice otra pregunta: "George, como cristiano, mi fe está anclada en la resurrección de Cristo como una clara evidencia de mi fe. Como judío, ¿en qué está anclada tu fe?".

Él no dudó. "En la Biblia hebrea". Y continuó relatando la integridad del *Tanaj* (el nombre hebreo del Antiguo Testamento), comprobado a través de descubrimientos tales como los Manuscritos del Mar Muerto.

Es esa Biblia la que nos proporciona otro testimonio convincente de la larga lista de evidencias que apuntan al hecho de que Dios no está muerto.

Los libros

Eso es lo que *biblia* significa literalmente. Luce como un libro, pero es una antología, una colección de sesenta y seis libros escritos por cuarenta autores diferentes, durante un periodo de seiscientos años. Estos libros fueron copiados a mano y nos fueron transmitidos fielmente en la actualidad. No fue sino hasta 1454 que la imprenta de Johannes Gutenberg sacó la primera Biblia impresa.

Escritura se refiere a lo que los cristianos llaman el Antiguo y el Nuevo Testamentos. El Antiguo Testamento cubre el periodo desde el comienzo del universo y la creación de la vida, hasta la nueva fundación de Israel luego del exilio babilónico en 400 a.C. aproximadamente. El Nuevo Testamento comienza con la vida de Jesús en el 4 a.C., describe a la Iglesia cristiana primitiva y termina con la visión apocalíptica del mundo en el libro de Apocalipsis.

Los libros del Antiguo Testamento fueron escritos principalmente en hebreo. Estos fueron traducidos al griego entre los siglos III y IV a.C., y se conocieron como la versión Septuaginta o la LXX. "El nombre Septuaginta proviene del vocablo latino *septuaginta* para 'setenta'"[4] (esto se refiere a los setenta y dos traductores que se dice que trabajaron en este proyecto). Esta versión fue utilizada por la Iglesia primitiva a medida que se expandió a un mayor mundo no judío.

Los libros del Nuevo Testamento fueron escritos originalmente en griego. Los escritos más antiguos—la carta a los Gálatas y las otras epístolas—aparecieron aproximadamente veinte años después de la resurrección de Cristo.[5] Estas dan testimonio del hecho de que Cristo había sido levantado en completa armonía con, y en cumplimiento de, las escrituras del Antiguo Testamento. El primer relato del evangelio acerca de la vida de Jesús, el libro de Marcos, apareció entre 50 d.C. y 70 d.C. Todos los libros del Nuevo Testamento fueron escritos en el primer siglo y fueron citados en los escritos de los fundadores de la Iglesia primitiva. Esta es una diferencia clave para distinguir los verdaderos escritos de aquellos falsos y espurios: los verdaderos Evangelios fueron escritos en el primer siglo, mientras que otros impostores (tales como los Evangelios de Tomás y de Judas) fueron escritos bien entrado el siglo segundo. Más importantemente, los verdaderos Evangelios fueron reconocidos en todo el mundo conocido como originados por parte de los apóstoles o de sus colaboradores cercanos.

¿QUÉ SUCEDIÓ CON LOS ORIGINALES?

A los escritos originales del Nuevo Testamento se les llama *autógrafos*. Estos fueron escritos en materiales perecederos, de los cuales carecemos. ¿Eso significa que no podemos saber lo que fue escrito originalmente? Desde luego que podemos saberlo. Recuerde que todos los libros antiguos fueron copiados a mano y transmitidos. Nosotros estudiamos estas copias a través de la ciencia de la crítica textual.

Imagínese que se encuentra en un salón de clases con cien alumnos en un salón universitario, y el profesor coloca en el proyector una carta del presidente de la universidad. Se le pide a todo el salón copiar la carta y mantener la copia en sus registros. Ahora suponga que la carta original se pierde. ¿Podríamos reconstruir la carta original a partir de las cien copias que realizaron los alumnos? Desde luego. ¿Qué si hubiera errores tales como palabras mal escritas o enunciados faltantes debido al error humano en las copias? La ciencia de la crítica textual le ayudaría a decidir con un alto grado de probabilidad lo que se dijo originalmente. Cada copia sería comparada con las otras, y asumiríamos que el texto encontrado en la mayoría de copias es la redacción original. Aunque las copias de los libros del Nuevo Testamento no fueron escritas al mismo tiempo o en la misma región. Los eruditos bíblicos tienen varias estrategias que ayudan a determinar lo que decían los autógrafos. Algunos toman las múltiples copias del Nuevo Testamento y reconstruyen la mayoría de manuscritos por el "texto mayoritario" o lo que la mayoría de manuscritos dice. La mayoría utilizan otros métodos más complejos y sofisticados que este, pero comparar numerosos manuscritos es una comprensión básica acerca de cómo pueden reconstruirse los originales. De hecho, se han descubierto más de cinco mil manuscritos solo en griego, varios de los que datan de antes del año 300 d.C. Con abundantes recursos del Nuevo Testamento, los eruditos modernos pueden reconstruir 99% del Nuevo Testamento con extrema confianza.[6] Por el contrario, la mayoría de las reconstrucciones de literatura antigua no bíblica están basadas en solo algunos textos escritos muchos años después del original.

Además de las copias de los libros y las cartas del Nuevo Testamento, existe una cantidad masiva de citas de los libros y las cartas del Nuevo Testamento en los escritos de los primeros cristianos. De hecho, podríamos reconstruir la mayor parte del Nuevo Testamento solamente a partir de estos escritos. El Dr. Dan Wallace, uno de los principales eruditos actuales del Nuevo Testamento, ha confirmado lo siguiente:

> Ahora, si destruyéramos todos esos manuscritos, no nos quedaríamos sin testimonio. Eso se debe a que los antiguos líderes cristianos, conocidos como los fundadores de la Iglesia, escribieron comentarios acerca del Nuevo Testamento. Hasta ahora se han registrado más de un millón de citas del Nuevo Testamento de los fundadores de la Iglesia. "Si todas las demás fuentes para nuestro conocimiento del Nuevo Testamento fueran destruidas, [las citas patrísticas] serían suficientes para la reconstrucción de prácticamente todo el Nuevo Testamento".[7]

La importancia de los Rollos del Mar Muerto

En 1947, un chico de quince años estaba pastoreando con sus primos en Qumrán, Palestina, cerca del Mar Muerto. Arrojó una piedra a una cueva y escuchó el ruido de barro que se quebraba. Cuando entró en la cueva para averiguar el extraño ruido, encontró varias vasijas de barro que contenían escritos que databan del siglo II a.C. Los documentos encontrados en esta y en cuevas similares incluían al menos fragmentos de cada libro del Antiguo Testamento, con excepción del libro de Ester. Estas copias eran mil años más antiguas que cualquier manuscrito hebreo de la Biblia descubierto hasta entonces.

Los manuscritos les dieron a los eruditos la excepcional capacidad de comparar cuánto de los escritos había cambiado durante los años. Algunos eran esencialmente iguales. En particular, se identificó todo el libro de Isaías.

Asombrosamente, el texto era 95% idéntico a aquel que se encuentra en las Biblias de hoy, y la mayoría de las diferencias eran errores ortográficos simples o errores de pluma que ya se habían identificado.[8]

¿FUE ESCRITA POR HOMBRES?

A menudo se plantea la pregunta: ¿La Biblia fue escrita por hombres? Absolutamente. Muchos de estos libros tienen los nombres de los escritores en el título: Isaías, Jeremías, Job, Marcos, Judas. Pero esa no es la historia completa. Estos libros llevan la marca de la inspiración divina y, finalmente, de la autoría divina. Es por ello que se les conoce como la Palabra de Dios, no sólo en un sentido metafórico, sino en un sentido bastante real. No solo de forma inspiradora, sino con respecto a su autoridad. Jesús habló inequívocamente de la Escritura como un texto con autoridad y confiabilidad, incluso en los detalles más pequeños (Mateo 5:18). Su resurrección de la muerte confirmó que Él es Dios, de manera que se puede confiar en su autentificación de la Escritura.

La Biblia contiene los mandamientos y las leyes referidos comúnmente como "No...". No son solo prohibiciones, sino afirmaciones de la realidad que funciona como leyes morales. Tal como la gravedad y la relatividad funcionan en el mundo físico, quebrantar estas leyes morales tiene consecuencias. Si usted está conduciendo por la carretera y ve un letrero de advertencia que diga: "¡Peligro adelante! ¡Rodee!", usted no se ofende por el anuncio o con la persona que lo colocó. Su propósito es protegerlo, no dañarlo. El daño viene al ignorar la señal. De la misma manera, el daño viene al ignorar los mandamientos de Dios.

Pero también hay promesas. Dios es un hacedor de

promesas y un cumplidor de promesas. "Te bendeciré" (Génesis 12:2), dice Él. "Honra a tu padre y a tu madre, que es el primer mandamiento con promesa; para que te vaya bien, y seas de larga vida sobre la tierra" (Efesios 6:2-3). Hay más promesas que mandamientos; de hecho más de siete mil. Hay promesas que nos ayudan a guardar los mandamientos. "Así que, amados, puesto que tenemos tales promesas, limpiémonos de toda contaminación de carne y de espíritu" (2 Corintios 7:1). Dios no nos da mandamientos que Él sabe que no podemos guardar, o que no podamos cumplir sin su ayuda.

Es como la computadora Apple que estoy utilizando para escribir este manuscrito (la analogía también se aplica a las computadoras). Para saber cómo funciona debo consultar el manual de instrucciones que Apple me dio. Debo repararla con partes de Apple y utilizar un cargador específicamente para computadoras Apple. Nunca considero que esos requerimientos sean exclusivos o injustos. Me enfoco más en las cosas asombrosas que puede hacer la computadora, y veo útiles y no engorrosas las instrucciones para que funcione apropiadamente.

De la misma manera, debido a que somos diseñados por Dios, nosotros funcionamos mejor con su poder y su verdad al seguir sus instrucciones. Cualquier desviación nos lastima así como colocar agua en lugar de gasolina en el motor de un coche evitará que funcione. Dios desea darnos el poder de vivir óptimamente en el mundo que Él hizo, de manera que nos dio instrucciones precisas de cómo sucede. La Biblia, en un sentido real, es el manual de instrucciones para la vida.

El libro más popular del mundo

No hay manera de exagerar la importancia de la Biblia en términos de cómo ha moldeado la historia, le ha dado valor y dignidad a la humanidad, ha definido el bien y el mal, les ha dado derechos a las mujeres y los niños y ha demostrado que todo aquel que le teme es bienvenido a su presencia (Hechos 10:35). Es seguro decir que no podemos comprender el mundo en que vivimos sin entender la Biblia. Desde la fundación de la civilización occidental hasta la crisis del Medio Oriente, la Biblia es la clave para comprender los orígenes de estos y otros acontecimientos.

El conocimiento de Dios que viene a través de la creación es la *revelación general*. Hay suficiente evidencia de Dios en lo que Dios ha creado que "no tenemos excusa" para rechazar su existencia (Romanos 1:20). La Escritura es la *revelación especial* de Dios al hombre en cuanto a que hemos recibido una mayor claridad de cómo es Dios. La revelación especial es como colocarse gafas y ver claramente lo que solo podemos ver parcialmente a través de la revelación general.

¿Se lee la Biblia literalmente?

Bien, primero que nada, es importante, *literalmente, leerla* y no solo poseerla. Tener una enorme Biblia en su mesa de centro o en su mesa de noche, no ayudará mucho. Muchos escépticos que descartan la Biblia nunca la han leído en realidad. Tomar y hojear la Biblia no le ayudará más que tomar un libro de cálculo y hojearlo para construir un cohete espacial.

Existen diferentes tipos de literatura en la Biblia:

poética, alegórica, parábolas, histórica, didáctica, epistolar, apocalíptica, profética, entre otros. Decir que lee la Biblia literalmente significa que la toma en el sentido que el autor intentó comunicar el mensaje escrito. Hay muchas teorías que los críticos han presentado para reducir el peso de la autoridad de la Biblia. Algunos de estos argumentos son sofisticados y tendenciosos. Otros rayan en el absurdo. Estando en un campus universitario, eso se puede tornar muy gracioso.

Una alumna se me acercó y me dijo: "Yo creo que la Biblia provino del espacio exterior". Yo acababa de hablar en la Universidad de Calgary, en Canadá, y estaba respondiendo preguntas en la taberna del lugar donde se había llevado a cabo la reunión (los líderes cristianos que me invitaron estaban preocupados de que no me sintiera a gusto hablando en un bar, lo cual me hizo reír cuando recordé mis días universitarios, en los que trabajaba en un bar local; fue un contexto mucho más fácil que muchas de las iglesias en las que he estado, definitivamente es más fácil llevar a los muchachos a un bar a cantar de lo que es llevarlos a los servicios dominicales de las ocho de la noche a los que he asistido).

La joven que me dijo que creía que la Biblia había sido producto de los extraterrestres que visitaron nuestro planeta y que hicieron comenzar la vida, fue sincera en su explicación. Yo intenté tomarla en serio y no explotar de risa. En realidad era una idea bastante innovadora en términos de lo que he escuchado que los alumnos han dicho en el pasado. Normalmente escucho lo normal: "La Biblia está llena de contradicciones"; o teorías inspiradas en *El código Da Vinci*,[9] que afirman que los sacerdotes corrompieron o inventaron la Escritura para sus propios fines o los del emperador Constantino alrededor del 325 d.C.

Di un paso hacia atrás, miré a un trabajador del campus

que estaba parado junto a mí, y pensé: *¿Qué le voy a decir?* Y luego me vino la idea como un rayo de inspiración del cielo: "Si los extraterrestres se tomaron la molestia de venir hasta acá para dejarte la Biblia, ¿no crees que debes leerla?".

La alumna se quedó anonadada con mi respuesta y lentamente asintió. Acababa admitir el argumento OVNI como verdadero. Si ella realmente creía que la Biblia tenía ese tipo de origen inusual, debería ser la motivación suficiente para que al menos la leyera.

La creencia en la existencia de Dios no depende de si alguien acepta la verdad de que la Escritura sea la revelación de Dios al hombre. William Lane Craig, quien absolutamente cree que la Biblia es la Palabra de Dios, me dio un consejo acera de cómo dirigir el debate acerca de este tema vital. Su estrategia es demostrar que la Biblia es un libro históricamente confiable que proporciona un claro testimonio de que Cristo vivió, murió y resucitó. En la opinión de Craig, es importante no desviarse al enfocarse en una defensa de la infalibilidad de la Escritura, especialmente si alguien no cree en Dios. El Dr. Dan Wallace está de acuerdo con esta perspectiva:

> La manera en que abordamos esto es reconociendo la primacía de Cristo como Señor de mi vida, como maestro soberano del universo. Y, al mirar las Escrituras, primero que nada deben ser los documentos que yo considero como relativamente confiables para guiarnos hacia lo que hizo Cristo y lo que Dios ha llevado a cabo en la historia. Bajo ese entendido, sobre esa base, comienzo a examinarla en otras maneras.[10]

En otras palabras, la Biblia nos da un relato confiable de la vida, la muerte y la resurrección de Cristo. Su identidad como el Hijo de Dios se comprobó con su resurrección. Nuestra fe está primero que nada en Él, y debido a su autoridad, nosotros aceptamos las Escrituras como verdaderas y confiables.

Algunos escépticos piensan que pueden descartar la Biblia como un testimonio de la existencia de Dios al rechazar la posibilidad de que Dios usara palabras para revelarse a sí mismo. Es evidente que si usted no cree en Dios, no creerá en la posibilidad de que la Escritura esté divinamente inspirada. Una entrada típica de Twitter o de un blog del mundo de los ateos de la internet expresa una burla para el creyente comprometido: "¿En realidad piensas que alguien podría ser persuadido a creer que dios es real por citar un libro religioso?". Esta pregunta es el equivalente intelectual de disparar desde un coche en movimiento. Un pensamiento completamente aleatorio e irracional que lastimará a los espectadores inocentes. ¿No puedo darle a alguien un ejemplo preciso de la historia de Estados Unidos o de cualquier otro país al leer su historia en un libro? Desde luego que sí. Definitivamente hay una diferencia entre la ficción y la no-ficción. La Biblia no comienza con: "Érase una vez", ni con: "Hace muco tiempo, en una galaxia muy, muy lejana". Está cimentada en la historia—la historia comprobable—.

La frase: "Así dice el Señor" se menciona cientos de veces en las páginas de la Biblia. Lo cual apunta al origen divino de estos escritos sagrados. El testimonio supremo de su autoridad proviene de Jesús mismo. Cuando su resurrección comprobó su identidad como Hijo de Dios, Él afirmó: "El cielo y la tierra pasarán, pero mis palabras no pasarán" (Mateo 24:35).

Para ayudarle a recordar algunos de los aspectos más importantes que hacen que la Biblia sea confiable, así como única, usted puede utilizar los principios inspirados de

Hebreos 4:12: "Porque la palabra de Dios es viva y eficaz, y *más cortante* que toda espada de dos filos" (énfasis del autor).

IGUAL

La Biblia se ha transcrito y se ha pasado de generación en generación consistentemente durante siglos. La noción de que ha sido corrompida hasta el punto de oscurecer lo que se dijo originalmente simplemente no es verdad. Los autógrafos fueron escritos en un material perecedero y ya no están con nosotros, pero hay suficientes copias de esos originales para que reconstruyamos el texto original con una exactitud del 99%. "De aproximadamente 138 000 palabras del Nuevo Testamento, solamente permanecen bajo duda 1 400. El texto del Nuevo Testamento, por ende, está establecido en un 99%. Eso significa que cuando recogemos un Nuevo Testamento (griego) en la actualidad, podemos estar confiados de que estamos leyendo el texto como fue escrito originalmente".[11] Ninguna de estas diferencias en palabras, frases o versos afectan alguna afirmación o doctrina cristiana. "La gran mayoría son diferencias de ortografía que no tienen relevancia en el significado del texto".[12] De igual manera, el descubrimiento de los Manuscritos del Mar Muerto demostró que el libro de Isaías ha permanecido virtualmente igual durante siglos.

Vale la pena reiterar que la Biblia es una colección de sesenta y seis libros escritos por cuarenta autores, en un periodo de mil seiscientos años. A pesar de la diversidad de autores y contextos de cada libro, los temas de la redención y la salvación son consistentes. De Génesis a Apocalipsis esto es verdad. Los diferentes hilos se entretejen en un hermoso tapiz que representa la historia de redención de Dios en la historia. Aunque en la Biblia se cubren varios temas, se desarrolla un tema dominante y consistente para revelar la suprema salvación que se encuentra en Jesucristo.

HISTÓRICAMENTE PRECISA

Los nombres y lugares que se mencionan son reales. A menudo, los escépticos afirman que el Nuevo Testamento está lleno de mitos y tergiversaciones de la enseñanza de Jesús y de su ministerio. Ellos argumentan que los seguidores de Jesús estaban tan desconcertados por su muerte que se engañaron a sí mismos para creer que Él había resucitado de la muerte. Naturalmente, tal caso tendría como consecuencia que las percepciones de Jesús después de su muerte fueran radicalmente diferentes de la historia de Jesús. Sin embargo, como lo discutimos en el capítulo anterior, Jesús en realidad resucitó de la muerte. ¿Por qué otra razón sus seguidores proclamarían audazmente la resurrección de Jesús en Pentecostés y finalmente morirían como mártires defendiendo sus afirmaciones? Por lo tanto, sabemos con confianza que los discípulos de Jesús guardaron cuidadosamente sus enseñanzas y las historias acerca de su ministerio. Además, ellos se las repitieron con regularidad durante décadas a grandes cantidades de primeros creyentes. Aquellos que fueron enseñados por los discípulos, luego volvieron a relatar las historias en otras comunidades un sin fin de veces. De hecho, los estudios de las tradiciones orales indican que las similitudes y las diferencias entre los Evangelios corresponden como se esperaría si la información central fuera verdad.[13]

Los Evangelios y el libro de Hechos también presentan una imagen consistente entre sí y con los escritos de Pablo acerca de la vida, el ministerio y la enseñanza de Jesús. Por ejemplo, Lucas y Mateo utilizan el Evangelio de Marcos como la fuente y la posibilidad de otra fuente llamada Q.

Al comparar aquellos tres Evangelios, podemos saber que ambos autores utilizaron sus recursos fielmente. Existen diferencias menores entre los relatos paralelos, pero estas tensiones normalmente se explican en términos de la flexibilidad que los autores antiguos tenían al reacomodar el material, parafrasear las enseñanzas y contextualizar las historias para audiencias particulares.[14] Algunas diferencias son más complicadas de armonizar, tales como los relatos de la muerte de Judas (Mateo 27:5; Hechos 1:18). Sin embargo, ninguna de estas tensiones afectan nuestra comprensión del mensaje o los eventos centrales, y ningún historiador imparcial consideraría estas diferencias como evidencia de que los libros fueron invenciones.

Más asombroso aún es que las descripciones de los eventos en un Evangelio "encajan" con las descripciones paralelas de los demás Evangelios. Por ejemplo, Jesús le preguntó a Felipe dónde podían comprar comida en el relato de Juan acerca de la alimentación milagrosa (6:5), pero no se brinda explicación de por qué le preguntó a Felipe. En Lucas sabemos que este milagro sucedió cerca de Betsaida (9:10), la cual era la ciudad natal de Felipe (Juan 12:21). El hecho de que Jesús le pregunte a Felipe, como lo describe Juan, es coherente con la información adicional de Lucas. Estas conexiones muestran que las historias de los Evangelios están basadas en eventos históricos reales.[15]

Comprobada arqueológicamente

La arqueología ha comprobado la historicidad de la Biblia. La perspectiva de que los autores del Nuevo Testamento estuvieron íntimamente involucrados en las historias que describieron es respaldada por numerosas confirmaciones arqueológicas. Por ejemplo, el famoso arqueólogo, William Ramsay, confirmó que incontables detalles del libro de Hechos son correctos. Originalmente, Ramsay esperaba que sus estudios desaprobaran la confiabilidad del libro, pero su trabajo comprobó que su teoría era incorrecta.

Entre más he estudiado la narrativa de Hechos y entre más he aprendido año tras año acerca de la sociedad, los pensamientos y las costumbres grecorromanos, y la organización de sus provincias, más me admiro y mejor comprendo. Me aventuré a buscar la verdad en la frontera donde se juntan Grecia y Asia, y la encontré [en el libro de Hechos]. Podemos aplicarle presión al libro de Lucas a un grado más allá de cualquier historiador, y soporta el escrutinio más agudo y el trato más duro, siempre y cuando el crítico conozca el tema y no vaya más allá de los límites de la ciencia y la justicia.[16]

Eruditos más recientes han confirmado de igual manera la extraordinaria confiabilidad de Lucas como historiador.[17]

Los arqueólogos también han confirmado incontables detalles de los Evangelios, desde la descripción del estanque de Betesda (Juan 5:2) a los detalles acerca de la moneda que se menciona cuando Jesús fue cuestionado con respecto a pagar los impuestos al César (Marcos 12:13-17). Ya que muchos de estos detalles de los Evangelios y de Hechos no eran conocidos ampliamente fuera del ámbito local, los autores debieron haberlos obtenido de la experiencia de primera mano.[18]

La fiabilidad histórica del Antiguo Testamento es una cuestión mucho más compleja, ya que muchos de los eventos registrados sucedieron en el pasado remoto. Muchos de los detalles que fueron desafiados por los escépticos han sido confirmados por la evidencia arqueológica actual. En resumen, al Antiguo Testamento le ha ido bastante bien cuando se compara con otros documentos antiguos.[19] Cualquier dificultad histórica que aun no se haya resuelto, de ninguna manera amenaza la fiabilidad de la Biblia.

MANUSCRITOS CONFIABLES

El número de manuscritos antiguos del Nuevo Testamento excede el número de otros documentos antiguos. Por ejemplo, los manuscritos de la *Iliada* del escritor griego antiguo, Homero, datan de más de un milenio después [del tiempo en que fueron escritos los originales], con menos de dos mil manuscritos descubiertos. En cambio hay más de cinco mil manuscritos del Nuevo Testamento, y más de cien de ellos fueron escritos dentro de los primeros cuatro siglos.

Permítame reiterarlo: la mayoría de las diferencias entre manuscritos simplemente consisten en diferencias ortográficas, uso de sinónimos distintos y resúmenes de las secciones. Muy pocas de ellas representan una diferente comprensión significativa del texto, y ninguna altera en forma alguna la enseñanza fundamental cristiana.

El descubrimiento de los Manuscritos del Mar Muerto revelan la impactante evidencia de la fiabilidad y la integridad de los libros del Antiguo Testamento. Se demostró que las afirmaciones de que los manuscritos fueron de alguna manera corrompidos durante los siglos a manos de los rabinos y los sacerdotes que los copiaron son espurias. Si los escribas que copiaron la Escritura en los tiempos medievales cometían incluso un solo error en un manuscrito, este era destruido inmediatamente. La integridad y la reverencia de la transcripción de la Biblia es asombrosa y no tiene paralelos.

LO PROFÉTICO

Otra dimensión sorprendente de la naturaleza sobrenatural de la Escritura es la predicción de futuros eventos conocidos como *profecía*. Naturalmente, los eruditos escépticos han intentado volver a fechar los libros proféticos a años después de que se cumplieran las profecías. Sin embargo, la evidencia interna tal como el vocabulario y los lenguajes utilizados en los libros sugieren que cada uno fue escrito en los tiempos de los autores nominales.

Numerosas predicciones hechas a través de la Biblia se cumplieron en la historia. Por ejemplo, Isaías predijo un siglo antes que el rey Ciro de Persia le permitiría a Israel regresar a su tierra y reconstruir el templo (Isaías 44:28). El profeta Ezequiel predijo varios detalles acerca de la caída de Tiro (Ezequiel 26) y de Sidón (Ezequiel 28:22-23). De igual manera, el profeta Daniel predijo el surgimiento de los siguientes tres imperios y el periodo en el que se cumpliría la venida de Jesús (Daniel 9:24-27).

Igualmente asombrosas son las docenas de profecías que fueron cumplidas por Jesucristo mismo. Los autores del Antiguo Testamento predijeron el nacimiento de Jesús en Belén (Miqueas 5:2), su ministerio en Galilea (Isaías 9:1-2), que descendería del rey David (Isaías 11:1), y la entrada triunfal en Jerusalén (Zacarías 9:9). Tales predicciones son las marcas divinas que están en toda la Escritura.

Se necesita abordar un desafío a la profecía. Como lo mencioné, muchas escrituras del Antiguo Testamento apuntan claramente a Jesús, pero algunas de las citas de los autores del Nuevo Testamento son más complejas. En particular, los escritores de los Evangelios a veces parecen tomar escrituras del Antiguo Testamento fuera de su contexto original. Por ejemplo, Mateo cita Jeremías 31:15 en conexión con el asesinato que ordenó Herodes de los hijos varones de Belén, mientras que Jeremías parece estarse refiriendo al exilio judío. Aunque tales tensiones puedan parecerles problemáticas a los lectores modernos, estas se disuelven cuando se comprende por completo la estructura teológica de los escritores del Nuevo Testamento. Los autores no veían escrituras particulares regadas por el Antiguo Testamento que apuntaban a Cristo. En cambio, ellos vieron a Jesús como el cumplimiento de toda la historia y el llamado divino de Israel. Como tal, ellos a menudo conectaban con Jesús ciertas escrituras del Antiguo Testamento que se relacionaban con eventos del marco de tiempo original del autor, ya que Él cumplió todo su significado en una manera todavía mayor.

El impacto extraordinario

La Escritura ha alterado poderosamente la vida de personas y naciones enteras. Se le da una claridad específica a la ley moral a través de las páginas de la Biblia. Los Diez Mandamientos se mantienen como el punto de referencia sin par para la ley civil. Los dos grandes mandamientos de Jesús de amar a Dios y amar al prójimo son resúmenes de los Diez Mandamientos. Amar a Dios es tener un expresión específica, y amar al prójimo se demuestra no solamente a través de un sentimiento o emoción, sino de acciones. Cuando comunidades enteras han acogido la enseñanza de la Escritura, tal transformación se ha extendido por ciudades e incluso naciones enteras. Ejemplos de tal cambio cultural se presentan en el capítulo 9. En términos del impacto personal, la enseñanza de la Biblia les ha dado poder a sus lectores para superar adicciones, restaurar familias, experimentar paz y gozo e incluso perdonar enemigos implacables. Los testimonios de tal evidencia del poder divino se presentan en el capítulo 10.

Resulta extraordinario que la Biblia haya sobrevivido a

los intentos de desacreditarla. La Biblia ha sido prohibida, quemada y menospreciada, no obstante ha durado más que todos sus opositores. Los escépticos a menudo desafían tal evidencia diciendo que muchas personas y sociedades han acogido la Biblia sin ver resultados positivos. Un ejemplo común son las comunidades cristianas a lo largo de la historia que han acogido el racismo y han demostrado poca preocupación por los pobres y necesitados. Esta crítica es definitivamente justa. Sin embargo, ignora el hecho de que Jesús mismo predijo que muchos de los que profesan seguirle no obedecerían fielmente sus enseñanzas. Solamente creer en la Biblia o incluso leerla no transforma vidas. La gente debe colocar toda su fe en la promesa que Jesús hizo de perdonar sus pecados y en el poder del Espíritu Santo para transformarlos desde adentro. Entonces, el Espíritu Santo trae la revelación divina haciendo que la Escritura moldee el corazón y la mente de los lectores. Leer la Biblia sin el Espíritu Santo es más como mirar la televisión sin los canales por cable.

Es relevante

La Biblia proporciona una revelación atemporal de la naturaleza de Dios y de la humanidad. Sus mandamientos continúan siendo la mejor guía para el comportamiento humano. Los escépticos han descartado las leyes como simple sentido común, pero la historia ha demostrado nuestra tendencia hacia el mal y la necesidad de refrenarlo.

El último principio fácilmente podría denominarse como *real*. Es como mirarse al espejo. Nos muestra exactamente cómo nos vemos. La Biblia ha mostrado la imagen real de la humanidad, buena o mala, a través de la historia. [En la Biblia se cuentan] las historias de las personas más fieles a Dios que pecaron tal como sucedieron. Sin encubrir las partes desagradables o cambiarles detalles para esconder las manchas. La Biblia cuenta la historia de personas reales con una vida real. Es importante saber que los diferentes autores de la Escritura escribieron en estilos literarios diferentes en su día y abordaron asuntos específicos para sus audiencias. Dios guió divinamente este proceso para asegurarse de que escribieran lo que Él planeó para su contexto particular. Pero también dirigió a los autores para asegurarse de que sus palabras se conectaran con una historia más amplia, la cual está planeada para la gente de todas las generaciones.

Los diferentes libros de la Biblia traducen la verdad de Dios a una vasta variedad de contextos y situaciones culturales: nómadas orientales antiguos (Éxodo), cosmopolitas occidentales (romanos), griegos (corintios), con predominancia de la fe (1 y 2 Samuel), hostiles a la fe (Ester), posmodernos (Eclesiastés), artísticos (Salmos), entre otros. Por lo tanto, los cristianos de virtualmente cualquier contexto y perspectiva culturales pueden identificarse profundamente con múltiples libros de la Biblia. Dichos libros encienden el entendimiento de otros libros. Como un importante ejemplo particular, los occidentales modernos a menudo encuentran las genealogías de Génesis completamente irrelevantes. Normalmente se preguntan por qué Dios habría deseado incluirlas siquiera. Estas se conectan mucho más fuertemente con el flujo lógico de la epístola de Romanos. Por el contrario, los misioneros que traducen la Biblia a idiomas tribales a menudo descubren que los lectores nativos no encuentran creíbles las historias hasta que se traducen las genealogías. A diferencia de la mayoría de los occidentales, las culturas tribales a menudo recurren al pasado, de manera que las genealogías comprueban la credibilidad.

Resumen

Durante este proyecto he tenido que sentarme con uno de los eruditos preeminentes de la Biblia, el Dr. Dan Wallace, un profesor de estudios del Nuevo Testamento del Dallas Theological Seminary. El Dr. Wallace también dirige el Centro para el Estudio de los Manuscritos del Nuevo Testamento. Ha debatido con Bart Ehrman tres veces y es tan interesante como inteligente.

En mi tiempo con él obtuve tres principios certeros. El primero: la Biblia es verdad en lo que nos *dice*. Cuando la Biblia nos habla acerca de una persona o un lugar, esto puede ser aceptado como verdadero. En segundo lugar: la Biblia es verdadera en lo que *enseña*. Las enseñanzas de la Biblia han cambiado el curso de la historia para bien, y sus principios permanecen como la luz que guía a la humanidad en todo sentido y en toda cultura. En tercer lugar: la Biblia es verdadera en lo que *toca*. Aunque no sea un libro de ciencia, no contradice lo que sabemos que es verdad desde un punto de vista científico. Incluso los primeros capítulos de Génesis, aunque vehementemente debatidos en muchos círculos, no contradicen lo que la ciencia ha comprobado acerca del mundo físico. Aunque las muy limitadas interpretaciones tanto de escépticos como de creyentes pueden dejar a algunos con un sentido de diferencias irreconciliables, existen respuestas claras para la mente objetiva.

Todos fuimos creados a la imagen de Dios y somos afectados por la naturaleza caída del mundo. Por lo tanto, la verdad de la Biblia habla directamente a los asuntos centrales de la vida de todos. Los cristianos de cualquier trasfondo experimentarán la vida con una abundancia mucho mayor si simplemente siguen los principios centrales detrás de la Escritura. De hecho, la experiencia y varios estudios académicos han demostrado que los cristianos que siguen la Escritura tienen una mejor salud y otros beneficios de la vida.[20]

Todo los hechos que han sido mencionados aquí apuntan definitivamente a la verdad de que la Biblia es una obra inspirada divinamente que sirve como un testimonio confiable de la existencia de Dios.

9

EL EFECTO DE LA GRACIA

De su plenitud todos hemos recibido gracia
sobre gracia, pues la ley fue dada por medio
de Moisés, mientras que la gracia y la verdad
nos han llegado por medio de Jesucristo.

—JUAN 1:16-17, NVI

Tengo una vida tan fantástica que siento una
gratitud abrumadora [...] Pero no tengo a quién
expresarle mi gratitud. Este es un vacío dentro de
mí, un vacío de desear alguien a quien agradecerle,
y no veo una manera plausible de llenarlo.

—BART EHRMAN, *EL PROBLEMA DE DIOS*[1]

LA VIDA ERA BARATA. ESA ES LA MEJOR MANERA DE
describir el mundo de hace dos mil años. No se estaba
volviendo menos maligno, sino se estaba haciendo más
despiadado e insidiosamente indiferente a la vida humana.
Los niños eran sacrificados en rituales paganos, las mujeres
tenían apenas más valor que el ganado, y la esclavitud tenía
en cautiverio al menos a un cuarto de la población romana.
El mundo estaba cubierto por una densa oscuridad en el
sentido espiritual.

Cuatro imperios exitosos habían tenido la oportunidad

de dominar a la raza humana: Babilonia, Persia, Grecia y Roma. Los cuatro alardeaban con emperadores que actuaban como dioses, conquistaban de manera brutal toda oposición y utilizaban toda su fuerza para mantener al mundo bajo su poder. El poder de su imperio no tenía comparación y tenía pocos desafíos, hasta que eran conquistados por el siguiente imperio.

Hace varios años, Russell Crowe protagonizó en la película *El gladiador*, la cual se desarrolla en los días del Coliseo romano, donde los participantes, en su mayoría esclavos y criminales, peleaban hasta la muerte. La evidente indiferencia ante la vida humana se mostraba libremente mientras las ovaciones o los abucheos de la multitud determinaban la vida o la muerte del perdedor.

Fue en este mundo que Jesús nació. El Salvador más inverosímil que alguien pudo haber imaginado. ¿Un pequeño niño contra el Imperio Romano? No había muchas probabilidades. En una cultura en la que solo sobrevivían los fuertes, Cristo llamaría a sus seguidores a "amar a sus enemigos" y a "ponerles la otra mejilla". La afirmación de Jesús: "Porque de tal manera amó Dios al mundo", era tan nueva para la mente pagana.[2] Que Dios amara a su creación y se preocupara por ella era una idea revolucionaria, ya que era contraria a los dioses mitológicos de los griegos y los romanos quienes miraban desde la cima de la montaña.

Debido a la naturaleza convincente de esta verdad y este mensaje, el cristianismo prevaleció contra este poderoso gigante del Estado romano, no por fuerza militar desde afuera, sino mediante cambiar el corazón y la mente desde adentro. El historiador Will Durant, quien escribió una serie clásica de obras acerca de la historia mundial, habló sobre el triunfo de la cruz sobre el Imperio Romano:

No hay un drama más grande en el registro humano que ver a unos cuantos cristianos despreciados y oprimidos por una sucesión de emperadores, soportando todas las pruebas con fiera tenacidad, multiplicándose calladamente, edificando el orden mientras que sus enemigos generaban caos, combatiendo la espada con la palabra, la brutalidad con la esperanza, y finalmente venciendo al estado más fuerte que la historia ha conocido. César y Cristo se enfrentaron en la arena, y Cristo ganó.[3]

Contrario a la obra ficticia de Dan Brown, *El código Da Vinci,* el cristianismo no ganó su influencia debido a que el emperador Constantino lo aceptara; fue aceptado por el poder del mensaje y la vida convincente de los creyentes trescientos años antes de Constantino. De hecho, en los primeros treinta años luego de la resurrección de Cristo, el mundo fue puesto de cabeza por este grupo comprometido de seguidores fieles. Como Michael Green escribió:

Tres décadas son cruciales en la historia mundial. Eso es todo el tiempo que se necesitó. En los años entre 33 y 64 d.C., nació un movimiento. En esos treinta años tuvo un crecimiento y una credibilidad suficientes para convertirse en la religión más grande que el mundo ha conocido y transformar la vida de cientos de millones de personas. Se ha extendido a cada rincón del mundo y tiene más de dos mil millones de adherentes putativos.[4]

El plan de Dios de derribar tal poder y fuerza no fue enviando un ejército humano, sino enviando a un niño, nacido sin privilegios, el hijo de un carpintero: "Y el Verbo se hizo hombre y habitó entre nosotros. Y hemos contemplado su gloria, la gloria que corresponde al Hijo unigénito del

Padre, lleno de gracia y de verdad [...] De su plenitud todos hemos recibido gracia sobre gracia, pues la ley fue dada por medio de Moisés, mientras que la gracia y la verdad nos han llegado por medio de Jesucristo" (Juan 1:14, 16-17, NVI).

El efecto de su gracia en el mundo ha sido colosal, por decir lo menos. Quitar esa gracia sería como quitar el agua del cuerpo humano y esperar que sobreviva. "Antes de la venida de Cristo, la vida humana en este planeta era sumamente barata. La vida era prescindible antes de la influencia del cristianismo. Incluso ahora, en partes del mundo donde Cristo o el evangelio no han penetrado, la vida es sumamente barata".[5] Es por ello que a menudo se habla de la gracia como asombrosa. No significa que seamos perdonados por Dios por hacer el mal, sino que tenemos el poder de vencer la tendencia humana hacia el mal. No solamente para cometer actos malvados, sino también para generar culturas y estructuras malvadas para institucionalizar y legitimar lo que la gente malvada hace.

LA GRACIA Y LA RELIGIÓN SON DOS COSAS DISTINTAS

Los escépticos confunden rápidamente la gracia con la religión, y luego recitan de un tirón cada acto incorrecto por algún grupo o persona religiosa para comprobar que tienen razón. Es el caso clásico de caracterizar a 90% de la población mundial (menos 10% de ateos/agnósticos) basándose en las acciones de relativamente pocas personas.

Nadie confundió la gracia y la religión mejor que Christopher Hitchens, uno de los ateos más pronunciados de nuestra generación. En su libro, *Dios no es bueno: cómo la religión lo envenena todo*, esbozó una imagen distorsionada de la religión como siniestra y sumamente injusta. Tomar las peores partes de cualquier cosa que se considere religiosa y colocarlas juntas como una realidad es la táctica de un político sucio, no de alguien que intenta hacer un serio comentario histórico.

Educado en Oxford, Hitchens tenía un entendimiento de la literatura y una amplitud de experiencia como periodista que le hizo ser un formidable oponente de debate para cualquier contendiente aspirante del bando cristiano. Hitchens se pavoneaba como un campeón de box, jugando con sus oponentes hasta que decidía descartarlos, con una ráfaga de retórica y ridículo, dirigido a su objetivo favorito: los males de la religión. Incluso llegó a llamar a la madre Teresa un fraude.[6] La racha invicta de Hitchens llegó a un chirriante alto cuando se encontró con William Lane Craig en la universidad Biola en 2009. Craig quizá sea el apologista cristiano más formidable de nuestros días. Craig abrió sus observaciones desafiando a Hitchens a un debate en terrenos filosóficos y no a un debate acerca de religión. "El Sr. Hitchens obviamente no respeta la religión, posiblemente respete la filosofía", lo desafió.[7] Craig procedió a proporcionar la evidencia de Dios desde un punto de vista filosófico y científico. Las diatribas de Hitchens contra la religión como su caso principal contra la existencia de Dios eran meramente palos de ciego. Las revistas ateas confesaron: "Craig azotó a Hitchens como un niño tonto".[8]

Probablemente al reconocer que no debía alejarse de su tema antirreligioso, Hitchens encontró a alguien que estaba listo y dispuesto a aceptar su reto de que la religión había hecho más daño que bien en el mundo. El contendiente fue Larry Taunton, director de la Fixed Point Foundation, de Birmingham, Alabama. Taunton, un caballero sureño por excelencia, con un acento y un comportamiento modestos, podría haber llevado a Hitchens a menospreciarlo como contendiente. En cambio, Hitchens se topó con un formidable argumento de Taunton acerca de la evidencia de la existencia de Dios que él llama el *efecto de la gracia*. La tesis de Taunton es que el mundo ha sido dramáticamente impactado para bien debido a la influencia de la gracia de Dios.

Tomar en serio el desafío de John Lennon de "Imaginar" fija la mirada no solamente en el impacto positivo de la Gracia de Dios en la sociedad, sino también en cómo sería la vida si estas influencias positivas fueran eliminadas. En el libro, *The Grace Effect* [El efecto de la gracia], Taunton lo explicó de esta manera:

> Mi propósito es, más bien, defender la necesidad que tiene la sociedad del poder dulce, inspirador y culturalmente transformador del cristianismo. Espero que a través de la narración de nuestra experiencia, los lectores reciban un vistazo a un mundo sin la fe en Jesucristo y, como consecuencia, aprecien más lo que el cristianismo ha dado, está dando y puede continuar dándonos en tanto sigamos extrayendo su vasta riqueza.[9]

Taunton cuenta la asombrosa historia de Sasha, una chica que él y su familia adoptaron de Ucrania. La triste condición de la sociedad atea en la que nació proporciona el contraste de cómo luce la cultura cuando no hay señales de esa gracia. La opresión es palpable. Por otro lado, la gracia también puede ser palpable.

Cuando uno experimenta la gracia en su propia vida, le extiende gracia a los demás. A través de la transformación interna de la persona, existe una transformación externa correspondiente de la sociedad. Esto es lo que yo llamo el "efecto de la gracia". Definido simplemente, es un fenómeno observable *de que la vida es demostrablemente mejor donde florece el cristianismo auténtico.*[10]

LOS CRÍTICOS DE LA RELIGIÓN TIENEN RAZÓN

No se equivoque, a pesar de las grandes cantidades de personas que afirman creer en Dios y de la enorme variedad de expresiones religiosas, el objetivo de los escépticos es la fe cristiana. Es común escuchar cosas como: "Todos los cristianos son hipócritas", a lo cual yo respondo: "¿A cuántos hipócritas conoces personalmente?". Cuando se detienen a contar, a menudo se dan cuenta de que están contabilizando los pecados de unas cuantas personas y marginando a cerca de dos mil millones de personas en el planeta que afirman ser creyentes en Jesucristo.

El reformador inglés William Wilberforce, cuya campaña de veinte años contra la esclavitud resultó en su abolición, escribió un libro que sacudió a su país en 1727. El título es inusualmente largo: *Una perspectiva práctica acerca del sistema religioso dominante de los cristianos profesos, en las clases altas y medias de este país, contrastado con el verdadero cristianismo.* Más tarde se acortó a *Cristianismo real.* Demostró que la esencia del cristianismo había sido reemplazada con un mero moralismo y una obligación religiosa. Esto es exactamente lo que Cristo encontró durante su ministerio terrenal. La religión dominante no había comprendido la misericordia y el motivo de las leyes de Dios. Jesús vino a enderezar las cosas al demostrar el poder de la misericordia en acción.

Por lo tanto, los críticos de la religión no siempre

se equivocan al señalar las fallas y las deficiencias del cristianismo. Esa simplemente no es toda la historia. Solo creer en Dios y conocer el bien y el mal no nos hará elegir el bien sobre el mal. Ese conocimiento simplemente significa que no tenemos excusa. La Biblia advierte que incluso los demonios creen en Dios y tiemblan (Santiago 2:19).

Pero la gracia es el resultado del Espíritu de Dios que actúa en el corazón humano y nos da poder para vencer el mal. Hay millones de verdaderos creyentes que están sirviendo a Dios fielmente, así como sirviendo a su prójimo a través de actos de bondad, integridad y servicio. A través de su vida, Dios ha derramado su gracia como una fuente de agua fresca en un desierto. Debido a esta gracia, la vida puede levantarse de la muerte.

SUBLIME GRACIA

Una de las canciones más conocidas del planeta es "Sublime gracia", escrita por el extraficante de esclavos, John Newton, y publicada en 1779:

> Sublime gracia del Señor
> Que a mí pecador salvó;
> Fui ciego más hoy miro yo;
> Perdido y Él me amó.

La referencia de Newton de ser un "pecador" demostró el hecho de que había visto cuán horribles eran sus acciones a la luz de la gracia y la verdad de Dios. Mire, muchos acusan al Dios de la Biblia de ser duro y despiadado. Señalan hechos de juicio, tal como el diluvio de Noé, la orden a los ejércitos hebreos de destruir a los cananeos cuando entraran en la Tierra Prometida; o las duras sanciones, tales como la lapidación por quebrantar la ley de Dios.

La acusación es que Dios no podría ser amoroso si llevara a cabo tales actos de juicio. En primer lugar, Dios es un Dios de juicio así como de amor. Los dos rasgos no son mutuamente excluyentes. Si Dios no juzgara el mal, entonces Él no sería verdaderamente amoroso. Es por ello que la Biblia dice que "Justicia y juicio son el cimiento de tu trono; misericordia y verdad van delante de tu rostro" (Salmos 89:14). Nuestro corazón anhela justicia ahora. Piense en programas de televisión tales como *The People's Court* [El tribunal público] y *Divorce Court* [Tribunal familiar], en los que vemos un constante clamor de hombres y mujeres para que alguien enderece las cosas y les haga justicia. Cuando se comete un crimen de cualquier tipo, nosotros deseamos justicia. El único Ser del universo que es suficientemente sabio para juzgar correcta y verdaderamente, y que conoce toda la historia, es Dios. Cuando leemos que Dios actúa en juicio hacia una persona, ciudad o nación, muchos no logran reconocer la seriedad del mal que fue cometido y el número de oportunidades que los malhechores tuvieron para cambiar sus caminos antes de que llegara el juicio. La misericordia de Dios es más abundante que sus juicios.

La historia registra cuán corruptas y depravadas eran las naciones que él ordenó destruir. El asesinato y la indiferencia hacia la vida humana a través de sus prácticas detestables eran solo una parte de cuán perversas se habían vuelto. Cuando Dios actuó en juicio, fue como un cirujano que amputa un miembro canceroso para salvar a todo el cuerpo. Estas naciones necesitaban ser detenidas, así como los nazis en la Segunda Guerra Mundial.

Incluso en la ley de Dios en la que hay sanciones duras para el mal, había sacrificios que se podían hacer para evitar los castigos. Como siempre había más misericordia que juicio. ¿Recuerda la historia de Jonás? La mayoría de los críticos se enfoca en si pudo haber sido tragado por una ballena y sobrevivido. No obstante, el verdadero milagro fue la gracia que Dios le extendió a una ciudad malvada. Dios le dijo a Jonás que le dijera a la ciudad de Nínive que sería destruida. Jonás se escapó de su llamado, y es así como se encontró en el vientre de un gran pez. Cuando finalmente obedeció y le entregó el mensaje de Dios al pueblo de Nínive, ellos se arrepintieron y Dios los salvó. Jonás se inquietó y dijo: "Oh Señor! ¿No era esto lo que yo decía cuando todavía estaba en mi tierra? Por eso me anticipé a huir a Tarsis, pues bien sabía que tú eres un Dios bondadoso y compasivo, lento para la ira y lleno de amor, que cambias de parecer y no destruyes" (Jonás 4:2, NVI). En la mayoría de los casos, las advertencias severas de Dios a la humanidad son equilibradas con la oferta de la gracia. La sublime gracia fue demostrada en el Antiguo Testamento así como en el Nuevo. Es por ello que cada año durante Yom Kipur, el Día de la Expiación judío, se lee el libro de Jonás en las sinagogas de todo el mundo.

Mire, si usted no sabe cuán serias deberían ser las consecuencias de sus actos, usted nunca comprenderá de verdad cuán asombrosa es la gracia que Dios le extiende. Es por ello que la gente en la actualidad intenta minimizar el sacrificio de Cristo en la cruz por nuestros pecados para pagar por nuestra salvación. Nunca se han dado cuenta de la separación central de Dios que merecemos por nuestros pecados y asumen que la recompensa del cielo es definitivamente suya.

Tome como ejemplo la creencia del cielo o de la vida después de la muerte. Una mayoría dirá que creen que hay un lugar llamado cielo que existe más allá de esta vida física.

También admiten, cuando se les pregunta, que hay algunos que probablemente no estén en el cielo por sus delitos en la Tierra. Pero, ¿quién lo decide? Y además, ¿cuál es el criterio para entrar en el cielo? ¿Ser bueno? ¿Pero cuán bueno es suficientemente bueno?

Nadie se *merece* el cielo. Nuestros pecados de orgullo, egoísmo, lujuria y rebelión han resultado en una separación entre Dios y nosotros. Solamente cuando nos damos cuenta del castigo que merecemos comprenderemos la magnitud del regalo de Dios de salvación en Jesucristo. La gracia es el favor inmerecido de Dios hacia nosotros que nos dio a través de la muerte y la resurrección de Cristo.

EL IMPACTO DE LA GRACIA

La gracia de la que hemos estado hablando es la gracia que está disponible para nosotros como personas. Existe otro tipo de gracia llamada la *gracia común*. Esta describe las bendiciones que recibe una cultura por la bendición de Dios sobre una persona. Es por ello que Dios "hace que salga el sol sobre malos y buenos, y que llueva sobre justos e injustos" (Mateo 5:45, NVI). Muchas de las cosas buenas que damos por sentado son el resultado de la gracia de Dios que ha influido poderosamente en el mundo que vivimos. Miremos más de cerca el efecto de la gracia sobre nuestra sociedad.

1. LA DIGNIDAD DE LA VIDA

La devaluación de la vida en el mundo antiguo lógicamente proviene de cualquier perspectiva que rechace al verdadero Dios como el autor de la vida, y lo reduce meramente a una explicación natural. Debido a que Dios diseñó y creó la humanidad, nuestra existencia tiene un significado. Nosotros somos más que químicos y casualidad.

¿Puede usted colocarle un verdadero precio a la vida humana? ¿Recuerda a los mineros chilenos que estuvieron atrapados dos mil trescientos pies debajo de la tierra durante sesenta y ocho días? El mundo miró con asombro cómo los esfuerzos extensivos por rescatarlos tuvieron éxito, cuando cada uno fue sacado de una pesadilla viviente y traído con seguridad a la superficie de la tierra. ¿Alguien habló de cuánto costaron los esfuerzos o las horas de trabajo dedicadas para coordinar tal esfuerzo? No hay un precio demasiado alto cuando se trata de salvar una vida humana. Donde la fe en Dios está presente, también la prima de la vida humana. En el mundo antiguo como en el de ahora, el aborto y el infanticidio fueron los resultados de una perspectiva materialista de la vida.

El impacto de la gracia que viene a través del evangelio se ilustra claramente en la historia de las islas Fiji. No hay un mejor ejemplo de un antes y después como este.

En 1844, H. L. Hastings visitó una de las islas Fiji. Encontró que la vida era muy barata y que era considerada en baja estima. Se podía comprar a un humano por $7.00 dólares o por un mosquete. Era más barato que una vaca. Luego de comprarlo se podía ponerlo a trabajar, golpearlo, matarlo de hambre o comérselo, de acuerdo con su preferencia—y muchos hacían lo último—. [Hastings] regresó varios años después y encontró que la vida humana había elevado muchísimo. Uno no podía comprar a un ser humano por $7.00 dólares para golpearlo o comérselo. De hecho, no se podía comprar uno ni por siete millones de dólares. ¿Por qué? Porque en toda las islas Fiji había 1 200 capillas cristianas donde el evangelio de Cristo había sido proclamado, y la gente había sido enseñada que no nos pertenecemos; que hemos sido comprados por un precio, no con plata ni oro, sino con la preciosa sangre de Jesucristo.[11]

2. LA PROTECCIÓN DE LOS NIÑOS

Resulta difícil imaginar el mundo que un niño enfrentaba hace dos mil años. "Las chicas romanas se casaban jóvenes, muy a menudo en la pubertad".[12] Los más vulnerables tenían menos derechos y la menor protección del mundo brutal en que entraban. Esa vulnerabilidad era explotada sin oposición hasta que Cristo y sus seguidores demostraron el valor de cada niño. Jesús advirtió sobre los más duros juicios contra quienes lastimen a un niño: "Mejor le fuera que se le atase al cuello una piedra de molino y se le arrojase al mar, que hacer tropezar a uno de estos pequeñitos" (Lucas 17:1).

Piense en nuestro mundo hace quinientos o incluso cien años. Los niños trabajaban en peligrosas minas o en trabajo forzado. Incluso ahora, la industria del tráfico de personas explota a millones de niños inocentes. Cristo les dio valor a los niños al darles honor y dignidad, y al ordenar que los fuertes los protegieran y no los dañaran.

Un destino funesto les esperaba a los niños en la antigua Roma, Grecia, India y China. Herodes asesinó a los inocentes, pero la venida de Cristo fue el triunfo de los inocentes. Jesús llamó a los pequeños a que se acercaran a Él, diciendo: "Dejad a los niños venir a mí, y no se lo impidáis" (Mateo 19:14a). Sus palabras le dieron una nueva importancia a los niños, una importancia que les otorgó un trato digno.[13]

El aborto era normal hace dos mil años. Las prácticas del mundo grecorromano hacían que asesinar a los no nacidos o descartar a los recién nacidos fuera tan común como descartar un melón magullado en el mercado. La gracia de Dios soltada a través de la influencia de su pueblo en la cultura causó un enorme impacto en ese aspecto. Tanto el infanticidio como el aborto terminaron en la iglesia primitiva, lo cual finalmente llevó a su dramática reducción en todo el Imperio Romano.[14] La Suprema Corte de los Estados Unidos que dictó el veredicto en el caso Roe contra Wade en 1973, el cual legalizó el aborto, vio la conexión entre la vida humana y las ideas religiosas: "Si tuviera que recurrir a la religión, recurriría a las religiones de Roma y Grecia".[15] Por lo tanto, cuando una cultura acoge el conocimiento del único Dios verdadero, se eleva el respeto de la vida humana y de los no nacidos. Cuando ese conocimiento se desvanece, también recula la actitud hacia la protección de la vida humana.

3. LA ELEVACIÓN DE LAS MUJERES

Jesucristo fue el indiscutible defensor de los derechos de las mujeres y de su valor como coherederas de la gracia de la vida (1 Pedro 3:7). Él ministró a las mujeres y las liberó del servilismo y les dio la dignidad, el valor y la protección que merecían. Esto era completamente contrario a la manera en que las veía el mundo antiguo: "En ciertas culturas, la esposa era propiedad del esposo [...] Platón enseñó que si un hombre tenía una vida cobarde, este reencarnaría en una mujer [...] Aristóteles dijo que una mujer se encontraba en algún lugar entre un hombre libre y un esclavo".[16]

La fuente del cambio de esta mentalidad fue la fuerza de la comunidad cristiana y de su perspectiva de las mujeres. "Aunque algunos escritores clásicos afirmaron que las mujeres eran presa fácil de cualquier 'superstición extranjera', la mayoría reconoció que el cristianismo normalmente era atractivo, porque dentro de la subcultura cristiana, las mujeres disfrutaban de un estatus más elevado que las mujeres del mundo grecorromano en toda su extensión".[17]

En las naciones donde el evangelio no se ha arraigado, lo que usted encontrará será esta baja estima de las mujeres. Adam Smith, al escribir en 1776, confirmó en su libro, *La riqueza de las naciones:* "En las grandes ciudades [de China] varios [bebés] son arrojados a las calles todas las noches, o ahogados como cachorros en el agua. El desempeño de este horrendo oficio incluso se dice es el mismo negocio por el que mucha gente se gana su sustento".[18] Esto fue hace doscientos años, y fue antes de que cualquier influencia de Jesucristo comenzara a penetrar en China.[19] En el siglo XXI, en que la ideología comunista continúa siendo acogida, la indiferencia hacia las mujeres continúa sin control en China. Su política de un solo hijo coloca una prima sobre los hombres contra las mujeres. Las chicas muchas veces son indeseadas, descartadas o entregadas en adopción.

El trato musulmán hacia las mujeres se encuentra en el centro del debate internacional. Las mujeres carecen de derechos y se les obliga a mantenerse debajo de un manto de oscuridad. Aunque las mujeres musulmanas acepten voluntariamente este estilo de vida, no es una opción para los adherentes fieles. Durante mis años de adolescencia en que viví en Argelia (una nación musulmana) con mis padres durante un breve periodo, nos dijeron que a las mujeres siempre se les había obligado a caminar detrás de su esposo. La única excepción había sido en tiempos de conflicto cuando las minas terrestres estaban escondidas y representaban un gran peligro para quien las pisara. En esos casos, se les permitía a las mujeres caminar por delante.

4. La abolición de la esclavitud

El movimiento abolicionista para liberar a los esclavos primero en Inglaterra y luego en Estados Unidos, fue dirigido por seguidores comprometidos de Jesucristo. William Wilberforce, un diputado inglés, fue influido por John Newton, y el fundador de la iglesia metodista, JohnWesley, para dirigir una batalla de veinte años para terminar con la esclavitud en Inglaterra. En su lecho de muerte recibió la noticia de que el parlamento había votado por proscribir completamente esta práctica aborrecible. Treinta años después, Estados Unidos haría lo mismo.

La esclavitud era un hecho de la vida en el mundo antiguo. La población de esclavos en la antigua Atenas alcanzaba los ochenta mil, lo cual era al menos 40% de la población.[20] Por lo menos un cuarto de la población de la antigua Roma era esclava.[21] La Biblia fue la única fuente de oposición o restricción contra el amplio espectro de la esclavitud humana. El libro de Éxodo registra la liberación radical del pueblo hebreo de la esclavitud de Egipto. Nada así había ocurrido en la historia de la humanidad.

En la Biblia, la esclavitud consistía en una amplia gama de significados. Es utilizada en diferentes maneras, desde la esclavitud económica, a conquistar pueblos, a la idea de ser un siervo. Pablo a menudo ser refería a sí mismo como un siervo o un esclavo de Jesucristo. El regalo de la salvación es lo que Cristo le ofrece al mundo. ¿Salvación de qué?, se preguntará usted. De la esclavitud.

La Biblia fue definitiva acerca de la más pérfida y dañina forma de esclavitud, la cual es la esclavitud espiritual. Aunque se condenan el abuso y el robo de personas, había una referencia constante a la redención o a ser sacado de la esclavitud. Los críticos estaban enfadados con Jesús, porque no ofreció una liberación política inmediata de la opresión romana. Sin embargo, Él vino a liberarnos en el sentido espiritual. Solamente cuando somos libres internamente de la esclavitud del pecado es que somos libres de verdad. Todas esas sendas nos llevan de vuelta al evangelio, ya que el evangelio les da a los cautivos la promesa de la verdadera libertad (Lucas 4:18).

A lo largo de la Biblia encontramos el desarrollo del plan divino de redención. Aunque era una libertad espiritual, a esta le seguía una libertad física. Dios comienza de adentro hacia fuera. Por ejemplo, aunque los hebreos fueron liberados físicamente de Egipto, ellos continuaban en esclavitud espiritual al pecado. Jesús primero libera el corazón, y luego le sigue lo físico.

La mayor parte de la esclavitud bíblica no era permanente y se proporcionaban instrucciones acerca de cómo podía alguien obtener su libertad. La Biblia también describe cómo los esclavos debían ser tratados humanamente. ¡Estos son algunos de los primeros ejemplos de derechos humanos de la historia! Al final del Nuevo Testamento, Pablo introdujo el concepto radical de que los esclavos y los amos eran hermanos (Gálatas 3; Filemón). El historiador Rodney Stark lo resumió de este modo: "Y así como fue el cristianismo el que eliminó la institución de la esclavitud heredada de Grecia y de Roma, de igual manera la democracia occidental le debe sus orígenes intelectuales esenciales y legitimidad a los ideales cristianos, no a ningún legado grecorromano. Todo comenzó con el Nuevo Testamento".[22]

5. La educación

De todas las áreas de la vida en que la gracia de Dios ha impactado, ninguno está más opacada que el aspecto de la educación. El hecho de que se excluya a la Biblia de tener una influencia en la mayor parte del plano académico en la actualidad puede ser una de las grandes ironías de la historia. ¿La razón? La estructura judeocristiana fue la que enfatizó glorificar a Dios con toda nuestra mente, así como nuestro corazón. Los escépticos argumentan que la religión llamó a la gente a retraerse del estudio del mundo físico, pero la realidad es que fue lo contrario.

En Europa surgieron universidades de las escuelas monásticas de la Edad Media y continuaron sirviendo a propósitos cristianos.[23] La vasta mayoría de facultades y universidades de Estados Unidos también comenzaron a promover explícitamente la fe cristiana. Sin embargo, ahora, la mayoría ignora sus fundación, y a menudo enseñan contra el cristianismo.[24] La idea de *universidad* se forma de los conceptos *unidad* y *diversidad* combinados. La diversidad se relaciona con las numerosas ramas del conocimiento, desde la astronomía hasta la zoología. ¿Cuál fue el factor unificador que conectó todas estas áreas de estudio? Un Creador inteligente.

Con la intervención de la imprenta en el siglo XV, proliferaron los libros. La lectura y el estudio de la Biblia se convirtieron en el combustible que encendió una reforma en el área de la religión y la educación. Ahora los plebeyos tenían el conocimiento a su alcance. Los líderes de esta reforma se conocieron como *protestantes*, principalmente porque creían que la Palabra de Dios era la autoridad suprema sobre los papas y los reyes por igual. La educación pública tuvo nacimiento principalmente en Europa occidental durante la Reforma protestante. Los reformistas Martín Lutero y John

Knox promovieron la educación pública universal, ya que la contemplaban indispensable para la fe cristiana.[25]

6. CARIDAD

La generosidad del mundo occidental está fuera de discusión. A pesar de las congojas financieras recientes, la historia de darles a los necesitados es un resultado directo del etos cristiano que permeó en las fundaciones de América y del mundo libre. Cristo no solamente le trajo salvación al mundo; Él enseñó que "más bienaventurado es dar que recibir" (Hechos 20:35). Este espíritu de generosidad demostró que Dios era la fuente suprema de riqueza y que cuando la gente daba en su nombre, ellos lo estaban honrando a Él.

Podrá haber algunas organizaciones de caridad en la actualidad que han sido fundadas por escépticos, debido a la evidente omisión que han cometido de este tipo de actividad, pero esto no sigue de manera lógica su perspectiva del mundo. Como explicó Taunton:

> Aunque los ateos puedan llevar a cabo obras de caridad o mantener patrones morales altos, la historia revela que ellos *no* lo hacen a ningún nivel de consistencia. Las estadísticas lo muestran. De acuerdo con un estudio del Grupo Barna, los cristianos son el segmento más caritativo de la población. El mismo estudio indica que el evangélico promedio da casi *diez veces* tanto dinero a organizaciones sin fines de lucro que el ateo promedio.[26]

Los movimientos en Inglaterra para ayudar a los pobres en el siglo XIX fueron los ejemplos primordiales de la motivación de los cristianos para demostrar su fe a través de su benevolencia. El impulso de establecer orfanatos fue conducido por creyentes, con el fin de seguir la instrucción acerca de lo que la verdadera religión debía de hacer. "Si alguno se cree religioso entre vosotros, y no refrena su lengua, sino que engaña su corazón, la religión del tal es vana. La religión pura y sin mácula delante de Dios el Padre es esta: Visitar a los huérfanos y a las viudas en sus tribulaciones, y guardarse sin mancha del mundo" (Santiago 1:26-27).

La palabra *caridad* en realidad proviene de la Biblia misma. En griego es la palabra *agape*, el cual es el término para el amor de Dios. Es distinta de la palabra *phileo*, que significa amor fraternal. Dar con un corazón de amor, por lo tanto, es una característica divina y demuestra que una persona es un verdadero creyente. Dar sin ese tipo de amor es una actividad vacía y egoísta que tiene poco valor en el sentido espiritual: "Y si repartiese todos mis bienes para dar de comer a los pobres, y si entregase mi cuerpo para ser quemado, y no tengo amor, de nada me sirve" (1 Corintios 13:3).

7. Cuidar a los enfermos

La idea de ayudar al enfermo se originó en el Antiguo Testamento y se expandió a través del incremento del cristianismo. Jesús envió explícitamente a sus seguidores a sanar a los enfermos (Mateo 10:8). Él también les ordenó mostrar preocupación por los más bajos y más vulnerables de la sociedad (Lucas 14:13). Los primeros cristianos hicieron bastante énfasis en la hospitalidad (Romanos 12:13), lo cual incluso se volvió requisito para tener un cargo en la iglesia (1 Timoteo 5:10).

Durante siglos, grandes cantidades de cristianos han puesto en práctica esta enseñanza. "En las casas, familias completas adoptaron un estilo de vida que buscaba imitar el de los apóstoles; algunos se dedicaron a obras

EL EFECTO DE LA GRACIA

misioneras, otros a causas caritativas entre los marginados de la sociedad romana—los leprosos y otros identificados como 'impuros': vagabundos, prostitutas y sin casa y destituidos—".[27] Los hogares cristianos y los lugares de reunión de la iglesia se convirtieron en centros de cuidados primarios. Cuando la persecución de los cristianos terminó en el siglo cuarto, estos esfuerzos crecieron para convertirse en centros dedicados al cuidado de los enfermos, los cuales fueron los antecesores de los hospitales modernos. "Las iglesias de todos lados se ocupaban de las viudas y los huérfanos; atendían a los enfermos, los débiles y los discapacitados; enterraban a los muertos, incluyendo a los indigentes; cuidaban a los esclavos; y les proporcionaban trabajo a quienes lo necesitaban".[28]

Otras partes del mundo ofrecían un cuidado similar a pequeña escala, pero la extensión y el énfasis de ayudar a los pobres, los necesitados y los débiles no tenía precedentes en la historia. El testimonio de la Iglesia incluso llevó al emperador romano, Julián, a escribir en el siglo cuarto: "¿Entonces por qué pensamos que esto es suficiente y no observamos cómo la amabilidad de los cristianos con los extraños, su cuidado por el entierro de sus muertos y la sobriedad de su estilo de vida ha hecho lo supremo para ayudar a su causa? Cada una de estas cosas, creo, debe ser de verdad practicada por nosotros".[29]

Al mirar el mundo en la actualidad, vemos claramente que construir hospitales y cuidado para los enfermos y los moribundos es una parte del mandato cristiano. La madre Teresa entró en la situación desesperada de Calcuta, India, y sirvió sacrificialmente a los más pobres de entre los pobres. Ella explicó por qué sentía que esta tarea sobrecogedora era su misión: "Siempre existe el peligro de que podamos hacer el trabajo por el bien del trabajo. Aquí es donde entran el respeto, el amor y la devoción: en que lo hagamos para Dios, para Cristo, y es por ello que intentamos hacerlo tan hermosamente como sea posible".[30]

8. LA UNIDAD ÉTNICA

Uno de los mayores problemas de la historia mundial es el conflicto entre etnias. La limpieza étnica continúa practicándose, ya que muchas naciones intentan eliminar por la fuerza a las minorías. El cristianismo introdujo la idea de que seamos "hermanos y hermanas" con las personas de otra etnia por causa de Cristo. El célebre historiador, Rodney Stark, explicó: "La tendencia natural del hombre era segregar en sus propios círculos particulares y excluir a los demás sobre la base de que eran inferiores o incluso no-humanos. El cristianismo derribó el muro de división entre etnias y promovió un mensaje de que todos los hombres podían ser hermanos a través de Cristo".[31]

El término *raza*, en la manera en que intenta definir las distinciones entre grupos de gente, en realidad se distorsiona al punto de sugerir que la gente de diferente color es de cierta manera de una "especie" diferente. Cuando Darwin escribió *El origen de las especies*, el subtítulo fue *Por medio de la selección natural o la preservación de las razas favorecidas en su lucha por la vida*. Las raíces del racismo derivan de este tipo de mentalidad naturalista. La Biblia, por otro lado, establece claramente que Dios hizo a las naciones de una sangre (Hechos 17:26). Es por ello que el mensaje cristiano ofreció esperanza para todas las naciones a través del evangelio. El judío y el gentil, el negro y el blanco, el hombre y la mujer, todos eran iguales en Cristo (Gálatas 3:28).

Una de las enseñanzas más singulares de Cristo se conoce como la parábola del buen samaritano. En respuesta a su mensaje de "ama a tu prójimo", le preguntaron: "¿Y quién es mi prójimo?" (Lucas 10:29). Jesús respondió con la historia de un hombre a quien le robaron y lo golpearon, y lo dejaron a un lado del camino. Contó cómo las personas religiosas, al igual que los paisanos del hombre, pasaron de largo y lo ignoraron. El héroe de la historia fue un hombre de samaria, alguien de una etnia diferente e incluso despreciada, quien se detuvo y ayudó al hombre en su necesidad. Se nos dice que imitemos sus acciones y amemos a los demás sin importar el color de su piel o su país de origen.

9. LA LIBERTAD

La libertad es uno de los más preciosos regalos del evangelio de la gracia. Los reyes, los faraones y los tiranos llenaron el paisaje histórico con legados de su opresión sobre los que gobernaban. Ciertamente no todos fueron malos. Muchos de estos líderes fueron justos y rectos. Pero el concepto de que estos líderes estaban sujetos a una ley más alta vino de la revelación de la Escritura. Cristo es revelado como el Rey de reyes y el Señor de señores. Toda rodilla se doblará y toda lengua confesará que Jesús es el Señor (Filipenses 2:9-11), incluso las rodillas y la lengua de los reyes. Todos son responsables ante la ley de Dios. Este es el fundamento de la libertad de la tiranía arbitraria que fue común a lo largo de la historia. La libertad personal había nacido. De hecho, la libertad es una idea dada por Dios.

Rodney Stark escribió acerca de John Locke, uno de los pensadores clave fundamentales cuyos escritos moldearon a los padres fundadores de Estados Unidos. Locke destacó la verdadera fuente de la libertad que distinguió a Estados Unidos de toda nación ante ella.

Muchos también expresan admiración por las obras del siglo XVII de John Locke como una fuente importante de la teoría democrática moderna, aparentemente sin la más ligera consciencia de que Locke basó explícitamente toda su tesis en las doctrinas cristianas concernientes a la equidad moral. La mayoría de los libros de texto sobre el nacimiento de nuestra nación ahora ignoran cuidadosamente el aspecto religioso, como si un montón de escépticos hubieran escrito estas famosas líneas de la Declaración de la Independencia: "Sostenemos como evidentes estas verdades: que todos los hombres son creados iguales; que son dotados de su Creador de ciertos derechos inalienables; que entre estos están la vida, la libertad y la búsqueda de la felicidad".[32]

10. LOS FUERTES SIRVEN A LOS DÉBILES

El dominante impacto de la gracia de Dios en la civilización es que los débiles deben ser protegidos por los fuertes, no pisoteados, ni explotados. Algunos de los juicios más fuertes de la Escritura vienen de oprimir a los pobres e indefensos. Esto dista de la perspectiva de que un hombre sea otro animal y programado en su ADN que se comporte en una manera primitiva. La Biblia llama a la humanidad a vivir de otra manera, no a actuar como animales. Los escépticos afirman que un Dios amoroso no podría haber sido responsable de la lucha violenta que es tan evidente en el mundo animal. Piense al respecto: lo normal para los animales es abominable para los seres humanos. "Nosotros creemos incuestionablemente que está mal que las personas o los grupos maten a los más débiles. Si la violencia es completamente natural, ¿por qué estaría mal que los humanos pisoteen a los débiles?".[33] Esta es otra manera de demostrar por contraste quienes somos como seres humanos.

Nosotros no somos animales y no debemos actuar como ellos. El fuerte que sirve al débil es la antítesis de la evolución y la selección natural, pero es el centro de la enseñanza de Jesucristo. Por la gracia de Dios, nuestro corazón como humanos está marcado por la ley interna de Dios. Existe un sentido de lo bueno y lo malo que se nos comunica a través de la facultad de la consciencia. Sin este sentido de consciencia, la humanidad regresa a la oscuridad tan evidente en el mundo antiguo. La gracia produjo un profundo sentido de civilidad y de compasión por los demás. Servir a los ancianos y darles honor en lugar de verlos como si poseyeran muy poca utilidad porque ya no son físicamente fuertes. Carecer de este tipo de gracia resulta en crueldad, la cual puede ser un rasgo definitorio de la cultura que rechaza a Dios.

Resumen

Jesús les dijo a sus seguidores: "Vosotros sois la sal de la tierra [...] Vosotros sois la luz del mundo" (Mateo 5:13-14). Tal como la sal es un preservador necesario para nuestra existencia, la gracia de Dios que viene a la vida de los creyentes es igualmente indispensable. La gracia también fluye hacia una sociedad en toda su extensión a través de las verdades de la Escritura. Esto es lo que se conoce como el efecto de la gracia.

Al mirar en retrospectiva la historia, podemos ver cómo la gracia ha hecho una diferencia sustancial en las instituciones así como en la vida de la gente. Una perspectiva distorsionada del pasado es la que pinta a la fe religiosa como destructiva y disuasiva del progreso. La ciencia surgió de la perspectiva cristiana y de igual manera la educación, los hospitales, la caridad y el concepto de la libertad espiritual. Una de las áreas de influencia más significativas de esta sublime gracia es el área de los derechos humanos. Los niños recibieron un valor apropiado y no fueron tratados como objetos que abusar ni descartar. La gente de fe también ha pronunciado las afirmaciones más fuertes de oposición contra la horrible práctica del aborto. La gracia ha sido el único refugio para los no nacidos. Los derechos de las mujeres han avanzado por causa de los principios de la Escritura que han definido a las mujeres como coherederas, junto con los hombres, de la gracia de la vida. Jesús elevó a las mujeres de la oscuridad de ser una subclase permanente al lugar de dignidad que les pertenecía, el cual es de igualdad con los hombres. Nuestro mundo sería un lugar oscuro sin la luz de la verdad de Dios que abrume el vacío de la incredulidad.

10

UNA PRUEBA VIVIENTE

Mi Dios no está muerto,
Ciertamente está vivo.
Él está viviendo en mi interior,
Rugiendo como un león…

—Newsboys, "God's Not Dead"
[Dios no está muerto][1]

Una encuesta del 2006—quince años después
de la caída del régimen soviético—descubrió
que 84% de la población rusa creía en Dios,
mientras que solo 16% se consideraban ateos.

—John Micklethwait y Adrian Wooldridge,
God Is Back [Dios está de vuelta][2]

SI USTED CREÍA EN EL CALENDARIO MAYA, 2012 SE
suponía que sería el año en que la vida en la Tierra termi-
naría. Esa predicción evidentemente estaba equivocada y ha
tomado su lugar en la infamia así como en la infinidad de
suposiciones de cuándo terminará el mundo.

Muchas personas han hecho predicciones salvajes de este
tipo y de que el cristianismo finalmente terminará. Desde
Vladimir Lenin, el cofundador del comunismo, hasta John
Lennon de los Beatles, quien compartió sus perspectivas

con Maureen Cleave en 1967: "El cristianismo se marchará. Se desvanecerá y se hundirá [...] Ahora nosotros somos más populares que Jesús".[3] Lo que la historia ha mostrado es justo lo contrario. La fe cristiana está resurgiendo globalmente. De hecho, parte del crecimiento más notable está proviniendo de lugares tales como China y Rusia, donde el cristianismo alguna vez fue proscrito y el ateísmo institucionalizado. Periodistas seculares tales como John Micklethwait, editor en jefe de la revista *Economist*, confirmó esto en su libro *Dios está de vuelta:*

En la actualidad, una preocupación inquietante les genera incordia a los liberales occidentales: ¿Qué si la Europa secular (y lo que es más, la Harvard secular y la Manhattan secular) terminan siendo los raros? Ellos tienen razón al preocuparse. Ahora parece que el modelo estadounidense es el que se está extendiendo por todo el mundo: la religión y la modernidad van de la mano, no solamente en China sino en gran parte de Asia, África, Arabia y América Latina.[4]

Lo que resulta irónico acerca de tal cita es que ha habido un fenomenal crecimiento del cristianismo en cada ciudad descrita como una verdadera ciudad secular. Tony Carnes, quien ha estudiado las corrientes de la religión en Nueva York durante los últimos treinta años, es el editor del sitio web *A Journey Through NYC Religions* [Un viaje por las religiones de la ciudad de Nueva York], dijo enfáticamente: "Este es el tiempo del crecimiento de la fe—está determinando nuestros encabezados, los buenos y los malos—".[5]

Me senté con Tony varias horas y escuché el asombroso progreso del evangelio en la ciudad. "En 1979, solamente había cerca de ocho iglesias evangélicas en Manhattan, y la mayoría de ellas eran bastante débiles. Ahora hay más de doscientas iglesias y la mayoría son vibrantes". La presencia total de diversos grupos religiosos lo ha llevado a llamar a Nueva York "la ciudad postsecular". Un giro interesante de los eventos. Este cambio radical está sucediendo mientras personas de todas las edades, niveles educativos y trasfondos culturales encuentran la verdad y la realidad del evangelio, y consideran sus afirmaciones como objetivas. Debo mencionar que mientras estoy escribiendo esto, estoy sentado en un hotel en el corazón de Times Square. Es el mismo hotel donde me hospedé los domingos por la noche durante casi todo 2002, cuando estábamos comenzando nuestro alcance en Nueva York tras el 11 de septiembre. Durante la última década he tenido un asiento de primera fila para ver a la gente encontrar la fe en una ciudad en la que la sabiduría popular dice que Dios la ha abandonado. Eso me recuerda que nadie está demasiado perdido, y que nunca es demasiado tarde para que una persona, una ciudad o una nación acudan a Dios. Después de todo, debido a que Él es el creador de las naciones, estas de verdad florecerán cuando lo reconozcan a Él.

Todas las naciones que hiciste vendrán y adorarán delante de ti, Señor, y glorificarán tu nombre (Salmos 86:9).

ÁFRICA

El crecimiento del cristianismo es particularmente explosivo en el extranjero. África es un ejemplo excelente. En 1900, África era 8% cristiana. En 2000, 45% y continúa creciendo.[6] Francis Oliver, quien trabaja como ministro universitario en Ciudad del Cabo, Sudáfrica, observa el crecimiento entre los alumnos universitarios. "Cientos de alumnos están viniendo a Cristo cada semana en Sudáfrica. Estas son personas que han escuchado los argumentos a favor y en contra de Dios, y están eligiendo creer".[7] Nación tras nación de África está experimentando un despertar espiritual. Está teniendo lugar un gran avance del evangelio en los países pequeños, como Burundi y la República Centroafricana, y en los grandes, como Nigeria y Etiopía. Sam Aiyedogbon, de Nigeria, escribe una columna regular para un diario principal de Lagos, y es el pastor principal de una iglesia de ahí. Él describió de esta manera la fenomenal expansión del evangelio: "En Nigeria, el mensaje de Cristo está marcando la diferencia en la vida de millones, a pesar de la extendida corrupción en cada área de la sociedad. El evangelio le está dando esperanza a la gente de que es posible una verdadera transformación".[8] En una de las naciones más pobres de África, Sierra Leona, cientos de iglesias nuevas se están abriendo cada año. No solamente se están plantando iglesias, sino también se están abriendo hospitales y escuelas. Se están viendo resultados dramáticos a medida que la gente abraza la gracia del evangelio y se niega a ser victima del SIDA. Es indudable que el movimiento de abstinencia es energizado por el Espíritu Santo. Yo presencié de primera mano la creciente fe entre los egipcios. Aunque la nación ha sido sacudida por una agitación política, el cristianismo continúa creciendo. Shaddy Soliman, uno de los líderes de la nueva generación cristiana de líderes, quien me llevó a Egipto en 2008, me explicó: "No escucharás acerca del despertar espiritual en los medios, pero hay un movimiento creciente del cristianismo en Egipto y en todo el mundo árabe".[9] Shaddy es parte de un esfuerzo de alcance a través de los medios de comunicación al mundo árabe, llamado *Al Karma*. Ellos están transmitiendo en todo el mundo árabe y están recibiendo un tráfico masivo en su sitio web, solicitando información, Biblias y ayuda para aprender más sobre la fe cristiana.

El aislamiento geográfico ayudó a los gobiernos musulmanes a alejar a su pueblo de la exposición al cristianismo el mayor tiempo posible. La mayoría de los musulmanes de los países árabes nunca habían tenido acceso a la Biblia ni a la enseñanza cristiana, debido a leyes estrictas. Ese aislamiento forzado está sucumbiendo, y la libertad del evangelio está entrando velozmente.

ASIA

En 1984, mi compañero de cuarto de la universidad, Steve Murrell, y yo, junto con nuestras esposas Deborah y Jody, y mi hija de cuatro meses, Elizabeth, fuimos de viaje a Filipinas para llevar a cabo un evento de alcance de verano. Acompañados por sesenta alumnos estadounidenses, llevamos a cabo reuniones nocturnas y charlas diarias con los alumnos de la Universidad Belt de la Zona Metropolitana de Manila.

Competimos con la ira y la agitación política contra el régimen opresor de Ferdinando Marcos. En las reuniones que sostuvimos atestiguamos una abundancia de lágrimas, no por una experiencia espiritual, sino por el gas lacrimógeno que había sido echado en las calles para dispersar a las masas. En medio de la agitación, cientos de estudiantes acudieron a Cristo. La apertura fue tan convincente que Steve y Deborah decidieron permanecer ahí para ministrar a esta necesitada ciudad. En 2013, ese pequeño grupo creció para sumar más de sesenta mil asistentes de la Victory Christian Fellowship (VCF).[10] Como Ferdie Cabiling, un pastor y evangelista principal de VCF describió: "Cada año, miles de estudiantes están acudiendo a Dios por la abrumadora evidencia de que Cristo es la verdad. De los más ricos a los más pobres, nuestra nación está siendo impactada por Dios".[11]

En la década de 1950, China echó a todos los misioneros occidentales, y el dictador comunista, Mao Tse-Tung, intercambió las Biblias por su *Libro rojo* de enseñanza comunista. Millones de personas perdieron la vida cuando toda oposición potencial fue eliminada. A pesar de la brutal persecución, el cristianismo prosperó. Una vez más, eludiendo el mito de que la fe en Dios es una muleta, millones de personas sufrieron grandemente en lugar de negar al Cristo viviente. David Aikman, autor de *Jesus in Beijing* [Jesús en Pekín], da fe de esta extraordinaria explosión de fe en este inverosímil lugar: "El crecimiento del cristianismo en China ha sido asombroso. De contar unos cuantos millones en la década de 1959, a tener estimaciones de entre 80 y 120 millones en la actualidad".[12]

El mismo año en que viajamos a Filipinas, también comenzamos un evento de alcance en la nación de Corea. Fue un año muy especial en la historia de esa nación, el cual marcó el centenario del cristianismo evangélico. En 1900, Corea no tenía ninguna iglesia protestante, y el país fue considerado como imposible de penetrar. Ahora, Corea es 25% cristiano[13] con siete mil iglesias tan solo en Seúl.[14]

De hecho, más de un millón de personas se reunieron en Yeouido (la isla de Manhattan de Seúl) en 1984 para celebrar el avance del evangelio en una nación que alguna vez fue predominantemente budista. Yo tuve el honor de hablar durante algunos momentos frente a una vasta audiencia. Esa continúa siendo una de las partes más memorables de mi vida. Si usted ha estado en un estadio gigante para ver un evento deportivo, es posible que la multitud no excediera las cien mil personas. Imagínese a más de mil doscientos millones de personas en un lugar, orando fervientemente, cantando y escuchando mensajes todo el día acerca del poder y el amor de Jesucristo.

Los que asisten a reuniones de escépticos, las cuales atraen a unos cuantos miles, no tienen idea del gran número de creyentes de todo el mundo. Singapur tiene múltiples congregaciones cristianas con decenas de miles de miembros. Su vecino, Indonesia, la nación musulmana más grande del mundo, también ha experimentado un tremendo crecimiento. La cantidad de cristianos en ese país ha crecido de ser un millón trescientos mil hace cuarenta años, a más de treinta y seis millones en la actualidad.[15] Es común ver iglesias masivas con una membresía de decenas de miles de personas.

La mayor parte del mundo no tiene idea de la magnitud de estos números. Con todos los temores de actos potenciales de terrorismo de las filas del islam radical, Dios ha levantado a gente que está orando por su mano de intervención, así como proclamando sin temor el evangelio de Cristo frente a esta amenaza real. De hecho, en virtualmente cada parte del mundo donde la percepción es abrumadoramente negativa, tal como en Irán, Dios continúa obrando y construyendo la iglesia contra la que Él prometió que "las puertas del Hades no prevalecerán" (Mateo 16:18).

Europa

Las señales de renovación espiritual también están apareciendo en Europa. "No obstante, existen señales de que las mismas fuerzas que están avivando la religión en Estados Unidos—la búsqueda por una comunidad en un mundo cada vez más pulverizado, el deseo de contrarrestar la elección con un sentido de certidumbre moral—están progresando en Europa".[16] En Gran Bretaña, aunque ha decrecido la asistencia de la Iglesia de Inglaterra, están surgiendo iglesias en todo el reino. Este año pasé varios días capacitando alumnos en el Imperial College de Londres para compartir el evangelio con *The God Test* [La prueba de Dios]. Posiblemente siendo el apólogo cristiano más importante de nuestro tiempo, William Lane Craig, quien tiene un doctorado en filosofía y en teología, desafió a Richard Dawkins a debatir su libro *El espejismo de Dios*, en Oxford. Dawkins no asistió. En cambio, Craig le habló a la casa llena del teatro Sheldonian de Oxford y puso al descubierto los argumentos vacíos del libro. Años antes, Dawkins había iniciado una campaña en autobuses que decía: "Probablemente no exista Dios". En los días subsiguientes al desafío programado en Oxford, los autobuses tenían otro anuncio: "Probablemente no exista Dawkins", refiriéndose a la negativa de Dawkins de debatir con Craig.[17]

El pastor Wolfgang Eckleben, quien inspecciona seis congregaciones en el área de Londres, me dijo recientemente: "Luego de casi veinte años en Londres, veo una apertura sin precedentes al evangelio. Como Jesús dijo: 'La cosecha es mucha, pero los obreros son pocos'. Simplemente necesitamos más personas que puedan venir a ayudarnos a alcanzarlos".[18] Más de dos mil quinientos millones de personas han tomado el Alpha Course, el cual fue desarrollado por la Holy Trinity Church de Brompton, por Nicky Gumbel.

Gareth Lowe, un joven sudafricano que vive en Berlín y dirige un evento de alcance para los alumnos universitarios en esa ciudad histórica, observa el comienzo de una apertura espiritual en Alemania:

Aunque no haya habido un abandono del racionalismo y el secularismo en Alemania, existe una consciencia creciente de que estos no han respondido las preguntas más profundas de la vida y que no pueden hacerlo. Existe una creciente hambre de experiencias espirituales, de significado y propósito, y de relaciones profundas. Podría ser que Alemania se encuentre en los inicios de un gran avivamiento espiritual.[19]

SUDAMÉRICA

Aunque Sudamérica ha sido predominantemente católica durante la historia, ha habido un drástico aumento en el cristianismo evangélico. Hay conservadoramente cien millones de creyentes evangélicos, así como millones de católicos. En Brasil, más de un millón se han reunido en conciertos de artistas cristianos que llevan a cabo servicios masivos de adoración. Iglesias con más de diez mil o más miembros son comunes en Brasil, Argentina, Chile y Colombia.

En México, Bob Sanders y David Angulo llevan a cabo un evento de alcance en la península de Baja California. Ellos han distribuido más de 100 000 Biblias y Libros púrpura (una guía de estudio de la Biblia) en toda la zona. Han visto caer la tasa de delitos a medida que el conocimiento de la Palabra de Dios satura el corazón y la mente de la gente.

En naciones de América Latina y Sudamérica, millones de cristianos están experimentando encuentros poderosos con Dios que cambian la vida. Como resultado, muchas iglesias están creciendo dramáticamente y están conduciendo una renovación cultural en sus ciudades.

AMÉRICA DEL NORTE

La predicción del final del cristianismo está comprobando ser un deseo de parte de los secularistas que desean ver que todas las muestras públicas de fe sean eliminadas. Aunque Estados Unidos fue fundado en principios de libertad de expresión y de religión, muchos desean libertarlo *de* la religión. Ha ocurrido un decrecimiento en América del Norte en la asistencia general a las iglesias, pero los números son engañosos. El cristianismo nominal está disminuyendo, pero el cristianismo evangélico está progresando. Ed Stetzer de LifeWay Research lo ha confirmado: "El protestantismo tradicional y el cristianismo nominal están decreciendo, pero el evangelicalismo robusto está creciendo y es el futuro de la iglesia norteamericana. En los próximos años, el cristianismo evangélico continuará siendo marcado por cristianos comprometidos".[20]

Una investigación de Barna indicó que el porcentaje de estadounidenses que caen en la categoría de cristianos nacidos de nuevo en realidad aumentó de 31% a principios de la década del 80, a 45% en la actualidad.[21] Los teólogos moderados se han convertido en teólogos liberales o evangélicos, ambos con convicciones y mensajes claros. Los miembros de las iglesias medianas han migrado a pequeñas comunidades espirituales o a megaiglesias.[22] La iglesia en los Estados Unidos continúa viva y vibrante. Hace treinta años había relativamente pocas congregaciones que excedían los mil asistentes. Ahora hay más de siete mil. De grandes congresos que llenan estadios a muestras masivas de fe en el Washington Mall, la fe cristiana continúa floreciendo en esta tierra. Estados Unidos es una nación que cree firmemente en Dios como lo confirma el libro *Dios está de vuelta*: "El estudio más profundo de las creencias religiosas de Estados Unidos, la encuesta del panorama religioso de Estados Unidos, llevado a cabo por el Pew Forum on Religion and Public Life, demuestra claramente que el país más poderoso del mundo también es uno de los más religiosos".[23]

Miremos más allá de los números y hacia la vida de la gente que ha sido impactada por el mensaje del evangelio. Existen literalmente millones de testimonios acerca de cómo llegaron de la incredulidad a la fe. Muchos incluso testifican haber experimentado milagros sobrenaturales.[24]

Aunque muchos a lo largo de la historia le han dado la espalda a Dios, muchos más han acudido a Él. La mayoría de los que le han dado la espalda a Cristo no lo han hecho por falta de evidencia, sino por una falta de esfuerzo. Simplemente dejan de intentar, u otros dejan de intentar alcanzarlos. Vivir en oscuridad es mucho más fácil que vivir en la luz, así como lo son la apatía y la indiferencia hacia los demás. Es por ello que el cristianismo nominal está decreciendo, pero la fe verdadera está creciendo. Este tipo de fe no es una iglesia ni una denominación particulares, sino consiste en creyentes genuinos que han decidido seguir a Cristo.

Historias personales de quienes pasaron del ateísmo a la fe

Cada historia es única, cada vida es importante, desde pobre al rico, el letrado al iletrado. Las historias que resalto aquí, en su mayoría, no son de personas que fueron criadas como cristianas. En estos testimonios vemos cómo puede crecer la fe en las circunstancias más desafiantes.

MING WANG: UN ATEO CHINO EN HARVARD
Graduado de Harvard y del MIT

La existencia de Dios se demuestra poderosamente en el viaje de un querido amigo mío, uno de los más importantes cirujanos oculares láser, Ming Wang, doctor en medicina y en filosofía. Ming se graduó con honores de Harvard y del MIT, y es uno de los pocos cirujanos de cataratas y de LASIK del mundo que posee un doctorado en física láser. Ha llevado a cabo más de cincuenta y cinco mil procedimientos de cataratas y de LASIK, entre ellas cuatro mil a médicos colegas. El Dr. Wang llevó a cabo la primera operación con LASIK 3-D, y fue uno de los primeros cirujanos de los Estados Unidos en llevar a cabo cirugía láser de cataratas.

Al haber crecido durante la agitada Revolución Cultural de China, a Ming le negaron la oportunidad de asistir a la escuela. En cambio, tocaba el violín chino, llamado *erhu*, en un esfuerzo por evitar su deportación a alguna parte pobre del país, donde habría enfrentado una vida de pobreza y de trabajo arduo. Este destino devastador cayó sobre millones de jóvenes chinos durante ese tiempo. Una reunión casual con un profesor estadounidense visitante le ayudó a Ming a ir a los Estados Unidos. Ming llegó a los Estados Unidos en 1982 con cincuenta dólares, un diccionario chino-inglés en su bolsa y un gran sueño americano en su corazón. Ming de verdad apreciaba la libertad y la oportunidad de aprender en este país, y trabajó duro, convirtiéndose en uno de los especialistas láser más reconocidos de la actualidad. "Dios no está muerto. Él está vivo y bien, y más poderoso que nunca, también en la comunidad médica". El Dr. Wang continuó:

Yo conocí a Jesucristo porque en la ciencia no encontré las respuestas a las preguntas de la vida que yo estaba buscando. De hecho, entre más aprendía de ciencia, más—y no menos—evidencia vi de la creación y el diseño de Dios. Por ejemplo, cuando me estaba convirtiendo en oftalmólogo y aprendiendo acerca de las funciones internas del ojo, del asombroso y lógico acomodo de los fotorreceptores, las células ganglionares y las neuronas, me di cuenta de que no hay forma de que una estructura tan intricada como el ojo humano alguna vez haya evolucionado de una compilación aleatoria de células. La complejidad del ojo humano es, de hecho, la evidencia más poderosa de la existencia de Dios.

Mientras Ming se encontraba en la facultad de medicina de Harvard y de MIT, un profesor cristiano de pediatría sintió la oportunidad de influir en el entonces ateo Ming, y lo llevó a comer.

—¿Qué hay cruzando la calle?—le preguntó.

—Un coche—respondió Ming.

—¿Cuál es la diferencia entre un coche y un cerebro humano?

Ming respondió confiando: "Un cerebro es mucho más complejo".

El profesor entonces dio esta importante explicación:

—¿Puedes imaginar que una pila cualquiera de metal chatarra se una para formar un coche?

—¡No!

—Entonces, ¿qué hay del cerebro humano? ¿Pudo unirse solo?

Hasta el día de hoy, Ming se siente profundamente endeudado con el profesor a quien él admiraba científicamente y quien se preocupó lo suficiente por él como para sentir su lucha con la ciencia y lo dirigió al camino de Jesucristo. Ming dice que ahora que ha encontrado al Señor mismo, necesita hacer lo que el profesor hizo años antes para ayudarlo: utilizar su influencia científica y su reputación médica para animar a la siguiente generación de médicos a que investiguen la verdad y encuentren las respuestas en el cristianismo. "Como cristiano y científico, creo que la fe y la ciencia son compatibles y pueden trabajar juntas. De hecho, es mediante unirlas más que de separarlas, y a través de la perseverancia y de creer que Dios creó este mundo, y es sin contradicciones que podemos de verdad encontrar soluciones nuevas, inesperadas y más poderosas a los problemas de nuestra vida".[25]

JOE MARLIN: UN ATEO CON COMPASIÓN
Candidato a doctorado en medicina y en filosofía en la Universidad de Nueva York

Joe es una de las personas que simplemente desea hacer una diferencia en la vida. Más específicamente, desea ayudar a los demás. Él disipa el mito de que los ateos son personas enfadadas a quienes no les importa nada más que ellos mismos. Luego de graduarse de Cal Berkley, fue aceptado por la Universidad de Nueva York para un programa que le permitía obtener su doctorado en filosofía y en medicina al mismo tiempo. Aunque era ateo, su filosofía de la creación era simple: "algo sucedió". Él describe sus creencias como arraigadas en la *teoría del caos*, la idea de que los acontecimientos de la vida están interconectados, aunque el vínculo causa y efecto entre ellas a menudo se opaque o se desconozca.

Fue en un salón de clases de la universidad donde comenzó a cuestionar su ateísmo. "Un día, sentado en clase, una profunda sensación de la realidad de Dios me barrió.

Fue como si Dios estuviera diciéndome a mi mente: 'Soy real'". Pasaron meses antes de que le contara a alguien su experiencia.

Luego de una serie de conversaciones acerca de Dios y de asuntos espirituales, lo invitaron a una iglesia de Manhattan, la Morningstar New York. Ahí conoció a Bruce Ho, un pastor que se había trasladado de Honolulu después de la tragedia del 11 de septiembre. "Bruce se reunió conmigo cada semana durante dos meses. Me escuchaba y me daba respuestas directas. Lo que en realidad impactó mi corazón fue que cada vez que terminábamos una sesión juntos, me decía: 'Joe, estoy verdaderamente emocionado por las cosas que Dios está haciendo en tu vida'. Aunque yo todavía no era cristiano, sabía que había más sobre nuestra existencia que lo que 'sucedió'. En realidad hay Alguien".

Joe había leído *El espejismo de Dios* de Richard Dawkins, y otros libros que hablaban acerca de que la Biblia es meramente un libro de mitos. Él mismo comenzó a leer los Evangelios y lo encontró completamente distintos a cómo los pintaban los escépticos. "Un día comencé a orar y a sentir esa misma presencia que sentí en el salón de clases meses antes. Esta vez, supe que era Jesús. De manera que hablé con Él y le dije: 'Hola, me llamo Joe'".

En la entrevista le pregunté si Jesús le respondió algo. Él me dijo: "No, no lo hizo. Pero yo supe que Él me conocía".[26]

BRIAN MILLER: UN FÍSICO CON FE
Graduado de MIT y de Duke

El Dr. Miller comenzó su educación de licenciatura en el MIT, deseando comprender cómo funciona el universo y perseguir las preguntas más profundas acerca de la existencia humana. Para cumplir su primer objetivo, estudió física. Para alcanzar el segundo, sostuvo largas discusiones acerca del significado de la vida con sus amigos, se inscribió a un curso de primer año de la Biblia y leyó el libro *El relojero ciego*, de Richard Dawkins. El profesor de Biblia afirmaba que las historias de la Escritura eran en su mayoría relatos ficticios escritos para potenciar los planes de los autores. El libro de Dawkins afirmaba que el diseño aparente de la naturaleza era una ilusión y el resultado de las fuerzas ciegas de la evolución. Como consecuencia, muy probablemente Dios era un mito.

Una noche, Brian confesó que no sabía si Dios existía, pero si Dios existía, Él necesitaba mostrarle claramente lo que era verdad. Brian me explicó en nuestra entrevista que como científico, podía creer solo lo que se había comprobado como verdadero con una clara evidencia. Esa noche comenzó un largo viaje que lo llevó a un cuidadoso estudio de ciencia, filosofía, historia, arqueología, antropología y algunas otras disciplinas. A través de sus estudios, descubrió que la ciencia claramente apuntaba a la existencia de Dios y a su cuidado por la humanidad. Brian también se dio cuenta de que los Evangelios están bien documentados por la evidencia histórica, y que la resurrección de Jesús es virtualmente innegable bajo cualquier patrón racional. Dios no solamente satisfizo la necesidad que Brian tenía de evidencia clara, sino también llevó a cabo milagros: Brian vio que sus amigos cristianos sanaban sobrenaturalmente a los enfermos en el nombre de Jesús, y a veces escuchaba la voz de Dios en maneras sutiles, pero transformadoras. Estaba experimentando personalmente el amor de Dios.

A partir de que terminó su doctorado en física, el Dr. Miller ha hablado delante de audiencias hostiles en universidades de todo el mundo acerca de la evidencia de la fe cristiana. A través de estas experiencias, comprende cada vez más que las creencias de los escépticos están normalmente basadas en una fe ciega en la filosofía naturalista más que en la evidencia dura.[27]

Dra. Jo Goodson: Una niñez de ateísmo
Graduada del Imperial College de Londres

Para mí ha sido un privilegio compartir en las universidades de Londres, Inglaterra desde 1981. Ha sido desafiante, por decir lo menos, pero los testimonios del poder transformador del evangelio han sido asombrosos. Ninguna de esas historias es más alentadora que la de Joanna Goodson; aquí la tiene en sus propias palabras:

Yo crecí en un hogar ateo. Éramos bastante francos, simplemente no nos preocupaba asistir a la iglesia. No hablábamos con Dios, ¿para qué? Comprendíamos que otras personas creían en Dios y sentíamos que estaba bien si les ayudaba a salir adelante en la vida. Afortunadamente, teníamos una buena educación y éramos económicamente estables, y posiblemente creíamos ser un poco más inteligentes que los demás, de manera que no necesitábamos inventar a ningún "Dios fantástico" que nos ayudara a salir adelante en la vida. Éramos personas felices y buenas, y creíamos que eso era suficiente.

Al mirar en retrospectiva, puedo ver los momentos de mi niñez en que mis hermanos y yo en realidad teníamos curiosidad por Dios. Recuerdo haber encontrado una Biblia de los Gedeones en la habitación de un hotel y decidir leerla de principio a fin en una noche. En ese tiempo yo tenía unos doce años. Me quedé dormida a la mitad de Deuteronomio y nunca más pensé nada al respecto. ¿Esta era curiosidad intelectual o era Dios que intentaba comunicarse conmigo? A esta altura, no estoy segura. Recuerdo que mi hermano llegó a casa de la escuela a los ocho años y dijo que creía que cada palabra de la Biblia era verdad. Mis padres no tuvieron que apartarlo para explicarle cuán tonto era; mi hermana y yo hicimos un buen trabajo en la cena al lograr sacarle la idea a través del ridículo y el insulto, llamándolo "ingenuo". Ahora él se considera budista, así que supongo que no logramos hacerlo escéptico en cuanto a las cosas espirituales.

El cambio sucedió en mí cuando fui a la universidad a los dieciocho, cuando era una estudiante arrogante que había ya dilucidado como funcionaba todo, en la vida y en la religión. Conocí a un dinámico cristiano con rastas y una personalidad positiva. Todos lo querían y deseaban estar con él. Era abierto acerca de su fe y no bebía, aunque sí asistía a los clubes y bailaba por diversión. Lo que es más, no se quedaba dormido por ahí. Eso no me parecía lógico. Él tenía una buena educación, era popular y no necesitaba una muleta. Era una anomalía en mi comprensión de la vida.

Nosotros discutíamos mucho acerca de religión. Yo pensaba que podía convencerlo de que estaba siendo tonto y obviamente asiéndose de alguien sobre quien le habían enseñado en la infancia pero que nunca había examinado críticamente. Él era un adulto que continuaba creyendo en Santa Claus, y yo le mostraría la verdad, porque a su edad resultaba cruel no saber. A medida que progresaban nuestras discusiones, me asombró descubrir que yo era quien nunca había examinado las cosas de verdad. Yo era quien nunca había desafiado lo que me habían dicho en términos de la perspectiva atea. Eso no me hizo cristiana automáticamente; solo abrió mis ojos a la posibilidad de que Dios fuera real.

Fue entonces cuando Natty, mi dinámico amigo cristiano, me llevó a la iglesia y las cosas encajaron. No me convencieron de ningún argumento sofisticado; me desafiaron a considerar en la posibilidad de que Cristo habría muerto por mí. Finalmente Dios se encontró conmigo donde yo estaba, escondida en la parte trasera de un servicio de una iglesia en Londres, preguntando: *¿De verdad hay alguien arriba?* Cuando finalmente llegué a un lugar de fe, supe que Dios de verdad había hecho mucho más por mí que yo simplemente había ignorado. Una profunda sensación de gratitud ha estado en mi corazón desde ese día.

Mi vida cambió instantáneamente y tomaría mucho espacio explicar cómo. No se trató de dejar las drogas ni el sexo, y finalmente convertirme en una buena persona. Se trató de vivir para Dios, esperando sinceramente cambiar, así como de ver al mundo cambiar para Él y para su honra. Diez años después, estoy casada y tengo un hijo y una hija en camino. Soy doctora y matemática. Mi tesis de la universidad se trató acerca de comprobar la existencia de Dios a través de la lógica matemática. En realidad lo que comprobé fue que no se puede comprobar lo contrario. Eso es suficientemente bueno para mí, lleva a la gente a dar un paso de fe, de una manera o de otra. No me había dado cuenta de que había dado un paso en la dirección equivocada hasta que alguien me desafió al respecto.

Me siento contenta y con paz, y puedo confiar en los demás, porque Dios puso confianza en mí. Puedo perdonar a los demás porque Dios me ha perdonado. Soy fuerte porque Dios me da fuerza. Puedo lidiar con los tiempos malos, porque tengo algo en lo cual colocar mi confianza. Sonrío, porque sé que no importa cómo luzca mi mundo, Dios está obrando todas las cosas para mi bien. Mi familia todavía tiene que creer en Dios, pero asombrosamente desean hacerlo. Ellos me dicen que desean la fe que yo tengo. Mi madre ha expresado a menudo un deseo de que mi hermano y mi hermana encuentren una linda iglesia a donde asistir. Ella piensa que la felicidad, la simpatía y la capacidad de lidiar con los desafíos de la vida vienen de una iglesia. Yo sé que en realidad vienen de Jesús. Cuando ella lo vea, también creerá.[28]

BRANT REDING: UN ATEO QUE TOMÓ SERIAMENTE SUS DUDAS

Estudiante canadiense

Brant Reding es una de las mentes más brillantes que he conocido. Él era un joven líder de negocios en Calgary, Canadá, y un seguidor bastante sincero de Cristo cuando nos conocimos a principios de la década de 1990. Resultó muy difícil creer que este tipo había sido ateo.

Le pedí que explicara la historia de su viaje de la incredulidad a la fe. Comenzó hablándome acerca de una conversación que tuvo con una persona de fe en su primer año de universidad, mientras asistía a la Universidad de Calgary, donde fue desafiado a tomar sus dudas seriamente.

Me encontraba presentando mis mejores argumentos contra la creencia en Dios, y sin embargo, este hombre me respondió en la cara. Me dijo: "No puedo responder todas tus objeciones, pero creo que debes hacer una cosa: ¿por qué no te tomas un tiempo para desaprobar la existencia de Dios? Y cualquier cosa que determines, vive tu vida en esa verdad".

"Eso debe ser fácil—respondí—. Cada universidad y cada académico del mundo estará de acuerdo conmigo: la religión y Dios simplemente son muletas, un opio para las masas, una antigua superstición que intenta explicar la vida".

Esta fue la conversación que me impulsó a salirme de la universidad un semestre. Me decidí a arreglar ese asunto, para desaprobar la existencia de Dios y vivir con una consciencia clara. La lucha intelectual duró más de un semestre, sin embargo. Desaprobar la existencia de Dios no fue tan simple y "lógico" como yo asumí al principio.

En la universidad, me había convertido de un simple escéptico a un gran cínico, al describirme como un ateo que simplemente deseaba divertirse y ser un chico lindo. Para el segundo año había alejado de su famosa fe a cierta cantidad de personas buenas. Fue fácil, nadie tenía pruebas sustanciales de su creencia.

Yo no había sido criado en la religión; nunca había abierto una Biblia ni un Corán. Nunca había asistido a ninguna reunión religiosa hasta ese momento de mi vida. No estaba enfadado ni amargado con la gente religiosa, solo perplejo por su ignorancia y por una fe ciega que parecía arcaica y carente de razón. Cualquier imaginación infantil de Dios que pude haber tenido de niño había sido archivada con el peso de la razón, la ciencia y el individualismo.

Comencé mi búsqueda leyendo e investigando, y comencé a descubrir que había dos perspectivas: los escépticos que yo esperaba, pero también muchos académicos, científicos y filósofos respetados que no tenían problema con integrar la fe en Dios con la búsqueda intelectual pura. Francamente, eso me confundió. ¿Cómo podían sugerir los intelectuales que Dios existe, cuando nuestros cinco sentidos racionales confirmaban lo contrario? No podemos *ver* a Dios ni *escuchar* a Dios; no podemos *tocar* ni *probar* u *oler* a Dios. A mí me parecía evidente. Él, por lo tanto, no podía existir.

En un momento de mi investigación, un sabio académico amablemente dejó caer en mi mano un lápiz desde un pie de altura (30 cm).

—¿Qué hizo que el lápiz cayera?—preguntó.

—La gravedad—respondí.

—¿Cómo es la gravedad? ¿Puedes verla?—continuó—. ¿Cómo se siente su textura? ¿Puedes sentirla? ¿A qué huele la gravedad, qué sonido hace, a qué sabe? Esta fuerza que sostiene todo el universo unido es invisible, indetectable para nuestros cinco sentidos, y sin embargo usted vive sujeto a esta realidad, aunque no pueda comprobarla con sus cinco sentidos humanos.

Honestamente tuve que admitir que la posibilidad de una fuerza creativa en el universo era factible y razonable. Lógicamente, eso significaba que podría haber una razón para el universo, un propósito para la vida y la consciencia; y si eso era posible, entonces incluso podía haber una razón y un propósito para mí. Ese pensamiento sinceramente era perturbador. Veintitrés años de mi vida había vivido en mi "matrix"; la vida era simplemente el producto de procesos genéticos evolutivos— lodo con suerte—y nosotros hacemos de la vida lo que es. No existe un propósito y una razón importantes; solo vive y deja vivir.

Me quedó claro que no hay una evidencia concluyente para refutar a Dios científicamente; en cambio, la evidencia circunstancial se estaba acumulando en la otra dirección. Mire a las otras religiones del mundo. Estas afirmaban que Dios era real, ¿por qué no analizarlas? Me pareció obvio: todos los sistemas de creencia centrados en Dios en realidad comprobarían mi comprensión, todos eran sistemas de creencia urdidos y hechos por el hombre, arraigados en la superstición.

Decidí enfocarme en las personas clave, no en la mezcla de religiones confusas. Los personajes obvios incluían a Mahoma, Joseph Smith, Sidarta Gautama y Jesús, entre otros. Pronto resultó evidente que la persona, la vida y las enseñanzas de Jesús se colocaron a la cabeza de las demás. La mayoría de grupos apuntaban directa o indirectamente a Él.

Investigué más a profundidad. Mi punto de inflexión llegó luego de leer *Mero cristianismo*, de C. S. Lewis, y *Evidencia que exige un veredicto*, de Josh McDowell. Me era imposible ignorar el peso de la evidencia y las personas sinceras cuya vida de fe ahora me había acostumbrado a observar. En un frío día de invierno, estando a menos treinta grados, sentado en mi coche, di un paso y le pregunté a Dios en voz alta: "Si eres real, si todo esto es real, hazte real para mí". Lo invisible se hizo tangible de inmediato. Todo cambió por dentro. Las palabras de Blaise Pascal, el famoso matemático, se hicieron verdad para mí: Dentro de todo hombre hay un vacío con forma de Dios que nada más que el Creador puede llenar. Yo fui un escéptico que se volvió creyente. Aquello que me había propuesto refutar, en realidad lo había comprobado. Me tomó algunos años, pero ahora no cambiaría esos años de búsqueda por nada.[29]

Jim Munroe: La ilusión de la incredulidad
Un ilusionista profesional

Jim Munroe es un ilusionista psicológico y un "escéptico de nacimiento" autoproclamado. Desde muy temprana edad, Jim tuvo la habilidad de hacer que las personas creyeran que algo estaba sucediendo, cuando en realidad no.

Su habilidad de crear una creencia falsa como ilusionista en sus audiencias, dejó a Jim escéptico acerca de toda forma de religión y espiritualidad.

Mientras estudiaba psicología y filosofía en la Universidad de Texas, decidió que respondería la cuestión de Dios por sí mismo, de una vez por todas. Estudió las afirmaciones de todas las religiones y filosofías principales del mundo. Su única pregunta para Dios, después de todo el estudio, siguió siendo la misma: "Dios, si eres real, necesitas hacerte tan real que no te pueda ignorar". Él no sabía que su oración sería respondida, probablemente de la manera en que menos lo deseaba o lo esperaba.

En 2009, le diagnosticaron una extraña leucemia. En un momento, los médicos le dijeron a Jim que la leucemia lo mataría en solamente dos meses. Comenzó su tratamiento en el Centro Médico Anderson Cancer Center de Houston, y tuvo que soportar un trasplante de médula ósea. La dificultad de su trasplante fue encontrar a alguien que fuera perfectamente compatible con el tipo de sangre de Jim y que estuviera dispuesto a donar su médula por Jim. Luego de buscar un donador perfecto en una base de datos internacional de nueve millones de personas, solamente hubo una que lo salvaría de su enfermedad biológica. Jim explicó que pudo ver una comparación directa con el mensaje del evangelio de Jesucristo. Jesús era el Único con la sangre perfecta que podía sustituir su sangre sana (en un sentido espiritual) para nuestra condición desesperadamente enferma.

Al término de su exitoso trasplante de médula ósea que acabó con su cáncer, Jim vio que Dios había respondido su oración y se le había revelado en una manera innegable. "Los médicos me dijeron que me habían dado un segundo cumpleaños. Las enfermeras me dijeron que yo era de nuevo como un bebé en el vientre". A través de este asombroso viaje, Jim afirma que su naturaleza escéptica "fue abrumada por la realidad de Cristo". Ahora Jim lleva a miles de personas al Señor y al directorio de donantes de médula ósea a través de su excepcional historia.[30]

DR. AUGUSTO CURY: EL INTENSO ATEÍSMO SE DERRUMBA
Psiquiatra y autor

Conocí al Dr. Augusto Cury, un brasileño, mientras estaba escribiendo un libro en Estados Unidos. Como un internacionalmente renombrado psiquiatra y autor prolífico, ha escrito treinta libros con más de cuarenta millones de copias vendidas en todo el mundo. Sus enseñanzas y su revelación han impactado a personas de más de sesenta naciones. Me honra llamarlo amigo.

Yo era uno de los ateos más comprometidos que haya caminado sobre esta Tierra, posiblemente más que Nietzsche, quien escribió acerca de la muerte de Dios; o que Karl Marx, quien escribió que la religión es el opio que paraliza a la humanidad; o que Freud, quien escribió que buscar a Dios es buscar a un padre protector. La gran mayoría de ateos, en realidad, son antirreligiosos. Contrario a ellos, yo era un científico ateo.

Al investigar teóricamente una de las últimas fronteras científicas—la naturaleza y los límites del proceso de formación de pensamientos—Dios para mí era el fruto de la complejidad de pensamiento de la ingeniería más alta, producido por un cerebro apasionado por la vida que no resistiría su caos en la soledad de una tumba. Es probable que haya llegado a la última etapa del ateísmo. No obstante, debido a que mi teoría contemplaba no solo la construcción del pensamiento, sino también el proceso de capacitación de los pensantes, estudié la mente de grandes hombres y mujeres, para ver si se liberaban de la prisión de la rutina y avivaban su inteligencia, y qué herramientas utilizaban para producir grandes ideas.

Como ateo psicológico, decidí estudiar a un hombre llamado Jesús. Comencé con sus biografías, acudí a los Evangelios en varias versiones. Esperé encontrar a una persona ordinaria con un gran intelecto o emoción, producido por un grupo de galileos que necesitaban a un héroe que los liberara de la opresión de Tiberio César, el emperador romano. Pero mi análisis detallado me dejó perplejo, asombrado y fascinado porque, claramente, comprendí que ninguna mente podía producir a un individuo con las características de su personalidad. Él no encajaba en la imaginación humana. Cientos de ejemplos que investigué confirmaban esta tesis. Cito dos de ellas.

La primera: los fenómenos psicológicos y sociológicos que sucedieron en su última cena. Él eligió una de las dos peores clases de hombres como sus alumnos o discípulos para formar una clase excelente de pensadores. Esa fue una elección muy arriesgada. Ellos tenían graves defectos de personalidad, tales como la necesidad neurótica de poder y control sobre los demás, y la actitud social de siempre tener la razón. En la última cena, sabiendo que Él pronto estaría muerto, Jesús todavía tenía que enseñarles importantes lecciones de generosidad, altruismo y tolerancia social. Luego, para mi asombro psicológico, sociológico y psicopedagógico, controló su dramática presión, abrió los portales de su mente, tomó un poco de agua y una toalla, y comenzó a limpiar los pies de esos jóvenes que solo le habían dado jaquecas. Con una inteligencia única, bombardeó las necesidades neuróticas, haciéndolos volver a editar la película de su consciencia y volver a escribir sus historias. *Nunca alguien tan grande*

*se había hecho tan pequeño con el fin de hacer grandes
a los pequeños.*

La segunda: cuando Judas Iscariote traicionó a Jesús,
uno esperaría que Él cerrara el circuito de su memoria y
reaccionara instintivamente, sucumbiendo a los ataques
de ira o temor. Pero para perplejidad de la ciencia humana, gobernó su intensa frustración, miró a su traidor
y tuvo la valentía de decir: "Amigo, ¿por qué estás aquí?".

En primer lugar, Jesús llamó *amigo* a Judas, lo cual es
notable e indica que no temía ser traicionado ni temía
perder un amigo. En segundo lugar, Él hizo una pregunta—*en filosofía, una pregunta es el comienzo de la
sabiduría*—. Jesús no respondió rápidamente, pero su
pregunta hizo que Judas internalizara, se cuestionara a
sí mismo y encontrara su propia respuesta. Él deseaba
mentes que pensaran, no esclavos. Él mostró solemne-
mente que una persona es más importante que su error.
*Nunca en la historia una persona traicionada había tra-
tado a su traidor con tal dignidad.*

No existe un precedente histórico para las características de la personalidad de Jesús. Freud, una de las
mentes más brillantes de la humanidad, reaccionó completamente diferente. Él desterró a Jung y a Adler de la
familia psicoanalítica por contradecir sus ideas.

Yo estaba tan fascinado con la inteligencia de Jesús
que escribí mil páginas en cinco volúmenes al respecto.
Uno de los errores más grandes del cristianismo fue estudiar a Jesucristo solo desde el ángulo espiritual y no
desde las complejas funciones de su mente. La educación
mundial sería diferente si incorporara las herramientas
que Él utilizó para capacitar a los pensadores. Yo no de-
fiendo ninguna religión, pero la ciencia que ha llevado a
muchos al ateísmo, hace catorce años me convenció de

que hay un Dios detrás de las bambalinas del tiempo y el espacio.[31]

Resumen

La prueba viviente de la existencia de Dios es el continuo testimonio de su obra en la vida de personas alrededor del mundo. Sin importar su edad, etnia o incluso su contexto cultural, el mensaje de Jesucristo continúa siendo la esperanza de las naciones.

A medida que los cristianos viven su fe en medio de la confusión, el desinterés y el temor del siglo XXI, nunca ha habido un mejor tiempo para demostrar la realidad de Dios a través de su presencia que nos da poder para pasar por los tiempos más difíciles con la mayor esperanza. El mundo incrédulo intenta descartar los testimonios positivos de la gente como una evidencia admisible de la existencia de Dios, no obstante son rápidos para utilizar las historias dolorosas de los demás como prueba de que Dios no existe. Existen incontables historias de quienes pasaron por pruebas doloras que hicieron que otros señalaran hacia el cielo y preguntaran: "¿Dónde estaba Dios?". En cambio, estos creyentes encontraron una grandiosa gracia y consuelo en Dios en medio de sus circunstancias adversas.

En mayo de 2011, los tornados devastaron Alabama. Tras la crisis, cientos de personas descendieron al estado para proporcionarles a las víctimas de estos trágicos eventos alimento, agua y ayuda. Yo acudí a la casa de una pareja de ancianos que había sobrevivido al golpe directo de un tornado, mientras se protegieron con un armario. Cuando abrieron la puerta del armario luego de que pasara el tornado, toda su casa se había ido. Yo estuve en el armario donde ellos se escondieron y me asombré al ver desaparecer su casa y la de su vecino. Esta preciosa pareja me miró con una sonrisa y dijo: "Cuando la gente nos pregunta: '¿Dónde estuvo Dios durante esos tornados?', nosotros decimos: 'Él estuvo con nosotros en el armario'".

CONCLUSIÓN

BUSQUE A DIOS

Hay suficiente luz para los que desean
solo ver, y suficiente oscuridad para
los de inclinación contraria.

—Blaise Pascal[1]

Dios [...] es galardonador de los que le buscan.

—Hebreos 11:6

DIOS NO ESTÁ MUERTO. HEMOS OBSERVADO DE CERCA
la verdadera evidencia de su existencia, nueve pruebas clave
fueron cubiertas en los capítulos 2 al 10, las cuales presentan un fundamento sólido para los creyentes de todos
los trasfondos etarios y educativos. Cualquiera de estas
pruebas es suficiente para demostrar que Dios existe.

El ateo y el escéptico deben derrumbar cada una de las
pruebas y luego establecer su propia evidencia de que toda
la vida y la existencia no son producto de la planeación inteligente, y que son, por lo tanto, un mero accidente. Si
cualquiera de estos puntos queda de pie, entonces la defensa de la incredulidad fracasa. La carga de la responsabilidad para poder probar que Dios no existe es enorme.
Incluso Richard Dawkins, en un debate con el arzobispo de
Canterbury, dijo que en una escala del uno al siete, el se

encontraba en un seis con respecto a su certeza de que Dios no existía.[2] Esto, técnicamente hace al ateo más famoso del mundo un agnóstico, aunque obviamente él se puede catalogar como desee.

Nosotros, sin embargo, hemos recibido suficiente evidencia de que Dios evitará que languidezcamos en perpetua incertidumbre. La ciencia ciertamente nos está proporcionando una mirada clara del enorme orden y la expansión del universo, haciendo que los de mente abierta reconozcan a Dios.

Mi sincera esperanza es que usted vaya más allá de creer solamente que Dios existe a desarrollar una relación con Él que está disponible. Creer que Él existe es el primer paso; creer que Él galardona a quienes le buscan con diligencia es el segundo paso.

¿Qué debemos hacer ahora?

La Biblia dice que debemos buscarlo. Jesús dijo: "Pedid, y se os dará; buscad, y hallaréis; llamad, y se os abrirá" (Mateo 7:7). El poder de Dios es gratuito para aquellos que con suficiente humildad piden, suficientemente desesperados buscan y con suficiente audacia llaman a la puerta. Él no solamente es una fuerza qué analizar o una fórmula en que trabajar; Él es una persona a quien conocer. Mire más de cerca un momento el mensaje que el gran maestro del cristianismo, el apóstol Pablo, dio en Atenas, Grecia, a una audiencia diversa y altamente educada. Existen fuertes vínculos entre las necesidades del mundo antiguo y las nuestras en la actualidad. La manera en que él habló con osadía frente a una audiencia bastante hostil, me recuerda cómo debemos hablar en el siglo XXI.

El Dios que hizo el mundo y todo lo que hay en él es Señor del cielo y de la tierra. No vive en templos construidos por hombres, ni se deja servir por manos humanas, como si necesitara de algo. Por el contrario, él es quien da a todos la vida, el aliento y todas las cosas. De un solo hombre hizo todas las naciones para que habitaran toda la tierra; y determinó los períodos de su historia y las fronteras de sus territorios. Esto lo hizo Dios para que todos lo busquen y, aunque sea a tientas, lo encuentren. En verdad, él no está lejos de ninguno de nosotros, "puesto que en él vivimos, nos movemos y existimos". Como algunos de sus propios poetas griegos han dicho: "De él somos descendientes."

Por tanto, siendo descendientes de Dios, no debemos pensar que la divinidad sea como el oro, la plata o la piedra: escultura hecha como resultado del ingenio y de la destreza del ser humano. Pues bien, Dios pasó por alto aquellos tiempos de tal ignorancia, pero ahora manda a todos, en todas partes, que se arrepientan. Él ha fijado un día en que juzgará al mundo con justicia, por medio del hombre que ha designado. De ello ha dado pruebas a todos al levantarlo de entre los muertos (Hechos 17:24-32, NVI).

Las reacciones de la audiencia revelan muchos de los mismos sentimientos que enfrentamos ahora al presentar el evangelio mientras abordamos los obstáculos de la mente de la gente. Pablo vio que los griegos tenían la expresión de todas las ideas imaginables—religiosas, filosóficas y científicas—. Ellos poseían todas las nuevas ideas y las consideraban igualmente válidas (Hechos 17:22-23). Pablo dio un paso adelante (por así decirlo) y habló en el mercado de ideas con claridad y convicción, sin temor de exponer las creencias erróneas.

Pablo abordó específicamente a los epicúreos y los estoicos, dos importantes escuelas del pensamiento filosófico (Hechos 17:18). El ideal epicúreo era "comer, beber y ser feliz, mañana moriremos"; y los estoicos enfrentaban todos los altibajos de la vida con emociones imperturbables. Cada grupo era diametralmente contrario al sistema de creencias del otro, no obstante estaban unidos en una incredulidad común en el Dios verdadero. ¿Cuál fue el mensaje de Pablo para estos grupos y demás que solo estaban de compras en el mercado aquel día?

1. DIOS HIZO EL MUNDO

Él comenzó presentando a Dios como Creador. Este es el principio de la fe. Así como la ciencia ha confirmado el comienzo del universo, Pablo le habló a una cultura que creía en muchos dioses y en una variedad de historias acerca de cómo surgieron las cosas. Les dijo simplemente que el único Dios verdadero creó el mundo. Esta creencia no es una cuestión secundaria, sino la verdad fundamental para llegar a comprender y a conocer a Dios.

2. DIOS NO VIVE EN TEMPLOS HECHOS POR HOMBRES

Los edificios son útiles en cuanto a que facilitan las reuniones de adoración y enseñanza, pero el corazón humano es el verdadero templo en que Dios desea morar. Pablo desafió las expresiones de fe y corrigió las perspectivas erróneas con respecto a Dios y la adoración. Deshizo el mito de que las creencias religiosas de la persona estén más allá de cualquier evaluación crítica. Los ateos que afirman violentamente que la gente de fe se esconde de un examen semejante, muchas veces evitan que sus perspectivas pasen por tal escrutinio. Esto es lo contrario de cómo se muestra la vida de fe en la Escritura.

3. DIOS ES EL AUTOR DE LA VIDA

La respuesta al misterio del origen de la vida no fue reservada al dominio de filósofos y científicos; Pablo reconoció a Dios como el Autor de la vida. La ciencia puede decirnos cómo funcionan los sistemas y los procesos, pero nunca podrá decirnos de dónde surge la vida. Dios, como el Creador, es el poseedor de las patentes y derechos de la vida. Al explicar que Dios es el Autor de la vida, Pablo estaba estableciendo el derecho de Dios de hablarle a la condición de nuestra alma, a que confiemos en Él como la fuente de toda la sabiduría. Tal como el fabricante de un producto proporciona las instrucciones más seguras para su uso correcto, el Creador de la vida es el experto más confiable para saber cómo debemos comprender la vida.

4. DIOS ES EL CREADOR DE LOS HOMBRES Y LAS NACIONES

Pablo entonces incursiona en el área de los orígenes humanos y les dice a sus lectores que Dios creó a la humanidad. Él nos hizo humanos y a los animales, animales. Él nos creó a su imagen para que pudiéramos tener una relación con Él. Dios, aunque infinitamente más alto que los humanos, nos creó con la capacidad de una verdadera relación con Él.

5. DIOS LO HIZO PARA QUE LO BUSCÁRAMOS

Pablo nos da el secreto aquí mismo: toda la vida fue diseñada para que los humanos desearan y buscaran a Dios. Piénselo. ¿A quién deja convertirse en su amigo? ¿Hay cierto tipo de personas que le atraen y otras que no le atraen? ¿Cómo es que Dios podría tener esa misma clase de sentimientos? ¿Podría revelarse a sí mismo a aquellos que Él desea y ocultarse de los demás?

El filósofo y matemático francés, Blaise Pascal, habló directamente al respecto: "Él regula de tal manera el conocimiento de sí mismo que nos ha dado señales de sí, visibles a quienes le buscan, e invisibles para quienes no le buscan".[3] Así es como funcionamos como humanos. Muchos pueden vernos o saber que existimos, pero eso no significa que les permitamos a todos construir una relación con nosotros. Nos revelamos a aquellos en quienes confiamos. En esencia, esta idea y rasgo vino de Dios mismo. El galardón por buscar a Dios diligentemente es llegar a comprender quién es Él y cómo es Él.

Él nos ha dado suficiente evidencia para saber que existe, pero espera que nosotros le busquemos. ¿Por qué no lo haríamos? Los científicos buscan respuestas, los filósofos buscan sabiduría, los médicos buscan curas, los hombres y mujeres de negocios buscan ganancia y oportunidad. Los creyentes deben buscar a Dios. Debido a que Dios está vivo en realidad, ese conocimiento debe inspirarnos a abrirnos paso a través de los obstáculos y buscarlo con todo nuestro corazón. Eso es lo que hacemos como personas cuando nos dicen que tenemos la oportunidad de conocer a alguien rico, famoso o influyente.

Si nos dijeran que el presidente de los Estados Unidos o la reina de Inglaterra han enviado una invitación para que los conozcamos, ¿no sería un honor que no descararíamos? Incluso los boletos de un concierto de U2 con un pase directo para conocer a Bono tras bambalinas sería una parte memorable en la vida de alguien. Usted podría sustituirlo con cualquier ejemplo que desee, pero el asunto debe estar claro: usted ha recibido una invitación abierta para conocer al Creador del universo e incluso volverse su amigo, lo cual incuestionablemente es el honor más alto imaginable. Es a partir de esa relación con Dios que las bendiciones de compasión, sabiduría y conocimiento fluyen de su vida. Él desea convertirlo en un canal de su gracia para el mundo.

COMIENCE LA CONVERSACIÓN

Si usted pudo comprender las nueve pruebas básicas de la existencia de Dios, entonces está más que listo y es capaz de entablar confiadamente un diálogo con no creyentes y creyentes sobre las áreas importantes de la fe, el escepticismo y el significado de la vida. Seguramente habrá otros argumentos sofisticados que usarán los escépticos que irán más allá de su capacidad de responder. Yo me enfrento con ello todo el tiempo. Muchas veces, sin embargo, aquellos que recurren a un lenguaje altamente técnico de la ciencia y la filosofía han encontrado fácil esconderse de las implicaciones de un Creador inteligente y de las expectativas que Él tiene para nosotros como seres humanos.

Tarde o temprano, todos tienen que reflexionar seriamente las preguntas: "¿Cuál es el significado de la vida?", y: "¿Dios existe?". Estas son las grandes preguntas de nuestro tiempo. Las respuestas a estas preguntas definirán y dirigirán su vida como nada más. No son preguntas que pueden ser ignoradas para siempre. Cuando simplemente abra los ojos a la gente que le rodea, usted se dará cuenta de que hay una enorme apertura para iniciar conversaciones que tendrán una importancia eterna.

NOTAS

Introducción

1. William Wilberforce, *Cristianismo real*, ed. Bob Beltz, ed. rev. (Lake Mary, FL: Casa Creación, 2007), p. 24.
2. Greg Graffin y Steve Olson, *Anarchy Evolution: Faith, Science, and Bad Religion in a World Without God* [Anarquía de la evolución: Fe, ciencia y mala religión en un mundo sin Dios] (Nueva York: HarperCollins, 2010), p. 61.
3. Richard Dawkins, *El relojero ciego: Por qué la evidencia de la evolución revela un universo sin diseño* (1986; Nueva York: Norton, 1996), p. 5.
4. Stephen Hawking, *Breve historia del tiempo: Edición extendida y actualizada a los diez años de su publicación* (Nueva York: Bantam, 1996), p. 146.
5. "Partisan Polarization Surges in Bush, Obama Years" [Surge una polarización partisana en los años Bush/Obama], Pew Research Center, 4 de junio de 2012, http://www.people-press.org/2012/06/04/section-6-religion-and-social-values (consultado el 30 de octubre de 2012).
6. "Most Twentysomethings Put Christianity on the Shelf Following Spiritually Active Teen Years" [La mayoría de jóvenes de veintitantos años colocan al cristianismo en la repisa luego de años espiritualmente activos de la adolescencia], Grupo Barna, 11 de septiembre de 2006, http://www.barna.org/barna-update/article/16-teensnext-gen/147-most-twentysomethings-put-christianity-on-the-shelf-following-spiritual-active-teen-years (consultado el 18 de septiembre de 2012).
7. Sam Harris, *El fin de la fe: Religión, terror y el futuro de la razón* (Nueva York: W. W. Norton, 2004), p. 221.

Capítulo 1: Dios no está muerto

1. *Richard Dawkins vs John Lennox: The God Delusion Debate* [Richard Dawkins contra John Lennox, el debate del Espejismo de Dios], Universidad de Alabama en Birmingham, 3 de octubre de 2007 (Birmingham: New Day Entertainment, 2007, DVD.
2. Aunque atribuido a G. K. Chesterton, se desconoce la exacta proveniencia de esta cita. Ver "When Man Ceases

DIOS NO ESTÁ MUERTO

to Worship God" [Cuando el hombre deja de adorar a Dios],
The American Chesterton Society, http://www.chesterton
.org/discover-chesterton/frequently-asked-questions/cease
-to-worship (consultado el 18 de septiembre de 2012).
3. "Is God Dead?" [¿Dios está muerto?] *Time*, 8 de abril de 1966.
4. Karl Marx, "A contribution to the Critique of Hegel's Philosophy of Right" [Una contribución a la crítica de la filosofía
del derecho de Hegel], *Deutsch-Französische Jahrbücher*
[German-French Annals], febrero de 1844.
5. "God: After a Lengthy Career, the Almighty Recently Passed
into History. Or Did He?" [Dios: Luego de una larga carrera,
el Todopoderoso recientemente pasó a la historia. ¿Será?]
The Economist, 23 de diciembre de 1999.
6. John Micklethwait y Adrian Wooldridge, *God Is Back: How
the Global Revival of Faith Is Changing the World* [Dios está
de vuelta: Cómo el avivamiento de la fe está cambiando al
mundo] (Nueva York: Penguin Press HC, 2009).
7. C. S. Lewis, *Mero cristianismo* (1998; Nueva York: Harper-
Collins, 2006), p. 35).
8. Ibíd., p. 16.
9. Andrew Sullivan, "Christianity in Crisis" [Cristianismo en
crisis], *Newsweek*, 2 de abril de 2012.
10. Stephen Hawking y Leonard Mlodinow, *El gran diseño*
(Nueva York: Crítica, 2010), p. 5.
11. Daniel C. Dennett, *La peligrosa idea de Darwin: Evolución y
significados de la vida* (Nueva York: Touchstone, 1995), p. 21.
12. David Aikman, en una discusión con el autor, 12 de septiembre de 2012.
13. Malcolm Muggeridge, *A Third Testament: A Modern Pil-
grim Explores the Spiritual Wanderings of Agustine, Blake,
Pascal, Tolstoy, Bonhoeffer, Kierkegaard, and Dostoevsky* [Un
tercer testamento: Un peregrino moderno explora los de-
vaneos espirituales de Agustín, Blake, Pascal, Tolstoi, Bonhoeffer, Kierkegaard y Dostoievsky] (Nueva York: Ballantine,
1983), p. 32.
14. Richard Dawkins, *El espejismo de Dios* (Nueva York:
Houghton Mifflin, 2006), p. 15.
15. Richard Dawkins, entrevista con Tony Jones, sesión de preguntas y respuestas, ABC Australia, 9 de abril de 2012.
16. Greg Graffin y Steve Olson, *Anarchy Evolution: Faith,
Science, and Bad Religion in a World Without God*

258

NOTAS

[Anarquía de la evolución: Fe, ciencia y mala religión en un mundo sin Dios] (Nueva York: HarperCollins, 2010), pp. 5-6.
17. Platón, *República*, 394d.
18. John Lennon, "Imagine", *Imagina* (Apple Records, 1971).
19. Bill Maher, *Religulous*, dirigida por Larry Charles (Santa Mónica: Lionsgate, 2008), DVD.
20. Rice Broocks, *Finding Faith at Ground Zero* [Encontraron la fe en la Zona Cero] (Nashville: Every Nation, 2002), p. 10.

Capítulo 2: La fe verdadera no es ciega

1. *Richard Dawkins vs John Lennox: The God Delusion Debate* [Richard Dawkins contra John Lennox, el debate del Espejismo de Dios], Universidad de Alabama en Birmingham, 3 de octubre de 2007 (Birmingham: New Day Entertainment, 2007, DVD.
2. William Lane Craig, *Fe razonable: La verdad cristiana y apologética* (Wheaton, IL: Crossway, 1984), p. 48.
3. *Dawkins vs Lennox, The God Delusion Debate*.
4. Ibíd.
5. Timothy Keller, *The Reason for God: Belief in an Age of Skepticism* [La razón de Dios: Fe en una era de escepticismo] (Ontario: Penguin, 2008), p. xviii.
6. Dan Cray, "God vs. Science: A Spirited Debate Between Atheist Biologist Richard Dawkins and Christian Geneticist Francis Collins" [Dios contra ciencia: Un enérgico debate entre el biólogo ateo, Richard Dawkins, y el genetista cristiano, Francis Collins], *Time*, 13 de noviembre de 2006, http://www.time.com/time/magazine/pacific/0,9263,503061113,00.html (consultado el 16 de septiembre de 2012).
7. Ibíd.
8. John Polkinghorne, citado en Dean Nelson, "God vs. Science", *Saturday Evening Post*, septiembre/octubre de 2011, http://www.saturdayeveningpost.com/2011/08/16/in-the-magazine/features/god-vs-science.html.
9. C. S. Lewis, *Los milagros: un estudio preliminar* (Londres: Fontana, 1947), p. 110).
10. Albert Einstein, *Physics and Reality* [Física y realidad], trad. al ing. Jean Piccard (Lancaster, Pen.: Lancaster, 1936).
11. Johannes Kepler, *Defundamentis Astrologiae Certioribus*, tesis 20 (1601).

12. Richard Dawkins, conferencia en el Reason Rally, Washington D.C. Mall, 24 marzo 2012, citado en Charlie Spiering, "A Rally About Faith" [Un rally acerca de la fe], *Crisis Magazine* [Revista Crisis], 27 marzo 2012.

13. Peter Hitchens, *The Rage Against God: How Atheism Led Me to Faith* [La rabia contra Dios: Cómo el ateísmo me llevó a la fe] (Grand Rapids: Zondervan, 2010), pp. 12-13.

14. David Albert, "On the Origin of Everything: *A Universe from Nothing* [Un universo de la nada], por Lawrence M. Krauss", *New York Times*, 23 de marzo de 2012.

15. Joe Marlin, en discusión con el autor, 15 de agosto, de 2012.

16. C. S. Lewis, *Mero cristianismo* (1998; Nueva York: Harper-Collins, 2006), pp. 140-141).

17. Stephen M. Barr, "Retelling the Story of Science" [Cambiando la historia de la ciencia], Sixteenth Annual Erasmus Lecture, Institute on Religion and Public Life, New York, 15 de noviembre de 2002, citado en Melanie Phillips, *The World Turned Upside Down: The global Battle over God, Truth and Power* [El mundo de cabeza: La batalla mundial por Dios, la verdad y el poder] (Nueva York: Perseus, 2001), p. 79.

18. Leon Wieseltier, "The God Genome" [El genoma de Dios], *New York Times*, 19 febrero, 2006.

19. "Science in the Dock: Discussion with Noam Chomsky, Lawrence Krauss y Sean M. Carroll" [La ciencia en el banquillo: discusión con Noam Chomsky, Lawrence Krauss y Sean M. Carrll], *Science & Technology News*, 1 de marzo de 2006.

20. William Lane Craig, debate con Peter Atkins, Georgia, abril 1998, http://youtube.com/watch?v=3vnjNbe5lyE (consultado el 16 de septiembre de 2012).

21. Eugene Wigner, "The Unreasonable Effectiveness of Mathematics in the Natural Sciences" [La irracional eficacia de las matemáticas en las ciencias naturales], *Communication on Pure Applied Mathematics* [Comunicación sobre matemáticas aplicadas puras] 13, núm. 1, febrero de 1960, pp. 1-14.

22. Phillips, *The World Turned Upside Down*, p. 321.

23. Richard Dawkins, entrevista por Tony Jones, sesión de preguntas y respuestas, ABC Australia, 9 de abril de 2012.

24. *Dawkins contra Lennox, The God Delusion Debate*.

25. Stephen Jay Gould, *Rocks of Ages: Science and Religion in the Fullness of Life, The Library of Contemporary Thought*

NOTAS

[Las rocas de los siglos: Ciencia y religión en la plenitud de la vida, la biblioteca del pensamiento contemporáneo] (Nueva York: Ballantine, 1999), pp. 4-6.

26. Polkinghorne, citado en "God vs. Science".

27. Ibíd.

28. Albert Einstein, *De mis últimos años* (Nueva York: Citadel, 1956), p. 26.

Capítulo 3: El bien y el mal no son espejismos

1. Richard Dawkins, entrevista por Tony Jones, sesión de preguntas y respuestas, ABC Australia, 9 de abril de 2012.

2. Francis Schaeffer, *How Should We Then Live? (L'Abri 50th Anniversary Edition): The Rise and Decline of Western Thought and Culture* [¿Cómo debemos vivir entonces? Auge y declinación del pensamiento y la cultura occidental, L'Abri edición de 50° aniversario] (1976; Wheaton, IL: Crossway, 2005), p. 145.

3. Larry Alex Taunton, *The Grace Effect: How the Power of One Life Can Reverse the Corruption of Unbelief* [El efecto de la gracia: Cómo el poder de una vida puede revertir la corrupción de la incredulidad] (Nashville: Thomas Nelson, 2011), p. 6.

4. Ibíd., p. 21.

5. Hugh Ross, *Why the Universe Is the Way It Is* [Por qué el universo es como es] (Grand Rapids: Baker, 2008), p. 169.

6. Cornelius van Til, *The Defense of the Faith* [La defensa de la fe], ed. K. Scott Oliohint (Phillipsburg, N.J.: P and R, 1955).

7. C. S. Lewis, *Mero cristianismo* (1998; Nueva York: Harper-Collins, 2006), p. 38.

8. Sam Harris, *El fin de la fe: Religión, terror y el futuro de la razón* (Nueva york: W. W. Norton: 2005), p. 67.

9. William Lane Craig en debate con Sam Harris, "Is the Foundation of Morality Natural or Supernatural?" [¿El fundamento de la moralidad es natural o supernatural?] University of Notre Dame, abril de 2011.

10. Melanie Phillips, *The Spectator*, "Welcome to the Age of Irrationality" [Bienvenidos a la era de la irracionalidad], 28 de abril de 2010, http://spectator.co.uk/features/5951248/welcome-to-the-age-of-irrationality (consultado 20 diciembre 2012).

11. Lewis, *Mero cristianismo*, p. 8.

DIOS NO ESTÁ MUERTO

12. Sam Harris, *The Moral Landscape: How Science Can Determine Human Values* [El paisaje moral: Cómo la ciencia puede determinar los valores humanos] (Nueva York: Free PRess, 2010), p. 28.
13. David Hume, *Tratado de la naturaleza humana* (1739; Brisbane: Emereo, 2010), p. 335.
14. Harris, *The Moral Landscape*, p. 39.
15. Immanuel Kant, citado en *Wiener Zeitschrift* [diario de Viena] 1 de febrero de 1820.
16. Immanuel Kant, *Fundamentación de la metafísica de las costumbres*, trad. al ing. James W. Ellington (1785; Indianapolis: Hackett, 1994), p. 30.
17. Kant, *Metafísica de las costumbres*, p. 22.
18. Friedrich Nietzsche, *"El ocaso de los ídolos" The Portable Nietzsche*, ed. y trad. al ing. Walter Kaufman (Nueva York: Penguin Books, 1976), pp. 515-516.
19. Herbert Spencer, *The Principles of Biology* [Los principios de la biología] (Nueva York: D. Appleton, 1866), 1:444.
20. Thomas Huxley, "Evolution and Ethics" [Evolución y Ética], *Evolution and Ethics and Other Essays* [Evolución y ética y otros ensayos] (Nueva York: D. Appleton, 1899), p. 83.
21. Richard Dawkins, *El río del Edén: El punto de vista darwiniano sobre la vida* (Nueva York: Basic, 1995), p. 133.
22. Dawkins, sesión de preguntas y respuestas.
23. Aldous Huxley, *Ends and Means: An Enquiry into the Nature of Ideals and into the Methods Employed for Their Realization* [Fines y medios: Una búsqueda en la naturaleza de los ideales y en los métodos empleados para su realización] (Londres: Chatto y Windus, 1946), p. 273.
24. Jean-Paul Satre, *El existencialismo es un humanismo*, trad. al ing. Carol Macomber (1945; New Haven: Yale, 2007), p. 29.
25. Malcolm Jones, *Dostoevsky and the Dynamics of Religious Experience* [Dostoievsky y la dinámica de la experiencia religiosa] (Londres: Anthem, 2005), p. 7.
26. *Richard Dawkins vs John Lennox: The God Delusion Debate* [Richard Dawkins contra John Lennox: el debate de El Espejismo de Dios], University of Alabama at Birmingham, 3 de octubre de 2007 (Birmingham: New Day Entertainment, 2007), DVD.
27. Christopher Hitchens, *Cartas a un joven disidente* (Nueva York: Basic, 2005), p. 64.

NOTAS

28. Lewis, *Mero cristianismo*, p. 69.

29. Gottfried Wilhelm Leibniz, *Theodicy: Essays on the Goodness of God, the Freedom of Man and the Origin of Evil* [Teodicea: Ensayos sobre la bondad de Dios, la libertad del hombre y el origen del mal], trad. al ing. E. M. Huggard, ed. A. Arrer (1951; LaSalle, IL: Open Court, 1985), p. 228.

30. Christopher Hitchens, *The Portable Atheist: Essential Readings for the Nonbeliever* [El ateo portátil: Lecturas esenciales para el no creyente] (Cambridge, MA: Da Capo Press, 2007), p. 394.

31. Lewis, *Mero cristianismo*, pp. 47-48.

32. Ross, *Why the Universe Is*, p. 159.

33. Apocalipsis 21:1-4.

34. Ravi Zacharias, *¿Puede el hombre vivir sin Dios?* (Nashville: Thomas Nelson, 1994), p. 189.

35. William Lane Craig, debate con Sam Harris, "Is the Foundation of Morality Natural or Supernatural?".

Capítulo 4: Hubo un comienzo

1. Sir Fred Hoyle, "The Universe: Past and Present Reflections" [El universo: Reflexiones del pasado y el presente], *Engineering and Science*, noviembre 1981, p. 12.

2. Malcolm W. Browne, "Clues to Universe Origin Expected; The Making of the Universe" [Pistas esperadas al origen del universo; Cómo se hizo el universo], *New York Times*, 12 de marzo de 1978.

3. Stephen W. Hawking y Roger Penrose, *Naturaleza del espacio y el tiempo* (Princeton: Princeton University, 1996), p. 20.

4. Carl Sagan, *Cosmos* (Nueva York: Ballantine, 1980), p. 1.

5. Bertrand Russell y Frederick Copleston, "A Debate on the Existence of God" [Un debate sobre la existencia de Dios], en *The Existence of God* [La existencia de Dios] ed. John Hick (Nueva York: Collier, 1964), p. 175.

6. P. C. W. Davies "Spacetime Singularities in Cosmology" [Singularidades del espacio y el tiempo en la cosmología], en *The Study of time III* [El estudio del tiempo III], J. T. Fraser, ed. (Nueva York: Springer Verlag, 1978), p. 78-79.

7. Robert Jastrow, *God and the Astronomers* [Dios y los astrónomos], 2ª edición (Nueva York: Norton and Norton, 1992), p. 9.

8. Arthur S. Eddington, "The End of the World: From the Stand-point of Mathematical Physics" [El fin del mundo: Desde la perspectiva de la física matemática], *Nature* 127 (1931): 450.

9. Stephen Hawking, *Una breve historia del tiempo* (New York: Bantam, 1996), p. 49.

10. Sir Fred Hoyle, *El universo inteligente* (Nueva York: Holt, Rinehart and Winston, 1983), p. 237.

11. J. P. Moreland y William Lane Craig, ed., *Fundamentos filosóficos de una cosmovisión cristiana* (Downer's Grove, IL: InterVarsity, 2003), p. 465.

12. Ibíd., p. 468.

13. William Lane Craig, eds., *The Blackwell Companion to Natural Theology* [El manual Blackwell de teología natural] (Chichester: Blackwell, 2009), p. 130.

14. Ibíd., p. 192.

15. G. W. Leibniz, "On the Ultimate Origination of Things" [Sobre el origen supremo de las cosas], en *Leibniz Philosophical Writings* [Escritos filosóficos de Leibniz], ed. G. H. R. Parkinson, trad. al ing. M. Morris y G. H. R. Parkinson (Londres: J. M. Dent, 1973), pp. 136-44.

16. *Richard Dawkins vs John Lennox: The God Delusion Debate* [Richard Dawkins contra John Lennox, el debate del Espejismo de Dios], Universidad de Alabama en Birmingham, 3 de octubre de 2007 (Birmingham: New Day Entertainment, 2007, DVD.

17. Lawrence M. Krauss, *A Universe from Nothing: Why There Is*

18. *Something Rather than Nothing* [Un universo de la nada: Por qué hay algo en lugar de nada] (Nueva York: Free Press, 2012), p. xiv.

19. http://www.reasons.org/articles/universo-from-nothing-a -critique-of-lawrence-krauss-book-part-1.

20. Victor Stenger, "Why Is There Something Rather Than Nothing?" [Por qué hay algo en lugar de nada], *Skeptical Enquierer* 16, núm. 2 de junio de 2006, http://www.csicop.org/ sb/show/why_is_there_something_rather_than_nothing (consultado el 20 de septiembre de 2012).

21. Michael Shermer, "Nothing Is Negligible: Why There Is Something Rather Than Nothing" [Nada es desdeñable: Por qué hay ago en lugar de nada], *eSkeptic*, 11 de julio de

2012, http://www.skeptic.com/eskeptic/12-01-11/#feature (consultado el 20 de septiembre de 2012).

22. Allan Sandage, citado en J. N. Willford, "Sizing up the Cosmos: An Astronomer's Quest" [Medir el Cosmos: La búsqueda de un astrónomo], *New York Times*, 12 marzo 1991, B9.

23. Stephen Hawking y Leonard Mlodinow, *El gran diseño* (Nueva York: Bantam Books, 2010), p. 180.

24. *Curiosity*, "Did God Create the Universe?" [¿Dios creó el universo?] YouTube, http://www.youtube.com/watch?v=jcrRyL4uO8g.

25. *El mago de Oz*, dirigido por King Vidor (1936; Burbank, CA: Warner Home Video, 1999), DVD.

26. Sean Carroll, "The Pointles Universe" [El universo sin sentido], en John Brockman, ed., *This Will Make You Smarter: New Scientific Concepts to Improve Your Thinking* [Este libro le hará más inteligente: Nuevos conceptos científicos para mejorar su pensamiento] (Nueva York: HarperCollins, 2012), p. 9.

27. Krauss, *Un universo de la nada*, p. 42.

28. Richard Dawkins, *El relojero ciego: Por qué la evidencia de la evolución revela un universo sin diseño* (1986; Nueva York: Norton, 1996), p. 15.

29. Alvin Platinga, "The Dawkins Confusion: Naturalism 'ad absurdum'" [La confusión de Dawkins: Naturalismo ad absurdum], *Christianity Today*, marzo/abril 2007, http://www.booksandculture.com/articles/2207/marapr/1.21.html (consultado el 20 de septiembre de 2012).

30. Richard Swinburne, "Argument from the Fine-Tuning of the Universe" [Argumento a partir del ajuste fino del universo], *Physical Cosmology and Philosophy*, ed. John Leslie (Nueva York: Macmillan, 1991), p. 160.

31. John D. Barrow y Frank J. Tipler, *The Anthropic Cosmological Principle* [El principio antrópico cosmológico] (Nueva York: Oxford University Press, 1986), p. 40.

32. Hugh Ross, *Creator and the Cosmos: How the Latest Scientific Discoveries of the Centrury Reveal God* [El Creador y el cosmos: Cómo los últimos descubrimientos científicos del siglo revelan a Dios] (Colorado Springs: NavPress, 2001), p. 150.

33. Para obtener una descripción detallada, ver Hugh Ross, *Why The Universe Is the Way It Is* [¿Por qué el universo es como es?] (Grand Rapids: Baker Books, 2008).
34. John C. Lennox, *¿Ha enterrado la ciencia a Dios?* (Oxford: Lion Hudson, 2009), p. 71.
35. *The New Encyclopedia of Unbelief* [La nueva enciclopedia de la incredulidad], Tom Flynn, ed. (Amherst: Prometheus, 2007), s. v. "Anthropic Principle, the" [El principio antrópico] por Victor Stenger.
36. Freeman Dyson, *Trastornando el universo* (Nueva York: Harper and Row, 1979), 250.
37. Hoyle, "Universe: Past and Present Reflections", pp. 8-12.
38. Paul Davies, "Yes, the universe looks like a fix. But that doesn't mean God fixed it" [Sí, el universo parece arreglado. Pero eso no significa que Dios lo arreglara], *Guardian*, 25 de junio de 2007, http://www.guardian.co.uk/commentisfree/2007/jun/26/spaceexploration.comment (consultado el 20 de septiembre e 2012).
39. John Horgan, "Clash in Cambridge: Science and religión seem as antagonistic as ever", *Scientific American*, septiembre de 2005, http://www.scientificamerican.com/article.cfm?id=clash-in-cambridge&page=2 (consultado el 20 de septiembre de 2012).
40. Edward Harrison, *Masks of the Universe: Changing Ideas on the Nature of the Cosmos* [Máscaras del universo: Ideas cambiantes acerca de la naturaleza del cosmos] (Nueva York: Collier Books, 1985), pp. 252, 263, 286.
41. William Lane Craig, *Natural Theology* [Teología natural], pp. 142-144.
42. C. S. Lewis, *Mero cristianismo* (1998; Nueva York: HarperCollins, 2006), pp. 31-32.
43. *Dawkins vs Lennox: The God Delusion Debate.*
44. Jastrow, *God and the Astronomers*, pp. 9-10.
45. *Dawkins vs Lennox: The God Delusion Debate.*

CAPÍTULO 5: LA VIDA NO ES UNA CASUALIDAD

1. Darwin, *El origen de las especies*, ed. Thomas Crawford (Nueva York: Dover Thrisft, 2006), p. 119.
2. Richard Dawkins, "The Illusion of Design" [El espejismo del diseño] en *Biological Anthropology: An Introductory*

Reader [Antropología biológica: lecturas introductorias], ed. Michael Alan Park (Nueva York: McGraw Hill, 2007), p. 30.

3. Anthony Flew, *There is a God: How the World's Most Notorious Atheist Changed His Mind* [Hay un Dios: Cómo el ateo más influyente del mundo cambió de opinión], (Nueva York: HarperOne, 2008), p. 75.
4. Ibíd.
5. Bill Gates, *El camino al futuro*, ed. rev. (Nueva York: Penguin, 1996), p. 228.
6. Dan Cray, "God vs. Science: A Spirited Debate Between Atheist Biologist Richard Dawkins and Christian Geneticist Francis Collins" [Dios contra ciencia: Un enérgico debate entre el biólogo ateo, Richard Dawkins, y el genetista cristiano, Francis Collins], *Time*, 13 de noviembre de 2006.
7. Francis S. Collins, *El lenguaje de la vida: el ADN y la revolución de la medicina personalizada* (Nueva York: HarperCollins, 2010), p. 6.
8. Julian Huxley, "At Random: A Television Preview" [Por azar: Una vista previa por televisión], en *Evolution After Darwin* [Evolución después de Darwin], ed. Sol Tax (Chicago: University of Chicago, 1969), p. 45.
9. *Richard Dawkins vs John Lennox: The God Delusion Debate* [Richard Dawkins contra John Lennox: el debate de El Espejismo de Dios], University of Alabama at Birmingham, 3 de octubre de 2007 (Birmingham: New Day Entertainment, 2007), DVD.
10. Albert Einstein, *El mundo tal como yo lo veo,* trad. al ing. Alan Harris (1948; New York: Wisdom Library, 2000), p. 29.
11. Jared Diamond, "Foreword" [Prólogo], en Ernst Mayr, *What Evolution Is* [¿Qué es la evolución] (Nueva York, Basic, 2001), p. vii.
12. Jerry A. Coyne, *Why Evolution Is True* [Por qué la evolución es verdadera] (Nueva York: Penguin, 2009), p. 3.
13. Richard Dawkins, *El relojero ciego: Por qué la evidencia de la evolución revela un universo sin diseño* (1986; Nueva York: Norton, 1996), p. 29.
14. Hugh Ross, una entrevista personal con el autor, 26 de octubre e 2012. Usado con permiso.
15. Darwin, *El origen de las especies*, p. 305.
16. *Richard Dawkins vs John Lennox: The God Delusion Debate* [Richard Dawkins contra John Lennox: el debate de El

Espejismo de Dios], University of Alabama at Birmingham, 3 de octubre de 2007 (Birmingham: New Day Entertainment, 2007), DVD.

17. Ibíd.

18. Dawkins, *El relojero ciego*, p. 1.

19. Francis Crick, *La búsqueda científica del alma* (Nueva York: Basic, 1988), p. 138.

20. Fred Hoyle y Chandra Wickramasinghe, *La vida de la evolución desde el espacio*, p. 28.

21. Richard Dawkins, *El espejismo de Dios* (Nueva York: Houghton Mifflin, 2006), p. 147.

22. Daniel Came, "Richard Dawkins Refusal to Debate Is Cynical and Anti-Intellectual" [La negativa de Richard Dawkins de sostener un debate es cínica y antiintelectual] , *The Guardian*, 22 de octubre de 2011, http://www.guardian.co.uk/commentisfree/belief/2011/oct/22/Richard-dawkins-refusal-debate-william-lane-craig?CMP=twt_gu.

23. Alvin Plantinga, *Where the Conflict Really Lies: Science, Religion, and Naturalism* [Donde yace el conflicto: Ciencia, religión y naturalismo] (Nueva York: Oxford University, 2012), p. 27.

24. Richard Dawkins, "Militant Atheism" [Ateísmo militante], Monterey, California, febrero de 2002, http://www.ted.com/talks/lang/en/Richard_dawkins_on_militant_atheism.html (consultado el 20 de septiembre de 2012).

25. Jerry M. Mender y Dongrui Wu, *Perceptual Computing: Aiding People in Making Subjective Judgements* [Computación perceptual: Ayudando a la gente a realizar juicios subjetivos] (Hoboken, NJ: John Wiley and Sons, 2010), p. 20.

26. Richard Dawkins, *Escalando el monte improbable* (Nueva York: W. W. Norton, 1996), p. 77.

27. Michael J. Behe, *La caja negra de Darwin: el reto de la bioquímica a la evolución* (Nueva York: Free Press, 2006), p. 69-72.

28. Edgar Andrews, *Who Made God? Searching for a Theory of Everything* [¿Quién hizo a Dios? Buscando una teoría de todo] (Maitland, Fl: Xulon Press, 2012), pp. 76-77.

29. Ming Wang, una conversación personal con el autor, 5 de junio de 2012.

30. *Calvin y Hobbes* derechos reservados ©1990 Watterson. Distribuido por Universal Press Syndicate.

NOTAS

31. Hugh Ross, una entrevista con el autor.
32. William A. Dembski, *The Design Revolution: Answering the toughest Questions About Intelligent Design* [La revolución del diseño: Respondiendo las preguntas más difíciles acerca del diseño inteligente] (Downer's Grove, IL: InterVarsity, 2004), pp. 87-93.
33. J. Madeleine Nash, "When Life Exploded" [Cuando la vida explotó], *Time*, 4 diciembre 1995, http://www.time.com/time/vocers/0,16641,19951204,00.html (consultado el 21 de septiembre de 2012).
34. Ibíd.
35. Darwin, *El origen de las especies*, p. 95.
36. G. M. Narbonne, citado en Nash, "When Life Exploded".
37. Para obtener la discusión detallada, consulte Walter Remine, *The Biotic Message: Evolution Versus Message Theory* [El mensaje biótico: La evolución contra la teoría del mensaje] (Saint Paul, MN: Saint Paul Science, publishers, 1993).

CAPÍTULO 6. LA VIDA TIENE SIGNIFICADO Y PROPÓSITO

1. Lawrence Krauss, conferencia, "A Universe from Nothing" [Un universo de la nada], Oxford University, Oxford Inglaterra, http://www.yputube.com/watch?v=EjaGktVQdNg (consultado 21 septiembre 2012).
2. C. S. Lewis, *Mero cristianismo* (1998; Nueva York: Harper-Collins, 2006), p. 39.
3. Carl Sagan, entrevista con CBC, octubre 1988, http://www.youtube.com/watch?c=r5GfoFh4T2g.
4. William Lane Craig, *On Guard: Defending Your Faith with Reason and Precision* [En guardia: Defienda su fe con la razón y con precisión] (Colorado Springs: David C. Cook, 2010), p. 30.
5. Harold S. Kushner, "Foreword" [Prólogo], en Viktor E. Frankl, *El hombre en busca de sentido* (Nueva York: Beacon, 2006), p. x.
6. Frankl, *El hombre en busca de sentido*, p. ix.
7. Friedrich Nietzsche, *El anticristo*, trad. al ing. H. L. Mencken (Nueva York: Alfred A. Knopf, 1939), p. 122.
8. Para obtener más información, por favor visite TheGodTest .org.
9. Richard Dawkins, *El río del Edén: Una perspectiva darwiniana de la vida* (Nueva York: Basic, 1995), p. 112.

10. Bertrand Rusell, *Por qué no soy cristiano y otros ensayos sobre religión y temas relacionados* (Nueva York: Simon and Schuster, 1957), p. 107.
11. Jean-Paul Sartre, *Verdad y existencia*, ed. Ronald Aronson, trad. al ing. Adrian van den Hoven (Chicago: University of Chicago, (1992), 71.
12. Rick Warren, *Una vida con propósito. ¿Para qué estoy aquí en la Tierra?* (Grand Rapids: Zondervan, 2004).
13. Lawrence M. Krauss, *A Universe from Nothing: Why There Is Something Rather than Nothing* [Un universo de la nada: Por qué hay algo en lugar de nada] (Nueva York: Free Press, 2012), p. xii.
14. David Robertson, carta 3. www.bethinking.org/science-christianity/introductory/the=dawkins-letters-3-respect.htm
15. Francis A Schaeffer, *The Church Before the Watching World: A Practical Ecclesiology* [La iglesia ante el mundo testigo: Una eclesiología práctica] (Downer's Grove, IL: InterVarsity, 1971), p. 29.
16. Greg Graffin y Steve Olson, *Anarchy Evolution: Faith, Science, and Bad Religion in a World Without God* [Anarquía de la evolución: Fe, ciencia y mala religión en un mundo sin Dios] (Nueva York: HarperCollins, 2010), p. 4.
17. *Richard Dawkins vs John Lennox: The God Delusion Debate* [Richard Dawkins contra John Lennox: el debate de El Espejismo de Dios], University of Alabama at Birmingham, 3 de octubre de 2007 (Birmingham: New Day Entertainment, 2007), DVD.
18. Francis Schaeffer, *Huyendo de la razón* (Downer's Grove, IL: InterVarsity, 2006), p. 32.
19. Christopher Tinker y Melvin Tinker, "Fifty Years On: The Legacy of Francis Schaeffer—An Apologetic for Post-Moderns" [A cincuenta años: El legado de Francis Schaeffer: Una apologética para posmodernos] *Churchman* 119, núm. 3, otoño de 2005, p. 208.
20. Stephen Jay Gould, citado en David Friend, *The Meaning of Life: Relfections in Words and pictures on Why We Are Here* [El significado de la vida: Reflexiones en palabras e imágenes de por qué estamos aquí] (Nueva York: Little Brown, 1991), p. 33.
21. "The true Core of the Jesus Myth: Christopher Hitchens @ Freedom Fest" [La verdadera escencia del mito de Jesús:

Christopher Hitchens], YouTube, 11 de abril de 2009, http://www.youtube.com/watch?v=vMo5R5pLPBE.

22. Richard Dawkins, *El capellán del diablo. Reflexiones sobre la esperanza, la mentira, la ciencia y el amor* (Nueva York: Houghton Mifflin, 2003), p. 23.

23. Jonathan Wells, "Survival of the Fakest" [Supervivencia del más impostor], *American Spectator,* diciembre 2000 / enero 2001.

24. Steven M. Stanley, *El nuevo cómputo de la evolución: fósiles, genes y el origen de las especies* (Nueva York: Basic, 1981), p. 139.

25. Stephen Jay Gould, *Desde Darwin: Reflexiones sobre historia natural* (Nueva York: W. W. Norton, 1977), p. 57.

26. Francis S. Collins, *El lenguaje de Dios: un científico presenta la evidencia para creer* (Nueva York: Free Press, 2006), p. 138-139.

27. Ann Gauger, Douglas Axe y Casey Luskin, *Science and Human Origins* (Seattle: Discovery Institute, 2012).

28. Ravi Zacarías, *¿Puede un hombre vivir sin Dios?* (Nashville: Thomas Nelson, 2004), p. 22.

29. "What Is Speciesism?" [¿Qué es el especieísmo] *The Ethics of Speciesism* [La ética del especieísmo], BBC, http://www.bbc.co.uk/ethics/animals(rights/speciesism.shtml (consultado el 22 de septiembre de 2012).

30. Peter Singer, *Animal Liberation* [Liberación animal] (1975; New York: HarperCollins, 2002), p. 173.

31. Richard Dawkins, entrevista por Craig Ferguson, *Late Late Show* RTC One [televisión irlandesa], 10 de septiembre de 2009.

32. Noam Chomsky, *Lenguaje y pensamiento*, 3ª ed. (Cambridge: Cambridge University Press, 2006), p. 59.

33. Noam Chomsky, *Nuevos horizontes en el estudio del lenguaje y el pensamiento* (Cambridge: Cambridge University Press, 2000), p. 92.

34. Michael Denton, *Nature's Destiny: How the Laws of Biology Reveal Purpose in the Universe* [El destino de la naturaleza: Cómo las leyes de la biología revelan propósito en el universo] (Nueva York: Free Press, 2002), p. 241.

35. Ibíd., p. 239.

36. Marcelo Gleiser, "We Are Unique" [Somos únicos], en John Brockman, ed., *This Will Make You Smarter: New Scientific*

Concepts to Improve Your Thinking [Este libro le hará más inteligente: Nuevos conceptos científicos para mejorar su pensamiento] (Nueva York: HarperCollins, 2012), p. 4.

37. Harry G. Frankfurt, "Freedom of the Will and the Concept of a Person" [Libre albedrío y el concepto de persona], *The Journal of Philosophy*, vol. 68, núm. 1 (14 enero 1971), pp. 5-7.

38. Michael Tomasello, "How Are Humans Unique?" [¿En qué son únicos los humanos], *New York Times*, 25 de mayo de 2008, http://www.nytimes.com/2008/05/25/magazine/25wwln-essay-t.html?_r=0 (consultado el 22 de septiembre de 2012).

39. Merlin Donald, *A Mind So Rare: The Evolution of Human Consciusness* [Una mente tan rara: La evolución el consciente humano] (Nueva York: W. W. Norton, 2002), p. xiii.

40. Gary Habermas y J. P. Moreland, *Beyond Death: Exploring the Evidence for Immortality* [Más allá de la muerte: Explorando la evidencia de la inmortalidad](Eugene, OR: Wipf & Stoch Publishers, 2004).

41. Para obtener la discusión completa y otros ejemplos, consulte Kevin Favero, *Science of the Soul: Scientific Evidence of Human Souls* [La ciencia del alma: Evidencia científica del alma humana] (Edina, MN: Beaver's Pond Press, 2004).

42. San Agustín, *Confesiones*, Libro 1, p. 21.

Capítulo 7: Jesús y la resurrección

1. Josh McDowel, *Más que un carpintero* (1977; Wheaton, IL: Tyndale, 2004), p. 54.

2. Bart D. Ehrman, *Did Jesus Exist? The Historical Argument for Jesus of Nazareth* [¿Existió Jesús? El argumento histórico a favor de Jesús de Nazaret] (Nueva York: HarperOne, 2012), p. 7.

3. Naomi Schaefer Riley, "A Revelation: Civil Debate Over God's Existance" [Una revelación: Debate civil sobre la existencia de Dios], *Wall Street Journal*, 12 de octubre de 2007, http://online.wsj.com/article/SB119214767015956720-search.html (consultado el 20 de diciembre de 2012).

4. *Richard Dawkins vs John Lennox: The God Delusion Debate* [Richard Dawkins contra John Lennox, el debate del Espejismo de Dios], Universidad de Alabama en Birmingham, 3 de octubre de 2007 (Birmingham: New Day Entertainment, 2007, DVD).

NOTAS

5. Richard Dawkins y John Lennox, debate, University Museum of Natural History, Oxford Inglaterra, 21 octubre 2008.
6. Ehrman, *Did Jesus Exist?*, pp. 5-6.
7. Tácito, *Anales*, 15.44.
8. Plinio, *Cartas* 2.10.
9. Julius Africanus, *Chrinography* 18.1.
10. Josefo, *Antigüedades de los judíos* 20.9.
11. Craig Blomberg, *La fiabilidad histórica de los evangelios* (Downer's Grove, IL; InterVarsity, 1987), pp. 252-254.
12. E. M. Blaiklok, citado en Josh McDowell, *Skeptics Who Demand a Veredict* [Escépticos que demandan un veredicto] (Wheaton, IL: Tyndale, 1989), p. 85.
13. Richard Gordon, *Image and Value in the Graeco-Roman World* [Imagen y valor en el mundo grecorromano] (Aldershot, UK: Variorum, 1996), p. 96.
14. Richard Carrier, "Kersey Graves and The World's Sixteen Crucified Saviors" [Kersey Graves y los dieciséis salvadores crucificados del mundo], Internet Infidels, http://www.infidels.org/library/modern/Richard_carrier/graves.html (consultado 22 septiembre 2012).
15. Craig S. Keener, *El Jesús histórico de los evangelios* (Grand Rapids: Wm. B. Eerdmans, 2009), pp. 334-35.
16. Bruce M. Metzger, "Mystery Religions and Early Christianity" [Religiones de misterio y el cristianismo temprano], en *Historical and Literary Studies* [Estudios históricos y literarios] (Leiden, Holanda: E. J. Brill, 1968), p. 11.
17. Keener, *El Jesús histórico*, p. 336.
18. Ibíd., p. 333.
19. Tryggve N. D. Mettinger, *The Riddle of Resurrection: "Dying and Rising Gods" in the Ancient Near Past* [El acertijo de la resurrección: "Dioses muertos y resucitados" en el pasado antiguo cercano] (Lindres: Coronet, 2001), pp. 7, 40-41.
20. Dave Sterrett, *Why Trust Jesus? An Honest Look at Doubts, Plans, Hurts, Desires, Fears, Questions, and Pleasures* [¿Por qué confiar en Jesús? Una mirada honesta a las dudas, planes, heridas, temores, preguntas y placeres] (Chicago: Moody, 2010), p. 141.
21. Lee Strobel, video de YouTube, http://www.youtube.com/watch-v=6WGDfNlp2as.

22. William D. Edwards, Wesley J. Gabel y Floyd E. Hosmer, "De la muerte física de Jesucristo", *Journal of the American Medical Association* 256, 21 marzo 1986.
23. John A. T. Robinson, citado por William Lane Craig, en Lee Strobel, *El caso de Cristo: Una investigación exhaustiva* (Grand Rapids: Zondervan, 1998), p. 210.
24. James D. Tabor, *La dinastía de Jesús: La historia oculta sobre Jesús, su sangre real y los orígenes del cristianismo* (Nueva York: Simon and Shuster, 2006, p. 230.
25. E. P. Sanders, *La figura histórica de Jesús* (Nueva York: Penguin Books, 1993), pp. 279-280.
26. Bart D. Ehman, *The New Testament: A Historical Introduction to the Early Christian Writings* [El Nuevo Testamento: Una introducción a los escritos cristianos tempranos], 3ª ed. (Nueva York: Oxford University, 2004), p. 276.
27. John Dominic Crossan y Jonathan L. Reed, *Jesús desenterrado* (San Francisco: HarperCollins, 2002), p. 298.
28. Pinchas Lapide, *The Resurrection of Jesus: A Jewish Perspective* [La resurrección de Jesús: Una perspectiva judía], trad. al ing. Whilhem C. Linss (Minneapolis: Fortress Press, 1988), p. 125.
29. James A. Francis, *One Solitary Life* [Una vida solitaria] (Nashville: Thomas Nelson, 2005), p. 39. Mortimer J. Adler, *Great Ideas from the Great Books* [Grandes ideas de grandes libros] (Nueva York: Pocket, 1976), pp. 274-275.

Capítulo 8: El testimonio de la Escritura

1. Immanuel Kant, citado en Friedrich Paulsen, *Immanuel Kant: His Life and Doctrine* [Emanuel Kant, su vida y su doctrina], trad. al ing. J. E. Creighhton y Albert LeFrevre (Nueva York: Charles Scribner's Sons, 1902), p. 48.
2. Abraham Lincoln, citado en *Washington Daily Morning Chronicle*, 8 septiembre 1864.
3. "The Great Isaiah Scroll" [El gran rollo de Isaías], *The Digital Dead Sea Scrolls* [Los rollos del Mar Muerto digitales], http://dss.collections.imj.org.il/isaiah (consultado el 20 de diciembre de 2012).
4. Wayne Grundem, D. John Collins, Thomas R. Schreiner, eds., *Cómo entender la Biblia* (Wheaton, IL: Crossway, 2012), p. 159.

NOTAS

5. F. F. Bruce, "Galatian Problems 4. The Date of the Epistle" [Problemas de Gálatas 4. La fecha de la espístola], *Bulletin of the John Rylands Library Manchester* 54.2 (primavera 1972): p. 251.

6. Norman Geisler y Peter Bocchino, *Unshakable Foundations: Contemporary Answers to Crucial Questions about the Christian Faith* [Fundamentos inquebrantables: Respuestas contemporáneas a preguntas cruciales sobre la fe cristiana] (Minneapolis: Bethany House, 2001), p. 257.

7. Robert Stewart, ed. *The Reliability of the New Testament: Bart D. Ehrman and Daniel B. Wallace in Dialogue* [La confiabilidad del Nuevo Testamento: Bart D. Ehrman y Daniel B. Wallace en diálogo], pp. 33-34. Augsburg Fortres, edición Kindle. Con referencia a Bruce M. Metzger y Bart D. Ehrman, *The Text of the New Testament: Its Transmission, Corruption and Restoration* [El texto del Nuevo Testamento: Su transmisión, corrupción y restauración], 4ª ed. (Nueva York: Oxford University Press, 2005), p. 126.

8. Gleason Archer, *Reseña crítica de una introducción al Antiguo Testmento*, ed. rev. (Chicago: Moody, 1974), p. 25.

9. Dan Brown, *El código Da Vinci* (Nueva York: Doubleday, 2003).

10. *The Reliability of the New Testament: Bart D. Ehrman and Daniel B. Wallace in Dialogue*, p. 55.

11. William Lane Craig, "Establishing the Gospel's Reliability" [Estableciendo la confiabilidad de los Evangelios], *Reasonable Faith* [Fe razonable], 5 de abril de 2010, http://www.reasonablefaith.org/site/News2?page=NewsArticle&id=5711 (consultado el 23 de septiembre de 2012).

12. *The Reliability of the New Testament: Bart D. Ehrman and Daniel B. Wallace in Dialogue*, p. 39.

13. Craig Blomberg, La fiabilidad histórica de los evangelios (Downer's Grove, IL; InterVarsity, 1987), pp. 55-62.

14. Ibíd., pp. 152-195.

15. Ibíd., 203-204.

16. Sir William Ramsay, *The Bearing of Recent Discovery on the Trustworthiness of the New Tesament* [Del reciente descubrimiento de la fiabilidad del Nuevo Testamento] (1915; Grand Rapids: Baker, 1975), p. 89.

17. Craig Keener, *El Jesús histórico de los evangelios* (Grand Rapids: Wm. B. Eerdmans, 2012), pp. 85-94 y Colin Hemer,

Book of Acts in the Setting of Helenistic History [El libro de Hechos en el contexto de la historia helénica] (Winona Lake, IN; Eisenbrauns, 1990).

18. Blomberg, *La fiabilidad histórica de los evangelios*, p. 206.
19. K. A. Kitchen, *On the Reliability of the Old Testament* [Sobre la confiabilidad del Antiguo Testamento] (Grand Rapids: Wm. B. Eerdmans, 2003).
20. Para obtener la discusión detallada consulte Harold Koenig, *The Healing Power of Faith: How Belief and Prayer Can Help You Triumph Over Disease* [El poder sanador de la fe: Cómo la fe y la oración pueden ayudarle a vencer la enfermedad] (Nueva York: Simon and Schuster, 2001).

CAPÍTULO 9: EL EFECTO DE LA GRACIA

1. Bart D. Ehrman, *¿Dónde está Dios? El problema del sufrimiento humano* (Nueva York: HarperCollins, 2008), p. 128.
2. Rodney Stark, *El auge del cristianismo* (Princeton: Princeton University, 1996), p. 221.
3. Will Durant, *César y Cristo: Historia de la civilización romana y del cristianismo desde sus comienzos* (1944; New York: Simon and Schuster, 1972), p. 652.
4. Michael Green, *Thirty Years That Changed the World: The Book of Acts for Today* [Treinta años que cambiaron al mundo: El libro de los Hechos para hoy] (1993; Grand Rapids: Wm B. Eerdmans, 2004), p. 7.
5. D. James Kennedy y Jerry Newcombre, *¿Y qué si Jesús no hubiera nacido? El impacto positivo del cristianismo en la historia*, ed. rev. (Nashville: Thomas Nelson, 2001), p. 9.
6. Christopher Hitchens, entrevista por Dennis Miller, *The Dennis Miller Show* [El show de Dennis Miller], Westwood One, 20 de octubre de 2009.
7. William Lane Craig, debate con Christopher Hitchens, Biola University, La Miranda, Californaia, 4 de abril de 2009, http://www.youtube.com/watch?v=4KBx4vvlbZ8.
8. Luke Muehlhauser, "The Craig-Hitchens Debate" [El debate Craig-Hitchens], *Common Sense Atheism* [Ateísmo con sentido común] 4 de abril de 2009, http://commonsenseatheism.com/?p=1230 (consultado el 23 de septiembre de 2012).
9. Larry Alex Tauton, *The Grace Effect: How the Power of One Life Can Reverse the Corruption of Unbelief* [El efecto de la gracia: Cómo el poder de una vida puede revertir la

NOTAS

corrupción de la incredulidad] (Nashville: Thomas Nelson, 2011), p. xii.

10. Ibíd., p. 22.

11. Kennedy y Newcombre, *¿Y qué si Jesús no hubiera nacido?*, p. 27.

12. Stark, *El auge del cristianismo*, p. 105.

13. Kennedy y Newcombre, *¿Y qué si Jesús no hubiera nacido?*, p. 12.

14. Stark, *El auge del cristianismo*, pp. 124-128.

15. Justice Harry A Blackmun, citado en Kennedy y Newcombe, *¿Y qué si Jesús no hubiera nacido?*, p. 27.

16. Kennedy y Newcombe, *¿Y qué si Jesús no hubiera nacido?*, pp. 14-15.

17. Stark, *El auge del cristianismo*, p. 95.

18. Adam Smith, *Investigación sobre la naturaleza y causas de la riqueza de las naciones* (Chicago: William Benton, 1956), p. 30.

19. Kennedy y Newcombe, *¿Y qué si Jesús no hubiera nacido?*, pp. 14-16.

20. Siegfried Lauffer, "Die Bergwerkssklaven von Laureion", *Abhandlungen*12, 1956: 916.

21. Keith Bradley, "Resisting Slavery in Ancient Rome" [Resistiendo la esclavitud en la antigua Roma], *History*, BBC News, 17 de febrero de 2011, http://http:www.bbc.co.uk/history/ancient/romans/slavery_01.shtml (consultado el 23 de septiembre de 2012).

22. Rodney Stark, *The Victory of Reason: How Christianity Led to Freedom, Capitalism, and Western Success* [La victoria de la razón: Cómo el cristianismo llevó a a libertad, el capitalismo y al éxito occidental] (Nueva York: Random House, 2005), p. 76.

23. Paul Johnson, *El Renacimiento: Una breve historia* (Nueva York: Modern Library, 2000), p. 9.

24. George Marsden, *The Soul of the American university: From Protestant Establishment to Established Nonbelief* [El alma de la universidad estadounidense: De su fundación protestante a la incredulidad establecida] (Nueva York: Oxford University, 1996).

25. Michael S. Horton, *¿Where in the World Is the Church? A Christian View of Culture and Your Role in It* [¿En dónde

rayos está la iglesia? Una perspectiva cristiana de la cultura y su papel en ella] (Phillipsburg, N.J.: O y R, 2002), pp. 29-31.

26. Taunton, *The Grace Effect*, p. 34.

27. Judigh Herrin, *The Formation of Christendom* [La formación de la cristiandad] (Princeton: Princeton University, 1987), p. 57.

28. E. Glenn Hinson, *The Early Church: Origins to the Dawn of the Middle Ages* [La iglesia primitiva: De los orígenes a los albores de la Edad Media] (Nashville: Abingdon, 1996), p. 71.

29. Julian, citado en D. Brendan Nagle y Stanley M. Burnstein, *The Ancient World: Readings in Social and Cultural History* [El mundo antiguo: Lecturas de historia social y cultural] (Englewood Cliffs, NJ: Prentice Hall, 1995), pp. 314-315.

30. "Mother Theresa Quotes" [Frases de la madre Teresa], *Brainy Quote*, http://www.brainyquote.com/quotes/quotes/m/mothertere158114.html (consultado el 23 de septiembre de 2012).

31. Stark, *El auge del cristianismo*, p. 215.

32. Stark, *Victory of Reason*, p. 76.

33. Timothy Keller, *The Reason for God: Belief in an Age of Skepticism* [La razón de Dios: La fe en una era de escepticismo] (Ontario: Penguin, 2008), p. 155.

Capítulo 10: Una prueba viviente

1. "God's Not Dead (Like a Lion)" [Dios no está muerto (como un león], escrita por Daniel Bashta, interpretada y grabada por Newsboys. © 2010 worshiptogether.com Songs (ASCAP), sixteps Music (ASCAP), Go Forth Sounds (ASCAP) (Admin. EMICMGPublishing.com). Todos los derechos reservados. Utilizada con permiso.

2. John Micklethwait y Adrian Wooldridge, *God Is Back: How the Global Revival of Faith Is Changing the World* [Dios está de vuelta: Cómo el avivamiento global de la fe está cambiando al mundo] (Nueva York: Penguin, 2009), p. 13.

3. John Lennon, citado en Maureen Cleave, "The John Lennon I Knew" [El John Lennon que conocí], *Telegraph*, 5 de octubre de 2005, http://ww.telegraph.co.uk/culture/music/rockandjazzmusic/3646983/The-John-Lennon-i-knew.html (consultado el 23 de septiembre de 2012).

4. Micklethwait y Wooldridge, *God is Back*, p. 12.

5. Tony Carnes, entrevista con el autor, 19 de agosto de 2012.

NOTAS

6. "The Explosion of Christianity in Africa" [La explosión del cristianismo en África], Christianity.com, http:(//www.christianity.com/ChurchHistory/11630859/ (consultado 23 septiembre 2012).
7. Conversación personal con Frans Olivier, 20 mayo 2012.
8. Conversación personal con Sam Aiyedogbon, 12 octubre 2012.
9. Conversación personal con Shaddy Soliman, 22 septiembre 2012.
10. William Murrell, "Manila's Mega-Move" [La mega jugada de Manila], *Charisma*, 1 de septiembre de 2012, http://www.charismamag.com/spirit/church-ministry/15495-manila-mega-move (consultado el 23 de septiembre de 2012).
11. Ferdie Cabiling, conversación personal con el autor, 12 de septiembre de 2012.
12. David Aikman, en discusión con el autor, 12 de septiembre de 2012.
13. http://www.indexmundi.com/south_korea/demographics_profile.htmlhttp//www.indexmundo.com/south_korea/demographics_profile.html.
14. Samuel H. Moffett, "What Makes the Korean Church Grow? The Simple Secrets of Its Remarkable Explosion" [¿Qué hace crecer a la Iglesia Coreana? Los secretos sencillos de su notable explosión], *Christianity Today*, 31 de enero de 2007, http://ww.christianitytoday.com/ct/2007/januaryweb-only/105-33.0html (consultado el 23 de septiembre de 2012).
15. Jason Mandryk, *Operation World: The Definitive Prayer Guide to Every Nation* [Operación Mundo: La guía de oración definitiva para cada nación], 7ª ed. (Colorado Springs: Biblica, 2010), p. 447.
16. Micklethwait y Wooldridge, *God Is Back*, p. 14.
17. Campaña en autobuses "There's Probably No Dawkins" [Probablemente no exista Dawkins] (William Lane Craig vs. The God Delusion), YouTube, http://www.youtube.com/watch?c=SGWr9qpeKpE&playnext=1&list=PLF30F88D1B4A47EFC&feature=results_main (consultado el 20 de diciembre de 2012).
18. Wolfgang Eckleben, conversación personal con el autor, 15 de agosto de 2012.
19. Gareth Lowe, conversación personal con el autor, 1 de agosto de 2012.

20. Ed Stetzer, correspondencia vía correo electrónico con el autor, 22 de agosto de 2012.
21. "Barna Survey Reveals Significant Growing in Born Again Population" [Encuesta de Barna revela el significativo crecimiento de la población nacida de nuevo], Barna Group, 27 de marzo de 2006, http://www.barna.org/barna-update/article/5-barna-update/157-barna-survey-reveals-significant-growth-in-born-again-population (consultado el 23 de septiembre de 2012).
22. Chad Hall, "Leader's Insight: The Disappearing Middle" [Perspectiva del líder: Desaparecen los de en medio], *Leadership Hournal*, julio de 2007, http://www.christianitytoday.com/le/2007/july-online-onlu/cln70716.html?start=2 (consultado el 23 de septiembre de 2012).
23. Micklethwait y Wooldridge, *God Is Back*, p. 139.
24. Para obtener un estudio detallado de milagros, consulte Craig Keener, *Miracles: The Credibility of the New Testamet Accounts* [Milagros: La credibilidad de los relatos del Nuevo Testamento], Baker Academic (1 de noviembre de 2011).
25. Ming Wang, entrevista personal con el autor, 5 de junio de 2012. Usado con permiso.
26. Joe Marlin, entrevista personal con el autor, 15 de agosto de 2012. Usado con permiso.
27. Brian Miller, entrevista personal con el autor, 20 de agosto de 2012.
28. Joanna Goodson, entrevista personal con el autor, 20 de septiembre de 2012. Usado con permiso.
29. Brant Reding, entrevista personal con el autor, 15 de septiembre de 2012. Usado con permiso.
30. Jim Munroe, entrevista personal con el autor, 20 de septiembre de 2012. Usado con permiso.
31. Dr. Augusto Cury, www.augustocury.com.br

Conclusión: Busque a Dios

1. Blaise Pascal, *Pensées* (Radford, VA: Wilder Publications, 2011), p. 120.
2. Richard Dawkins, entrevista por Tony Jones, sesión de preguntas y respuestas, ABC Australia, 9 abril 2012.
3. Blaise Pascal, *Pensées*, p. 120.

RECONOCIMIENTOS

EL PROCESO DE ESCRIBIR ESTE LIBRO TOMÓ ALREDEDOR de diez meses de principio a fin. Durante ese tiempo, Jody, mi esposa durante treinta años, y mis cinco hijos, han sido una fuente constante de aliento, inspiración y crítica constructiva. Tener hijos cuya edad va de los trece a los veintiocho años me ha proporcionado un grupo de enfoque integrado del grupo etario que más me preocupaba al escribir este libro. Mi profundo agradecimiento para todos ellos: Charlie, Wyatt, William, Louisa y Elizabeth (del menor a la mayor). Nadie está más feliz de que haya terminado este proyecto que mi esposa, quien está contenta de tener despejado el comedor de todo el papel, los libros, los artículos y las tazas de café.

Estoy endeudado con el Dr. Brian Miller, un graduado de MIT y de Duke en física, quien sirvió como mi consultor técnico, así como un fantástico asistente de investigación. Fue un privilegio intercambiar ideas con una mente tan brillante, así como beneficiarme de su dirección en el comentario crítico científico que se cubrió en este libro.

Tuve un equipo de ensueño de amigos y consultores que leyeron el manuscrito, proporcionaron comentarios y añadieron estrategia y revelación a este proyecto. Stephen Mansfield, David Aikman, Larry Taunton, el Dr. Hugh Ross, el Dr. Dan Wallace, el Dr. William Lane Craig y Dave Sterrett son escritores y pensadores dotados, y me ayudaron bastante al darse tiempo para ayudar. Mi agradecimiento también va para Elizabeth Broocks y a Georgia Shaw por ayudar con varios aspectos de este proyecto.

También debo agradecerles a mis amigos y a mis

compañeros del ministerio de Bethel World Outreach Church, de Nashville, y a Every Nation Ministries por su amistad y colaboración: Ron y Lynette Lewis, James y Debbie Lowe, Kevin York, Steve Murrell, Jim Laffoon, Russ Austin, y muchos más que desearía nombrar.

Estoy profundamente agradecido también por el diario aliento de Dale Evrist de New Song Christian Fellowship de Nashville. Él creyó en la importancia de este libro y es una constante fuente de inspiración.

Estoy agradecido por Engage 2020, Campus Harvest y el equipo de God Test, quienes están dedicados a ver un evangelismo y apologética efectivos como parte de cada iglesia local y ministerio universitario: Steve y Cindy Hollander, Francis Olivier, Jerret Skyes, Larry Tomczak, Greg Chapman, Louisa Broocks y Gene Mack.

También hay familias que se han interesado en mi vida y me han apoyado a mí, a mi familia y mis diversos proyectos. Mi profundo agradecimiento a Kelly y a Joni Womack, y a Danny y Diane McDaniel.

Gracias a mi amigo de toda la vida, Wes Campbell, el manager del grupo Newsboys. Su pasión por Cristo y por el evangelio encendió la idea inicial de un libro que acompañara a la canción popular del grupo, "God's Not Dead" [Dios no está muerto]. Gracias a Wes, conocí a Dean Diehl, quien en realidad me desafió a escribir este libro.

Deseo agradecerles también a Troy y a Tracy Duhon, a Bob y a Candy Majors, y a Mark y a Melinda Flint por su amor y generosidad.

Aprecio a Matt Baugher, a Paula Major, a Andrea Lucado, y a todo el equipo de Nelson por su genuino interés y entusiasmo acerca de este libro. Es un honor colaborar con ustedes en este proyecto.

ACERCA DEL AUTOR

RICE BROOCKS es el cofundador de la familia de iglesias Every Nation, la cual actualmente cuenta con más de mil iglesias y cientos de ministerios universitarios en más de sesenta naciones. Él es además el ministro principal de la Bethel World Outreach de Nashville, Tennessee, una iglesia multiétnica y con varias ubicaciones.

Rice es graduado de la Universidad del Estado de Mississippi y posee una maestría del Reformed Theological Seminary de Jackson, Mississippi, así como un doctorado en misionología del Fuller Theological Seminary de Pasadena, California.

Autor de varios libros entre los cuales se encuentran *Every Nation in Our Generation* [Todas las naciones de nuestra generación], y *The Purple Book. Biblical Foundations* [El libro púrpura. Fundamentos bíblicos], Rice vive en Franklin, Tennessee, con su esposa, Jody, y sus cinco hijos.